O Mago, o Monge e o Médico
A Medicina do Espírito

Editora Appris Ltda.
1.ª Edição - Copyright© 2021 dos autores
Direitos de Edição Reservados à Editora Appris Ltda.

Nenhuma parte desta obra poderá ser utilizada indevidamente, sem estar de acordo com a Lei nº
9.610/98. Se incorreções forem encontradas, serão de exclusiva responsabilidade de seus organi-
zadores. Foi realizado o Depósito Legal na Fundação Biblioteca Nacional, de acordo com as Leis nos
10.994, de 14/12/2004, e 12.192, de 14/01/2010.

Catalogação na Fonte
Elaborado por: Josefina A. S. Guedes
Bibliotecária CRB 9/870

T693m
2021
	Torres, Antonio Villaca
	   O mago, o monge e o médico: a medicina do espírito /
	Antonio Villaca Torres. - 1. ed. – Curitiba: Appris, 2021.
	   239 p. ; 23 cm. – (Artera).
	
	   Inclui bibliografia.
	   ISBN 978-65-5820-464-0
	
	   1. Magos. 2. Ciência e magia. 3. Medicina alternativa. I. Título. II. Série.
	
	<div align="right">CDD – 133.43</div>

Livro de acordo com a normalização técnica da ABNT

Appris *editora*

Editora e Livraria Appris Ltda.
Av. Manoel Ribas, 2265 – Mercês
Curitiba/PR – CEP: 80810-002
Tel. (41) 3156 - 4731
www.editoraappris.com.br

Printed in Brazil
Impresso no Brasil

Antonio Villaca Torres

O Mago, o Monge e o Médico
A Medicina do Espírito

FICHA TÉCNICA

EDITORIAL
Augusto V. de A. Coelho
Marli Caetano
Sara C. de Andrade Coelho

COMITÊ EDITORIAL
Andréa Barbosa Gouveia (UFPR)
Jacques de Lima Ferreira (UP)
Marilda Aparecida Behrens (PUCPR)
Ana El Achkar (UNIVERSO/RJ)
Conrado Moreira Mendes (PUC-MG)
Eliete Correia dos Santos (UEPB)
Fabiano Santos (UERJ/IESP)
Francinete Fernandes de Sousa (UEPB)
Francisco Carlos Duarte (PUCPR)
Francisco de Assis (Fiam-Faam, SP, Brasil)
Juliana Reichert Assunção Tonelli (UEL)
Maria Aparecida Barbosa (USP)
Maria Helena Zamora (PUC-Rio)
Maria Margarida de Andrade (Umack)
Roque Ismael da Costa Güllich (UFFS)
Toni Reis (UFPR)
Valdomiro de Oliveira (UFPR)
Valério Brusamolin (IFPR)

ASSESSORIA EDITORIAL Lucas Casarini

REVISÃO Isabela do Vale Poncio

PRODUÇÃO EDITORIAL Gabrielli Masi

DIAGRAMAÇÃO Daniela Baumguertner

CAPA Max Marcel Köerbel Torres

ADAPTAÇÃO DA CAPA Gabriella Borges

COMUNICAÇÃO
Carlos Eduardo Pereira
Débora Nazário
Kananda Ferreira
Karla Pipolo Olegário

LIVRARIAS E EVENTOS Estevão Misael

GERÊNCIA DE FINANÇAS Selma Maria Fernandes do Valle

COORDENADORA COMERCIAL Silvana Vicente

AGRADECIMENTOS

1. Aos amigos conquistados nas longínquas paragens pelas quais desde a infância peregrinei, onde pude deixar a marca indelével de sinceridade e fraternidade em trabalhos, estudos, palestras, eventos, principalmente nos estados do Paraná, Santa Catarina, São Paulo, Bahia, Minas Gerais, Goiás, Distrito Federal, Espírito Santo, além dos irmãos do Mercosul. Especialmente aos mestres e ao amigo Nelson Meier, que nos motivaram e auxiliaram com a leitura de mundo. Todos se encontram em profícuo labor nas cidades de Curitiba, São José dos Pinhais, Guarapuava, Ponta Grossa, Jardim Alegre, Ivaiporã, Apucarana, Londrina, Piraquara, Maringá, Foz do Iguaçu, Paranaguá e tantas outras de meu querido Paraná, da amada Pátria e de todos os irmãos brasileiros, a qual tanto me orgulha por ser o meu berço.

2. Ao Conselho revisional, literário e pictográfico desta composição, integrado por queridos irmãos das horas difíceis, aos quais empenho a minha mais profunda gratidão.

3. À minha esposa, filhos e netos, que nos momentos difíceis nos incentivaram. Companheiros desta jornada que, até pelo silêncio e à distância, provocaram a geração de novas energias e sintonias, para a realização deste trabalho.

5. À minha mãe, Lourdinha, pelo auxílio e compreensão, apesar das horas difíceis sofridas em seu internamento, depois de controlado o mal cardíaco, ressentiu-se da doença do século (Mal de Alzheimer – DA), induzindo-me à formação na Psicologia, oportunizando aos meus irmãos e a mim um amoroso resgate, assim como meus estudos e a obtenção do título de Neuropsicólogo, foi a sua demonstração indutora de companheirismo e retidão. Igualmente ao meu pai, Adeodato e avós Hermínia do Amaral Villaca e Antonio da Rocha Loures Villaca, exemplos de ímpar amorosidade e dedicação. Todos (*in memoriam*).

*Temos Liberdade para plantarmos o que quisermos,
porém, a colheita sempre será obrigatória!*

Será possível a gente perceber todo o alcance do fato extraordinário de os Maias terem conhecido a órbita da Terra ao redor do Sol, no prazo exato de 365,2421 dias? – Esse número é mais preciso que aquele de nosso calendário gregoriano, que conta com 365.2424 dias. Hoje em dia, o computador indica 365.2422 dias para a órbita atual.

Eric Von Däniken

Quem sofre resgata suas dívidas, mas quem faz sofrer acumula!

PREFÁCIO

Convidado por um amigo para prefaciar sua obra, intitulada: *O Mago, O Monge e o Médico a Medicina do Espírito*, faço com muita satisfação e alegria, não só por se tratar de alguém que muito estimo e admiro, quanto também pela originalidade deste trabalho, que me surpreendeu em face da percepção do autor, que nos transporta ao ler que o mago, alquimista, monge, bruxo e feiticeiro de ontem, trazidos à atualidade, à época presente, têm muito do médico; colocando-os, a todos, no campo sublime da Terapêutica, ao aplicarem desde conhecimentos que vão das ciências empíricas às ciências acadêmicas, sem desconsiderar a ciência espiritual.

São conhecimentos aparentemente diferentes; entretanto, não o são, se os vermos ou situarmos na fonte primeva – a "energia espiritual."

Nesse quadro de referência estão os que fazem o bom ou o mau uso do conhecimento. Os legítimos praticantes e os falsos e mistificadores. Não podemos generalizar jamais, porque nessas categorias existem sábios compromissados com o progresso da humanidade. Mesmo entre os que foram condenados em tribunais inquisitoriais. Foram no correr da história, mais do que personagens. Mestres da alquimia.

Tratados, entretanto, como estranhos personagens, muitas vezes como visionários; mas foram certamente diferentes das demais criaturas humanas viventes.

O autor, Antonio Villaca Torres, pensador criativo e escritor de nomeada associou o Mago, o Monge e o Médico à Medicina do Espírito. Todos, como se refere, são trabalhadores do bem, missionários da luz. Todos, como tantos outros, fazem da construção de seu próprio mundo o ponto principal da sua vida.

Refere-se o autor, com muita propriedade, ao que o cientista de hoje corresponde ao mago, alquimista, bruxo de ontem. Conhecidos, admirados e respeitados com naturalidade. Todos se aprimoravam e se aprimoram em habilidades específicas, às vezes não compreendidas no seu tempo.

Importante e oportuna foi a citação que o autor extraiu da obra *Espírito e Matéria* do médico Dr. José Lacerda de Azevedo, que assim disse:

> Magia não é superstição... Seu objeto é a vida em suas variadas formas e em todas as dimensões, utilizando as energias naturais, sintonizadas por estruturas mentais.
> (VILLACA *apud* LACERDA, 1997)

É muito acertada a afirmação do autor de que "os alquimistas como os profetas, magos e monges sempre dispuseram de meios para acessar a verdade e o absoluto".

As habilidades materiais e espirituais, quer sejam monásticas, mágicas, alquímicas proféticas ou de bruxaria, refere-se o autor, poderiam, tanto quanto hoje, ser dirigidas para a prática do bem ou do mal. Isto posto, sabemos que os poderes somente deverão ser realizados para o bem. A magia dos pensamentos a cargo da filosofia, da religião e porque não dizer da ciência, não pode esquecer de que nossa consciência é o grande tribunal de que dispomos.

É interessante a citação de que "o puro emana do infecto" (Ex-Foetido-Purus). Esse lema está conectado à significação profunda da ideia alquímica, completada na afirmação de que "Tudo se transforma [...] do grosseiro ao sutil [...]". Mas concordo: "Em cada degrau, individual ou coletivamente permaneceremos por pouco ou muito tempo, a escolha será somente nossa".

Novos Magos. Novos Alquimistas estão voltando na forma da magia científica.

Concluo, finalmente: à proporção que lia esta obra, ficava cada vez mais encantado.

Prof. *Octávio Melchíades Ulisséia* *(in memoriam)*

Nascido em Laguna em 1931, falecido em 2009. Fundou o Campus Bezerra de Menezes em 1974, onde foi reitor até seu falecimento.

SUMÁRIO

À GUISA DE APRESENTAÇÃO 13

I

MAGOS 25
Vibrações Espirituais nas Trilhas do Mundo 68
Os Novos Magos 78
Os Alquimistas Estão Voltando 87
Raiando a Nova Era 92

II

MONGES, MONASTÉRIO, CLAUSURA. 97
Monges nos Grandes Momentos de Resgate da Humanidade 108
Amor, Voluntarismo do Buscador. 112
Monges e Magos. 121
A Missão Planetária Para a Nova Era 125

III

A SAÚDE E A MEDICINA DO ESPÍRITO 131
A Saúde e a Medicina de Hoje. 131
O Amor, o Saber e o Labor em Convergência 138
O Solidarismo 144
O Grande Retorno às Origens 150
A Medicina do III Milênio. 154

A MEDICINA ESPIRITUAL E A PSICOLOGIA TRANSPESSOAL 169

CONSIDERAÇÕES FINAIS. 187

REFERÊNCIAS 189

GLOSSÁRIO 195

APÊNDICE 223

ÍNDICE REMISSIVO. 233

Cada "ser" que nasce no planeta, vem com uma missão a cumprir, portanto...

À Guisa de Apresentação

[...] Os maiores tesouros do universo são formados pela divisão distribuída de bens fungíveis e infungíveis, pois quanto mais os dividirmos em doação, mais, por acréscimo receberemos.

A. Villaca Torres

Como é bom podermos falar em Deus!

Meus caros coautores! Esta é a verdadeira grande alquimia que deverá reinar já, neste esperançoso milênio, com a graça do Pai. Fomos todos convidados a adentrar o ano 2001, para testemunhar o fantástico alvorecer de verdadeiros novos tempos, somos seus construtores e coparticipes. Juntos, entremeio a tristezas e alegrias, vimos trilhando pelos tortuosos caminhos da vida, lutando e "sempre" progredindo. O mundo inteiro, como você, cresceu na dor e já dispõe da rota do amor profundamente gravada no seu coração.

Inúmeras dificuldades havidas em nossos caminhos foram paulatinamente sendo vencidas, restando outras tantas, todavia chegamos... Véus foram descerrados, segredos desvendados, energias conhecidas, num esforço de todos, realizado em milênios. Descobrimos que cada era traz uma mensagem especial para a humanidade. Mas chegamos... Agora, mais bem preparados, amedrontados um pouco. Estamos diante dos portais de novos caminhos, donde já podemos vislumbrar a via para a "Nova Era", para a "Nova Vida"...

Iniciamos nova etapa da rota evolutiva que se nos apresenta difícil, como as que já vencemos o foram. Acabamos de passar pelas últimas dores e estamos, graças a Deus, diante do prometido, novo tempo. Predições de nossos antepassados nos disseram que passaríamos por muitas dificuldades, mas que chegaríamos ao novo tempo: "Com a unidade", para conhecer a verdadeira felicidade! – Nos parece, que somente por estarmos vivos neste momento, entrando neste novo milênio, já estaremos sendo atingidos e presenteados profundamente pela grande magia universal.

Magos, monges, médicos, filósofos, artistas, alquimistas, médiuns, sensitivos, espiritualistas, homens e mulheres de boa vontade e religiosos de maneira geral, todos trabalhadores do bem, são enquadrados como missionários da luz em nosso tempo. Somos o grande elo de ligação entre as gerações dos conflitos, a qual denominamos de "geração dos resgates", face às pesadas e sofridas provas por todos passadas, e a nova geração já operando na Terra, laborando na paz, no bem e no amor, também chamada de "geração da regeneração" nessa próxima etapa. Evoluímos, acabamos de subir mais um patamar na escada da vida... da evolução... por isso é importante que nos conscientizemos da grande responsabilidade!

Diante da simples, porém profunda lembrança está encerrada a justificativa para a elaboração de mais esta obra, que por certo virá se unir em soma às tantas outras, de melhor preparo que se encontram neste momento sendo planejadas, elaboradas, transmitidas... retransmitidas... e divulgadas! – Neste trabalho, também nos enquadramos na filosofia "Einsteiniana", a seguir formulada:

"O pintor, o poeta, o filósofo e o cientista fazem da construção de seu próprio mundo o ponto principal de sua vida emocional. Só assim podem achar a paz e a segurança que não encontram na estreita correnteza de suas experiências pessoais". – Albert Einstein.

De nossa parte, com humildade nos permitimos ser uma mola instrumentalizadora desse átimo consciencial, de há muito gravado ordenadamente no bondoso universo, que ainda nos abriga pacientemente desde seu nascedouro, o "Big Bang", protegendo seus amados filhos por toda a eternidade. Com esse profundo sentir, é necessário que, de forma responsável e fraterna, venhamos a resgatar o importante cognitivo alquímico, mais espiritual que material, acumulado durante séculos, por muitos de nós, que num dado tempo da humanidade foram infinitamente necessários, providenciais e benéficos. A ciência alquímica simbolizou o verdadeiro domínio da matéria e de seu espírito, no íntimo conteúdo, demonstrando a harmonia e o equilíbrio universal existente entre o Céu e a Terra. Sabemos que esses conhecimentos jamais se perderão. Eles se encontram guardados na vasta biblioteca sideral consubstanciando-se num dos mais preciosos bens de que a humanidade terrestre dispõe. Já se faz tempo para que homens de boa vontade comecem intuir a necessidade de resgatar conhecimentos alquímicos, filosóficos e espirituais. Eles um dia foram um importante elemento garantidor da vida no planeta, depois balizador de conquistas científicas, tecnológicas, materiais, psíquicas e espirituais, até hoje por nós desfrutadas.

Dentro do silêncio, mergulhados na infinita vontade de conhecer os princípios básicos que regem a natureza, desde o micro ao macro, os alquimistas em profundo respeito às energias que sustentam o equilíbrio do todo, protegeram e mantiveram a essência pura como fora criada pelo seu Criador, o Grande Arquiteto do Amor.

Lembro ao leitor da nossa história a qual consta que há 15 bilhões de anos apresentou-se pelo Big Bang a "Energia Maior", agrupando energias menores para a primeira manifestação material da vida na terra. Foi a mais pura demonstração de amor do Criador pela criação, assim, presenteou a humanidade com o lindo planeta azul. Neste maior exemplo podemos compreender o verdadeiro sentido da vida por toda a eternidade.

Do atanor ao crisol a chama violácea da transmutação se encontra ativa, mais viva do que nunca, servindo-se como instrumento balizador para a forja experimental e patenteadora das boas qualidades de seres de boa vontade. O cadinho dos tempos, jamais deixou de emitir seu benéfico calor, com amor para a realização das necessárias mudanças, bem como jamais deixou de exalar o seu sonoro criptar, tanto junto à matéria densa, quando próximo à matéria sutil, caracterizada pelas estruturas espirituais e humanas localizadas em planos dimensionais ainda pouco explorados. Nos ensinaram que: a tentação é o crisol dos espíritos honestos, é verdade!

Neste momento em que atravessa a humanidade, há dois mil anos da Era Crística, muito pouco nos detivemos para os ensinamentos filosóficos de Jesus e de tantos missionários iluminados que por aqui passaram. Poucos conseguiram perceber o verdadeiro caminho, a eterna verdade existente dentro de nós. Outros tantos não chegaram sequer a experienciar conscientemente as inúmeras combinações e modalidades vibráteis que comprovam a eternidade de nossos espíritos. No entanto começamos a compreender que somos seres imortais, de fato à imagem e à semelhança do Pai, como há muito, já nos fora dito...

"[...] Vós sois Deuses!"

Magos, monges... foram os primeiros seres a compreender que a mente humana vibra constantemente com o universo espiritual, no campo invisível ao olho material, movimentando potentes energias. Todavia hoje representam a minoria conhecedora de tais princípios. Enquanto essa conscientização não ocorre por inteiro, o célere processo evolutivo continua alterando situações, inserindo, transformando ou extinguindo formas e conhecimentos, mudando... mudando sempre, continuamente, perenemente, sem parar... sempre evoluindo em espiral, tal qual o ensinado no exemplo da escada de Jacó de Pietro Ubaldi. Por quantos apocalipses transmutativos já passamos? – Quantos estarão neste momento a ocorrer em todos os continentes, sobre e sob ele, dentro e fora de nós? – Quantos estarão por vir? – Certamente teremos que, inteligentemente, enfrentar a todos, como a prevista guerra do Armageddon ou a batalha final (hoje holocausto atômico descrito por Michael Drosnin). – Quer nos parecer o surgimento de arquétipos modeladores a formatar forças emergentes por meio duma potente usina geradora, existente como uma divindade dentro do organismo humano, extinguindo e construindo formas ideais de há muito ensinadas por Platão. – Não nos esqueçamos de que: "Antes de cada período da grande evolução da humanidade, sempre houve um princípio de extinção da mesma". Isso nos faz lembrar os graves impactos diluvianos, climáticos, apocalípticos, pestes, pandemias ou o Coronavírus de hoje, fatos que em alguns casos, provocaram o desaparecimento de civilizações inteiras deste planeta.

Tivemos, por exemplo, vários cataclismos antes de Cristo, sendo que, os maiores ocorreram em 8452 a.C. e 4292 a.C., ao longo de registros históricos cíclicos que rasgaram os tempos, 2020, o Coronavírus não é exceção. Desse modo, comprovamos que os ciclos sempre se repetem com grande precisão. – Para onde irão os espíritos destes irmãos atingidos pelas catástrofes?

Edgard Armond, no livro *Os Exilados da Capela*, bem nos descreve em detalhes esta repetição, ou seja, uma relocação perpetrada pela ação Kármica atendendo à imutável lei do progresso, dentro da grande permuta de populações em orbes diferentes, porém compatíveis com a densidade vibratória de cada ser, fato este, que provavelmente já esteja ocorrendo espiritualmente neste lindo planeta azul. Outras informações a respeito dos Exilados da Capela, encontramos no livro *A Caminho da Luz*, psicografado por Francisco Cândido Xavier, pelo espírito de Emmanuel. – Capela, está situada na constelação de Cocheiro há aproximadamente 45 anos-luz ou 13,8 parsecs da Terra.

As trajetórias desses ciclos podem perfeitamente, por nós, serem modificadas pela adoção da poderosa força que se chama amor. Essas profundas manifestações transformativas revestem-se de características semelhantes à de um longo e interminável caos àqueles que neles estiverem inseridos. E nós, hoje ao lado dessas ocorrências, sequer

O Mago, o Monge e o Médico

podemos avaliar a profundidade de tantas transformações em curso, muitas delas respaldadas em sofrimentos que estão a toldar os céus de nossos irmãos, quase sempre despreparados para o crucial momento que, sem dar aviso... os assola!

Quer nos parecer que nos encontramos cada vez mais insensíveis para essas ocorrências, porém as intuições nos dizem sistematicamente, que logo adiante poderemos ser os próximos a sentir o calor do crisol depurando-nos em transformação, seja por intermédio de uma convulsão climática, ou por intermédio de processos mentais estressantes e depressivos, por meio de alguma doença grave que por ventura atinja nossos familiares, entes queridos ou sejamos nós os atingidos, "apenas como função drenadora" de imperfeições ou pelas manifestações espirituais a bombardear nossas mentes. Somente de maneira coercitiva é que compreenderemos o significado da palavra caos, também chamado "Chaos" dos alquimistas, que apropriadamente para este momento significa:

"O estado do cosmo em que nada se distingue além da prima matéria, podendo ainda, indicar uma total cegueira da visão filosófica".

De modo que, ao meditarmos somente sobre essa questão já estaremos educando nossos pensamentos. Criando a tão necessária prontidão! O melhor exercício desta hora é: "pensar sentindo, e sentir pensando", de modo positivo, é claro!

Aurora Consurgens, a nova aurora nascente, do novo tempo que se aproxima. Esse códice da Idade Média, dizem ter sido escrito pelo Monge São Tomás de Aquino, que em nosso entender significa:

"Que em seu âmago fraterno esteja a busca da harmonia, o entendimento, a humildade e a profunda sabedoria".

Por isso neste livro, em síntese, pretendemos melhor demonstrar o grande bem que todos possuímos. A eterna dádiva, que nossos antecessores compreenderam e utilizaram "comedidamente" por determinado período da história humana. Respeitavam a natureza "material e espiritual", donde inomináveis benefícios obtidos nos foram carinhosamente transmitidos no decurso dos anos. Estamos falando de qualidade de vida! Um dos principais objetivos deste livro vivo é o de auxiliar, conscientizar e incentivar o leitor para o exercício da grande busca interior propalada há milênios na filosofia Socrática, no sábio princípio do "conhece-te a ti mesmo", e conhecereis o universo. Seus pulsos... ações e reações, tudo dentro deste eterno silêncio evolutivo e da perene protetividade para a manutenção da vida na Terra. O Fiat Lux, o Big Bang até mesmo de forma indireta o "Bug do Milênio", ocorrido recentemente na virada para o ano 2000. Muitos de nós receosos da ocorrência do final dos tempos, acionado por computadores, a causar o grande "Bug", com mísseis atômicos, até graves problemas nos hospitais, segurança, energia elétrica, água, comunicações etc. Felizmente, nada ocorreu! – Esses eventos de tempos em tempos nos obrigaram a passar. Nos induzem à introspeção, voltados para o nosso santo ser Crístico e para o Pai. Sentimos a cada segundo de nossas vidas a imensurável força da luz. Chama perene do amor universal, a qual alquimistas medievais denominavam "Donum-Dei", o Dom de Deus. Faz tudo surgir do nada (as religiões bem explicam tais fenômenos), tendo em vista a intervenção inexplicável e gratuita, de toda a ordem cósmico-temporal. No passar dos anos, de forma individual ou em grande condomínio, vem nos colocando coercitivamente por intermédio da dor ou do amor, na direção certa, por força de leis perfeitas, eternas, imutáveis, justíssimas! Dessa maneira, não deveremos nos amedrontar com a Lei Maior. Ela sempre foi e será "justa", por isso é chamada de "Lei do Amor"! Jamais pagaremos pelo o que não devemos. Nela podemos e devemos confiar!

Essa lei, se pesquisada convenientemente, poderá explicar até então a inexplicável ocorrência havida na Terra há mais de 15 bilhões de anos. Atualmente supomos ter acontecido uma grande explosão, de altas proporções, com efeitos vibráteis daquelas acomodações energéticas tão fortes, que se fazem sentir até hoje. Desse modo, pode ter sido o momento inicial da existência da vida no globo. A chama primeva; aparece o átomo na inicial manifestação material da vida. Apesar da manifestação espiritual ou sutil de energia vital já existir há muito mais tempo. No modesto entender de neófito, levantamos a seguinte hipótese:

"A teoria da criação somente poderá ser conhecida e dominada, quando o homem compreender a existência de seu Criador!"

O bem Divino que nos inunda diuturnamente, desde que o homem existe, denomina-se "Energia Universal". Gerada pela grande usina cósmica o eterno pulsar, acionado em tantos "big-bangs" (dali, tudo saiu do nada), encarrega-se de tudo prover à grande aldeia global com significação da perenidade cósmica, pulsando como ocorre com os nossos batimentos cardíacos, mantidos e equilibrados pela incansável e caridosa bomba mantenedora, chamada de coração.

Paremos por um instante! "Atentemos para a imagem de um coração": é natural que associemos essa imagem a qualquer pessoa querida. Vejamos detalhadamente a forma deste coração, seu significante e o significado. Quando o visualizamos mentalmente, percebemos ser um pequeno registro grafado num papel qualquer. Observemos que, por mais simples que seja, ele é "uma grande fonte propulsora de energia", a qual se liga a energia maior, existente no chamado "Campo de Energia Universal". Porém questionemos: como a folha de papel, com simples coração pintado, é fonte de energia? – Não nos parece, mas é! – Observemos...

Basta tão somente pensarmos sobre aquela imagem e imediatamente associaremos a lembrança de pessoa querida. Nesse momento, permitamos sentir os "pulsos" energéticos, ou seja, as vibrações irradiadas em espiral daquela simples produção pictográfica, e com que força poderemos senti-las! – Sabemos que, por si só, a imagem do coração já é intensamente inspirativa. Quantas lembranças, tidas, sentidas, vividas, ora revividas em suspiros, sorrisos... alegrias... e lágrimas? – Portanto o exemplo do coração nos mostra "uma forma de energia", nossa conhecida, bem controlada, opera em tempo/espaço.

A força e a potência dessa imagem: "Certa feita, quando a detectamos, tanto nos intrigou, que nos obrigamos a estudá-la". – Ao nos dedicarmos a ela, começamos a descobrir que na verdade não é nenhum achado ou novidade, vez que, comumente vivenciamos estas energias benéficas a cada segundo de nossas vidas, "basta querermos". Apenas, não nos demos conta, não parando para observá-las. Dentro do sistema investigativo constatamos que "tudo ao nosso redor é energia", via de consequência: tem sua fonte, seu nascedouro, havendo energia: há movimento, forma, força, atração e repulsão. Enfim, há um princípio... há vida! Ao pensarmos e falarmos de energia, certamente chegaremos, em termos conceituais, à conclusão que chegou nos seus estudos o explorador da Física e pai da teoria relativística, o famoso cientista, Albert Einstein. Com sua famosa equação $E = mC^2$, que significa, na síntese, a quantidade de energia contida, numa partícula que é igual à massa da partícula, "m" multiplicada por C^2. – De modo que na física, a energia está sempre relacionada a algum processo. Aliás, já não nos foi ensinado que na natureza nada se perde tudo se transforma? – A simples modalidade transformativa já comprova a existência desta espécie de energia, sem energia, nada se faz!

Os fenômenos naturais, por exemplo, puderam ser perfeitamente compreendidos a partir do momento em que incorporamos nas suas manifestações alguma forma de energia, a qual pode apresentar-se sob variados eventos e aspectos, quais sejam: movimento, calor, gravidade, elétrico, químico e agora, pelo exemplo mencionado, detectamos e compreendemos a "energia mental" ou "energia do pensamento", operada pelo mesmo, a partir de suas diferentes formas imaginativas, também conhecidas como "formas-pensamento" ou ideoplastia. Dessa maneira, pela contemplação de simples pintura na folha de papel com forma de coração, o que ocorreu ao visualizarmos ou recordarmos daquela simples gravura?

No livro de nossa autoria, intitulado *Abençoadas Horas Tristes*, nos referimos sobre a modalidade energética aplicada às terapias, a qual denominamos de ótico terapia, que é a emissão terapêutica de energias em função das imagens, figuras e fundo, comunicação, ilustração e estímulos. Ao falarmos em estímulos, principalmente os do pensamento, do coração e de amor, imediatamente pensamos na forma de energia que provoca essa força ou movimento, e, desde logo, sentimos o reflexo que todos já experimentamos: de alegria, contentamento, iluminadas expressões faciais, sorrisos, maneirismos, atitudes calmas, amorosas, ponderadas etc. – Como é bom citar sinônimos de coisas boas "emoções", não é verdade?

Destarte, voltando àquela imagem do coração, imaginemos que a tivéssemos jogado fora, perdido a pequena pintura. Será que a sua energia teria se extinguido pelo esquecimento? – Não! O tempo passou e, num belo dia, nos lembramos daquela pintura; imediatamente voltaremos relacionar com a imagem esquecida. – Quanta energia!

Observemos que a imagem imediatamente aparece ao nosso comando na "tela mental". Renasce vigorosa como a "fênix", novamente em energia, porém dessa vez a imagem se forma somente em vista da lembrança. Contudo mesmo sem aquela simples folha de papel materializada, nossa lembrança nos propicia "as mesmas reações". Aliás, se bem observarmos a lembrança impressa naquela imagem "está ainda melhor, mais clara, mais forte e mais bela", ao mesmo tempo em que nos provoca reações tão boas, antes não bem sentidas. Essa é uma grande magia! Voltamos a rir, chorar, enfim, expressar nos reflexos e sentir profundamente a reação daquela força pura consubstanciada apenas na lembrança da folha de papel com o coração nela pintado. Isso não é fantástico?

Diante desses parcos comentários nos reportamos a remotos tempos, em que tantos e quantos desbravadores do conhecimento nos legaram exemplos, estudos, pesquisas e orientações, principalmente questionamentos e respostas às manifestações fenomênicas pessoais, naturais e universais. Mas quem eram esses desbravadores, o que faziam, como eram conhecidos pela sociedade?

É neles que fomos nos inspirar, para justificar e estruturar esta obra, traçando paralelos entre vários períodos do conhecimento humano, suas designações e propriamente a "leitura de mundo" que se realizava e se realiza até os nossos dias. Em nosso modesto entender, nada mudou sob o aspecto laboral e investigativo, apenas as denominações é que sofreram pequenas alterações, em função da própria modalidade evolutiva. Porém as mentes de hoje sentem as mesmas necessidades daquelas de ontem, e a energia que as compelem a trilharem pelos caminhos da busca também continua a mesma. Dessa forma aprenderemos que a via da evolução, do progresso se explica no exemplo da grande espiral: "sempre a nos conduzir ao mesmo lugar, porém, em nível mais alto". É o exemplo da escada de Jacó de Pietro Ubaldi, muito citada na história e na filosofia cristã. No entanto as designações Mago, Monge e Médico nos parecem prima facie, não ter correlação, "apenas parecem", pois efetivamente têm forte e profunda ligação entre si. Senão vejamos: o cientista de hoje, na nossa opinião foi o mago, o alquimista, o bruxo, o feiticeiro e o médico de ontem, época na qual, igualmente o curador, o feiticeiro, o bruxo, o mago e o alquimista eram conhecidos e admitidos com naturalidade, como são os médicos da atualidade. A diferença existente consiste em que os ancestrais de nossos terapeutas conheciam, dominavam e aplicavam concomitantemente as ciências materiais e, acima de tudo, a ciência espiritual que era o seu maior recurso.

Hoje, nos compete tentar explicar essa evolução sob o aspecto cognitivo, resgatando e até desmistificando certas interpretações, convergindo beneficamente experimentações, que com o passar dos séculos fragmentaram-se cada vez mais pelas chamadas especializações, que, a nosso ver, se, de um lado, aprimoraram-se em habilidades específicas, do outro, mais se distanciaram do conhecimento e da fonte principal, "é a energia espiritual", ficando mais afastados da totalidade, da fonte primeva, sobretudo da compreensão da máxima:

"Fazemos parte do todo e ao mesmo tempo somos o todo".

Não nos esqueçamos dessa orientação, por isso, devemos pensar duas vezes, quando quisermos lançar anátema sobre quaisquer definições e conceitos emanados daqueles sábios, filósofos, magos, alquimistas, monges... muitos deles, tristes personagens, às vezes não compreendidos no seu tempo, como nos informa a história. É imperioso que hoje os reconheçamos como precursores do progresso da humanidade, além de nos penitenciar junto a eles, pelas horríveis penas que a ignorância humana os imputou, tendo-os como bruxos e feiticeiros, condenando-os em famigerados tribunais de exceção à fogueira. Devemos, cautelosamente, compreender a existência da probabilidade, de que alguns de nós tenhamos sido em vidas passadas, seus prestimosos auxiliares... - Contudo essa composição literária não tem o condão de adentrar a profundos e intermináveis questionamentos de ordem científica, filosófica, jurídica, psicológica ou religiosa, apenas enseja o conhecimento e o respectivo entendimento desta profunda orientação, estruturado pelo autor no livro *Abençoadas Horas Tristes*, (TORRES, 1999, p. 78), senão veja-se:

> Todos estamos comprometidos com o 'grande condomínio existente no planeta', via de consequência, temos cada qual a sua quota de participação, daí a responsabilidade de todos pela sequencialidade da vida na Terra.

Esta obra pretende demonstrar, principalmente, sob a égide espiritual o mago, o monge e o médico, como personagens temporais, deste condomínio universal, são vistos pela maioria, como: aqueles que chegaram próximos da perfeição! São missionários, assim, têm sua quota de participação aumentada, pois as oportunidades que lhes foram conferidas pela estrutura social, implicam o dever consciente e responsável de suas nobres tarefas. Encargos, não mais estruturados na individualidade, sim, na coletividade. Recebem o sentimento crescente de humanitarismo em todas as direções, por isso, a coletividade os admira, respeita e adora, conferindo-lhes sagrados deveres da cura, confiando no profundo respeito que "devem Ter" para com o cumprimento de seus deveres. Como ídolos do povo, não podem jamais decepcioná-los. Pois em suas mãos foram depositados o conhecimento, a tecnologia e o sentimento positivo para que possam conduzir seus irmãos e atendidos para um tempo melhor. Esses ídolos sabem da máxima Crística: "A quem muito é dado, muito será exigido". Aprendem, como nós, as grandes lições hauridas na escola da vida, contidas na filosofia bíblica que diz:

"[...] Ninguém vive por si mesmo, e ninguém morre por si mesmo".
- (Rom. 14:7)

Queremos finalmente enfatizar neste livro que receber o conhecimento é um grande poder e privilégio de todos, porém "poucos são os que o conseguem usá-lo em detrimento de todos". É perigoso quando "mal usado" (apenas pelo dinheiro), por isso, a responsabilidade dos magos de nosso tempo. Ninguém vive por si mesmo! – Refletir no coletivo é necessário... O escritor, por exemplo, é um mago articulador de pensamentos e palavras, termômetro das emoções públicas, um missionário e importante vetor social! – Acha-se nesta hora, comprometido com o devir, por isso se enquadra no pensar de Lígia Fagundes Teles, expresso em entrevista à TV Educativa: *"O escritor é um solitário solidário!"* Esta é uma grande verdade! Por isso, nesta obra, não nos preocupa o lugar que ocuparemos em vendagens, e sim, o lugar que obteremos nos corações dos leitores do futuro, pois desejamos com humildade os auxiliar, nalgum momento de suas vidas. Somos filhos do mesmo Pai e para Ele, somos irmãos! Creiam nisso! – Sejam felizes meus queridos!

Em cada degrau individual ou coletivamente permaneceremos por pouco ou muito tempo, a escolha será somente nossa.

Prof. Octávio Melchíades Ulisséia.

I

Magos

Os Reis Magos, do bem, sabiam da vinda de Jesus...
acompanharam a estrela... chegaram a Belém...
trouxeram presentes ao Rei dos reis, cujo reinado não era
deste então, triste e pequeno mundo.

A. Villaca Torres

Magos e Magia

Que a união de espíritos puros
Eu não aceite impedimentos. Não o amor o
Que muda quando mudanças encontra,
Ou se curva a quem quer extingui-lo.
Oh, não! O amor é um mar eterno,
Que inabalável enfrenta as tormentas.
É a estrela de todo o barco errante,
De brilho certo mas valor inestimável.
O amor não é joguete do tempo, embora
Ao envelhecer os lábios nos entorte.
O amor não muda conforme o dia e a hora,
Mas chega inalterado até o fim dos tempos.
Se me provarem que isto está errado,
Então nunca escrevi, nem ninguém jamais amou.

(William Shakespeare)

Escolas espirituais, teosóficas e místicas de maneira geral vêm, reiteradamente, considerando que o globo se encontra no momento adequado para a recepção de mais um grande líder espiritual. Alguns estudiosos arriscam-se a informar que esse ser iluminado já se encontra entre nós. – Estaremos dessa forma retornando aos tempos imemoriais dos feitos milagrosos e mágicos? – A humanidade estará mais bem preparada para receber um novo presente?

A palavra mago é conhecida pelos registros de que dispomos desde o início de nossa civilização. Várias foram as informações a respeito que nos chegaram. Vemos por exemplo no Egito, o surgimento do grande mago da antiguidade chamado de Zoroastro, que era igualmente astrólogo e sacerdote. Da mesma região provieram os reis magos, citados reverentemente na história cristã, pois foram integrantes ativos do maior registro épico da humanidade.

Sabe-se que aqueles reis eram conhecedores dos segredos da natureza e da magia. Faziam parte da antiga ordem mística na qual profanos jamais puderam penetrar. Eram tidos como santos no oriente, tornando-se igualmente adorados após o aparecimento no Egito, para saudarem o menino Jesus em seu nascimento. Também conhecidos os reis magos pelos nomes de Melchior, Gaspar e Baltazar.

Conta-nos a história que esses reis, em dado momento, foram tomados pelo cansaço da viagem que empreendiam, desviando-se numa hora da trajetória que os levaria à confirmação da grande nova. Vivenciaram profundo desânimo quando perderam de vista a "Stella Mattutina" – Estrela da Manhã, que os guiava, fato que os obrigou a andarem sem rumo por muito tempo perdidos no deserto.

Porém, quando no ápice da exaustão, de repente encontram um oásis e ao ficarem diante do poço, conseguem encontrar água, surpresos se deparam ao deitarem o olhar ao fundo. – Naquele instante, conseguem visualizar novamente a estrela da anunciação refletida na água, e descobrem que estavam muito próximos da gruta, nascedouro do filho de Deus.

Figurativamente, todos nós quando nos lembrarmos de olhar para o fundo de nossos poços, lá certamente, como os magos, se quisermos, poderemos encontrar, se tivermos fé, a grande estrela da anunciação refletida na água cristalina a determinar nossas trilhas. Dessa maneira, conheceremos a verdade no justo momento em que pela ação edificante abandonarmos a mentira! – Temos que parar de nos enganar!

A grande magia da transformação humana, somente acontecerá quando estivermos determinados a encontrar, sob a égide da ação efetiva, do "fazer" consciente, sentindo mais, se a decisão for versada no bem e no amor. Todo aquele que num ou noutro momento de sua vida se dispuser a realização de profundo exame introspectivo em que, pela sincera avaliação de seu potencial energético-sentimental e pelo pensamento concluir da imperiosa necessidade de tomar decisões, assim, entende o autor, que:

> Neste exato momento, estará produzindo pela pura alquimia numa ordem cósmico-temporal, condições propícias para a grande obra ou sua grande reforma. É a criação necessária para um novo ato, uma nova vida em busca da verdadeira felicidade.

Comandará dessarte, poderosas energias mentais (por meio do pensamento, instrumentalizando-as nas palavras e ações), desde o ínfimo ao imenso para o novo nível vibratório, que são os elementos preparadores de uma nova ordem... do novo tempo... da nova vida. Sabedores somos, que todas as partículas podem ser transmutadas noutras melhores e cada vez mais perfeitas. Aglutinam-se em energias e podem desfazer-se em energias numa grande transformação alquímica, na mais pura magia do bem, do amor Divino e do progresso individual ou coletivo, por isso, afirmamos neste livro, que:

> Assim procedendo, qualquer de nós será sem sombra de dúvidas, por todos considerado como um verdadeiro mago de seu mundo, no seu espaço odológico, preenchendo-o com maestria e sobretudo em seu tempo, através da busca corretiva de rumos pela espontaneidade e pelo amor.

Desse modo, estaremos interagindo com segurança, respeito e sabedoria noutros planos. No universo das gentes... das coisas... das vontades... dos sentimentos... dos pensamentos... das vidas e do amor Maior! – Somente pelo amor fraterno, vamos então refletir!

> Ah! – O amor meus amigos, chegará inalterado até o final dos tempos. Será o suave transporte premonitório na mais bela profecia feita por Shakespeare em seus versos, nesta justa missão transmissiva de sua criação. Ele trabalhou magistralmente com a magna magia do pensamento, transferindo-o pela energia criadora do sentimento, como que por sublime encanto, do sutil para o suave pranto no orvalhar da velha tinta a colorir as fibras do silente amigo... o papel branco.

Eis uma das grandes mágicas humanas facilmente realizada pelas forças energéticas do sentimento: quando amamos, laboramos em amor... é a manifestação da energia criativa... – Ah! Quando amamos... sabemos ser verdadeiramente criativos, sensíveis, fraternos, amigos, irmãos e humanos!

Com as energias acionadas pelo pensamento, consegue-se transferir vibrações do sutil para o real, do invisível para o visível, ou seja, do coração, da mente para o papel materializando em pequeninas letras, gigantes significados. Significantes das sensações vibráteis do amor, que por encanto cortam décadas, séculos e milênios a nos ensinar responsavelmente o manuseio dessas poderosas forças, a escrita criadora e transferidora das emoções, desde os tempos imemoriais dos hieróglifos!

A gravura de sinais teve seu nascedouro, quando o homem, iluminado pela intuição espiritual, começou a traçar nas paredes de seus abrigos, desenhos "mágicos" como vemos até hoje. Eram mágicos pelas energias contidas nos traços. Incólumes, foram guardados pelas forças naturais entre tantos mistérios, como é o caso dos acessos ao "Mundo de Agharta", contidos nas cavernas. Atravessaram milhões de anos, para dar contas e mostras do perfeito exercício da vida, num esforço supremo para nos contar sua história. No milenar silêncio sepulcral elas, as cavernas, nos falam de coisas do passado e ao mesmo tempo mostram em revelações as benesses do futuro, A. Villaca Torres (1999, p.10):

> [...] As cavernas têm representado para o homem de todos os tempos um misto de mistério e medo, respeito e fascínio, sepulcro e santuário, segurança e curiosidade, portais e rotas, entradas e saídas, passado e futuro... Muitas delas até hoje desconhecidas e inexploradas pelo homem moderno, nos encerram preciosas energias contidas nas surpreendentes e exuberantes informações que encontramos a cada centímetro quando as adentramos.

Vemos, portanto, que nos mágicos traços encontrados nas cavernas, nossos ancestrais acabaram por deles se servirem como meio de comunicação. Assim viemos, desde os ideogramas simbolizando objetos, (até hoje alguns não identificados), a uma ideia ou até mesmo um som, passando pelos hieróglifos egípcios que, figuram sílabas, tal a escrita cuneiforme, indo para a escrita consonântica e só se representam por meio de supostas consoantes, igualmente na escrita fenícia, até ensejarem evolutivamente a escrita alfabética grega.

Percebe-se, portanto, que nas pequeninas letras deixamos gravadas "grandes vibrações" a espargirem quais sonhos, do âmago sentimental do poeta de todos os tempos, que fomos, sentindo-nos os magos das palavras que há muito aprendemos a expressar e propagar em criações-sentimentos e formas-pensamento. Produções sempre vivas, potentes, cativantes, ativadoras e transmutadoras de energias que jamais se perdem no tempo.

A verdadeira magia se consubstancia na transformação. Sentimos no exemplo, quando em nossas horas tristes nos deparamos com a oportunidade de recebermos o soneto do anjo por uma música, poesia, ou mesmo pelo aconselhamento amigo a nos levar para o caminho da compreensão, do equilíbrio, da alegria e da paz.

Sabemos que na filosofia oriental admitem-se com tranquilidade que as medidas de espaço e tempo são apenas construções da mente e, quanto às boas lembranças não há necessidade organizacional de tempo e tampouco de espaço. Porém devemos compreender que desde os tempos que já se vão longe, a verdadeira alquimia da vida se processa pela força e pelo poder da mente no pensamento construtivo.

"O controle, o domínio e a utilização racional de nossa usina mental será um dos grandes desafios para o homem deste terceiro milênio".

Não é para menos, que o grande sábio das "çáquias", filósofo e profeta oriental, conhecido como "Gautama" - Buda o mestre espiritual dos orientais, ensinava seus monges já no século V a.C., as seguintes recomendações:

> *[...] ó monges, o passado, o futuro, o espaço físico e os indivíduos não passam de nomes, **formas de pensamento,** palavras de uso comum, realidades meramente superficiais.* (destaque nosso).

Já adentrando ao terceiro milênio é bom complementar as afirmativas supramencionadas. Chegam até nós preciosas e precisas informações contidas nos antigos registros, dando-nos conta de que há mais de 10.000 anos, aproximadamente, grassava no planeta, a próspera civilização conhecida como Atlântida. Admiravelmente desenvolvida em seus conhecimentos, principalmente na tecnologia. Respaldava seus conhecimentos nos parâmetros da ciência perfeita, chamada e conhecida como ciência espiritual.

Aquela evoluída civilização sabia perfeitamente dominar inúmeras formas de energia, muitas delas hoje, por não serem identificadas, as batizamos como fatos milagrosos ou mágicos. Desenvolveram a conhecida "espada do bom combate" ou "bastões de luz", transformando o afiado gume de seu aço na lâmina irradiadora da espetacular luz curadora. Estabeleceram desse modo, responsavelmente no primeiro momento de sua história a grande diferença: *entre aquilo que mata e aquilo que cura*.

Era a luz do conhecimento aplicada somente para o bem, por meio da existência daquele instrumento, denominado de "Bastão de Luz Curadora", com aparência de espada, o qual era usado para curar e jamais para matar. Mas, infelizmente, desde aquela época até hoje, o homem tem demonstrado que não aprendeu completamente trabalhar com o poder. Outra vez comprova-se que o poder pelo "Ter", pode e corrompe facilmente os mortais.

As grandes forças descobertas e desenvolvidas, quando usadas indevidamente, ensejam o acúmulo de mais poder, sempre mais, para o "Ter", e o domínio desvairado das gentes, das coisas e se pudessem, até do espírito, levando como sempre, o homem a elaborar o seu próprio destino.

Foi dessa maneira que nossos irmãos mais velhos, os Atlantes, fizeram infelizmente mau uso do avançado poder conseguido com amor e trabalho, talvez em muitos milênios. Utilizaram-no desregradamente e indiscriminadamente para o "Ter" e na infeliz reação de que hoje temos ciência, pela ganância acabaram criando o seu próprio caos, que poderia ter sido o grande e infindável "Bug". Hoje, sabemos que teria sido uma forma de "apocalipse". Nada mais foi que o triste final de seu tempo, de seus avanços, deixando-nos apenas parcas informações. Mais uma vez nos cabe a responsabilidade de novamente perquirirmos o caminho do progresso que poderá ser "pela dor ou pelo amor", como de fato tem sido. Mas pela dor das guerras e conflitos que, até aqui chegamos e finalmente agora compreendemos. A experiência nos legada pelos Atlantes nos proporciona a comprovação experiencial, de que:

> O mundo jamais acabará com os homens, ainda que tudo façam para tal. Somos nós, os humanos, que acabamos tão somente com nossos pequeninos mundos, para depois descobrirmos noutras vidas, que a criação de Deus, o mundo Maior, jamais se extinguirá para os seus bons filhos.

As forças da natureza sempre foram puras, benfazejas e profundamente servis aos homens de bem e às outras formas de vida, igualmente a seus espíritos bondosos. Estes, em seus constantes labores não se contaminaram como nós, principalmente com as dúvidas dissociativas, com o egoísmo, com a inveja e com a mentira, como vem acontecendo. Predomina nesses espíritos a inocência, a pureza e a cristalina ingenuidade, estando sempre prontos, solícitos à realização das tarefas benignas de proteção, preservação e de reconstrução.

Dessa maneira, transcendendo a vastidão dos tempos, nos encontramos, admitamos ou não, conectados ao eterno espírito da natureza. Fazemos parte da natureza e ao mesmo tempo "somos a natureza". Ela sempre propiciou aos gênios e homens de bem, os elementos basilares e primordiais para as mais profundas manipulações alquímicas, artísticas e tecnológicas de que necessitam. Estes, por sua vez, compreenderam que a mente humana vibra espetacularmente com pureza e criatividade no universo espiritual, num campo "por enquanto", invisível ao olho material. Esse maravilhoso campo está continuamente a proceder e prover a movimentação de inesgotáveis energias, em consonância com a Lei Maior ou lei do progresso contínuo. – Na natureza nada para, tudo em transformação progride!

Diante disso, mesmo sem saber ou querer, somos atraídos por essa força milenar caracterizada pelas incríveis e indescritíveis sensações de há muito por nós vivenciadas, por intermédio de sutis manifestações... mistérios... e segredos que os batizamos de mágicos, os quais, de uma forma ou outra, nalgum lugar e momento, já os manipulamos... disso não temos dúvidas!

Por isso, com interessante naturalidade e até facilidade, observamos sentindo, sem saber explicar a grande atração, o fascínio estonteante. Ao mesmo tempo, percebemos o aflorar de estranhas e atraentes, sensações. É a profunda magia materializada nos seres pela vontade de criar, melhorar, proteger, transformar, progredir e a nos impulsionar para a incessante busca interior. Esse sentimento, nada mais é do que o necessário "caminhar missionário", nessa grande via da evolução.

O caminho misterioso, ora parece sábio, ora místico, triste e difícil, ora alegre e agradável. Porém por essas trilhas somos acompanhados sempre pelas bondosas forças da mãe natureza (devolvendo-nos o que recebe). São eternas forças compreendidas por uns, reverenciadas por outros e desrespeitadas por muitos. Vemos que neste milênio, ela tem sido extremamente ultrajada pela ambição irracional e gananciosa de seus filhos, entre estes, tantos irresponsáveis poluidores contumazes, como é o caso de uma de nossas refinarias nacionais, que muito nos entristeceu e envergonhou perante a natureza... perante todos...

Todavia como os humanos sempre serão tangidos compulsoriamente pela Lei Maior ao *"animus-compenssandi"*, (necessidade de compensar) a natureza resiste pelo amor maior que a contempla, vez que, sempre foi e será venerada e amada pelos poetas, artistas, sábios de hoje e de outrora, como comprovamos nas suas fantásticas criações a consubstanciar a cultura humana, na profunda necessidade de sua preservação, para a continuidade da vida no orbe.

No paciente pulsar de amor por seus filhos se faz presente nos muitos movimentos intuitivos, martelando suavemente em nossas lembranças, como que nos dirigindo alados ao regresso de casa, tido e sonhado paraíso "Shangrilá" ou "Xangri-lá" para uns, ou o admirável mundo de "Shamballah" ou "Shamballa" para outros.

Quando nos afastamos do bom caminho, primeiramente somos lembrados pelo amor da necessidade de correção de rota, e não o fazendo, somos compelidos a fazê-lo compulsoriamente pela dor. Ela nos levará, queiramos ou não, ao "Grande Arquiteto". Lá, reina a harmonia, a paz e o equilíbrio: esse é o seu eterno desejo!

Tanta é a força, que nos imprime à mente a lembrança de que algo se encontra latente, pulsando... querendo explodir. Porém sequer imaginamos que essa energia tem conosco a sua origem gravada, viva e ativa desde a mais remota antiguidade. Ficamos diante duma interessante equação temporal. O passado se transporta para o presente como alerta, pedindo para ser mais bem trabalhado ou transmutado. É a alquimia da natureza a nos intuir da necessidade do trabalho edificante para a preservação da vida na Terra. São condições dimensionais de tempo, regidas por leis matemáticas, possibilitando sua manipulação por meio de apropriadas equações.

No guante dos arquivos temporais da humanidade, nos eternos registros denominados akásicos ou mais conhecidos como "o livro da vida", estão marcadas ações e reações, positivas e negativas, individuais e coletivas, e não há como ignorá-las ou mesmo escondê-las. Esses registros encontram-se duplamente gravados nas faixas superiores de nossas consciências, (faixa Buddhi, ali, o tempo deixa de existir), da mesma forma que, em duplicidade ficarão eternamente guardados na dimensão intermediária.

Porquanto, tudo o que fizemos e o que viermos a fazer enquanto no corpo físico ou fora dele, além de ficar registrado, tende a gerar resultados imediatos ou futuros os quais, inevitavelmente, nos atingirão por reflexos positivos ou negativos. Dessa forma a resposta recebida pelos nossos atos praticados, torna-se para cada ser criador a resposta exata, na justa medida de sua criação.

Quantas vezes temos tido a oportunidade do aprendizado pela comprovação, percebendo em reação a "criação voltar-se contra o seu criador?" – Esses fatos são conhecidos desde a antiguidade por magos, sacerdotes templários, alquimistas, feiticeiros, pajés, bruxos e espiritualistas de modo geral.

Em que pese alguns, inadvertidamente, terem distorcido as finalidades clássicas da magia, tornando-a arma mortífera nas mãos de infelizes renegados que se utilizaram largamente daqueles poderes superiores para agredir, prejudicar e confundir classes, povos e exércitos. Por isso, pagaram mais tarde muito caro pelo cometimento de tais abusos: "todos somos herdeiros de nós mesmos". Não podemos nunca nos esquecer disso!

Comprovou-nos a presente teoria em importante definição, o médico Dr. José Lacerda de Azevedo, no livro intitulado *Espírito e Matéria*, diz:

> [...] Magia, portanto, não é superstição – como querem pretensos sábios, zelosos em defender, conservando uma estreita e apoucada interpretação da imensa realidade cósmica. Em verdade, magia implica em complexos processos que deveriam interessar – e muito – à ciência, pelo que tem de investigação e experimentação. A magia não se ocupa apenas de espíritos desencarnados, como muitos acreditam. **Seu objeto é a vida em suas variadas formas e em todas as dimensões...** Entre as forças e energias naturais de que se servem os magos, podemos citar as planetárias, como as da lua (que acionam marés e regulam o crescimento dos vegetais); a energia das cachoeiras, do mar, da força do vento, das nevascas e das avalanches; a energia térmica do fogo, das forças de ressonância (vibrações mentais), dos átomos, na constituição dos cristais. Todas essas energias podem ser usadas tanto para o bem como para o mal, conforme as intenções de quem as utilize. (LACERDA, 1997, p. 120, destaques do autor).

O universo está num constante movimento: energia, vibrações e ressonâncias. Como sabemos, o homem ao pensar emite potentes ondas vibratórias específicas no campo da estrutura mental. Elas se propagam em todas as direções. É o fenômeno físico que, ao receber essa energia numa onda de comprimento fixo, tende a convergir pela ressonância vibratória a todos os campos ou estruturas (corpos) mentais que estiverem vibrando na mesma frequência.

Dentro do princípio Espiritual, em que: forças iguais se atraem, diferentes se repelem, retrata-se o que ocorre com nosso pensamento. Quando estes forem elevados, seres bondosos vibrarão no idêntico diapasão, reforçando a onda inicial pelo princípio da "retroalimentação". Com os pensamentos negativos, igual reação acontece.

Tais energias, ou campos de forças, já eram conhecidas e foram usadas por magos, monges, alquimistas etc. Atualmente, utilizadas por cientistas em menor escala, apesar de dispormos de insipiente conhecimento sobre as forças da natureza. Todavia é interessante que compreendamos a necessidade do uso da vida, pela perfeita direção a favor dela própria. Essa é uma das verdadeiras mágicas do bem coletivo, transferida para o bem individual. Por isso, é bom conhecermos outro interessante conceito referente à magia que foi emanado pelo filósofo e escritor Eliphas Levi, mago francês:

> Magia é a divindade do homem conquistada pela ciência em conjunção com a fé; os verdadeiros magos são Deuses-Homens, em virtude da sua íntima união com o princípio divino. Eles não têm medo nem desejos, não se deixam dominar pela falsidade, não endossam erros, amam sem ilusão e sofrem sem impaciência; pois deixam que as coisas sigam seu curso, e repousam na quietude do pensamento eterno. Os verdadeiros magos apoiam-se na religião, mas esta não lhes pesa sobre os ombros; a religião é a Esfinge que obedece, sem nunca devorá-los. Eles sabem o que é a religião e sabem ser ela necessária e eterna. (ELIPHAS, 1836, p. 4)

Diante dessa conceituação, fácil nos é constatar a presença dos poderes mágicos e da magia em todos os momentos da vida humana. Vejamos também, o que nos informam outros não menos interessantes documentários. Atentemos para o que nos transmite desde remotos tempos o registro bíblico contido no livro de Atos 19:18,19 como estão gravados:

> [...] E muitos dos que tinham crido vinham confessando e revelando os seus feitos. Também muitos dos que tinham praticado **artes mágicas trouxeram os seus livros**, e os queimaram na presença de todos. Feita a conta de seu preço, acharam que montava a cinquenta mil moedas de prata. (ATOS 19:18 19, destaques nossos).

Esclarecemos para orientação valorativa que: um denário era o pagamento correspondente ao dia de trabalho do operário. Observamos nos destaques anteriores, o reconhecimento expresso no livro de Atos e noutras passagens da filosofia bíblica, da existência da "Magia Negra", ou seja, dos conhecimentos mágicos utilizados para fins contrários ao bem. São ações, que por certo acarretaram aos seus usuários inúmeras dificuldades futuras. Aliás, é o que agora comprovamos nas próprias manifestações mediúnicas daqueles infelizes irmãos. Como aqueles exemplos, outros em maior número, existiram na aplicação da "Magia Branca" dirigida ao bem.

Doutra parte, pode-se notar que, já naquela época, os magos negros possuíam seus livros de "magia e bruxaria". Não é de se estranhar a inserção bíblica do exercício irregular da magia. Naquela época, oráculos e filtros mágicos para encantamentos, eram vendidos pelos magos negros a peso de ouro.

Observemos que essa prática "mercantilista" é comum até hoje. Eventualmente não nos oferecem amuletos e objetos "da sorte" e da "felicidade", até pela televisão? – Notemos que dentre as antigas técnicas conhecidas, uma das principais era a utilização da magia negra via **"Ressonância Vibratória"** e da **"Arquepadia"** (por meio de imagens e bonecos que representam a vítima).

Por exemplo: o feiticeiro faz o "encantamento", (que poderá ser para o bem ou para o mal), isto é, cria campos magnéticos adversos, face às invocações, orações (negativas), chamamento de seres (espíritos involuídos), pelo processo de **"imantação ressonante"** (vibrações iguais se atraem), observáveis no campo da apometria. Esses campos energéticos sintônicos, passam a atuar fisicamente sobre a pessoa, por tempo indeterminado. Porém, ressaltamos:

> Para que a vítima seja atingida é necessário que ela **esteja vibrando na mesma frequência de onda**, isto é, negativamente. Por isso a necessidade de conhecermos a aplicação da determinação Crística do "Orai e Vigiai". Assim procedendo, jamais qualquer de nós será atingido pela ressonância vibratória sintônica ou por qualquer ação negativa. - Ainda, devemos lembrar aos encantadores, que trabalhar com energias sutis depende de compreensão, respeito e continuidade, pois ao despertarmos uma fonte energética (um espírito), precisamos sempre com ele realizar bons trabalhos. É mais ou menos, como descobrirmos uma jazida de petróleo e a abandonarmos ao léu. Poderá causar-nos grandes transtornos.

Como pudemos observar pelas inserções mencionadas, pertinentes às atividades dos magos negros desde a antiguidade, eram perfeitamente reconhecidas na Bíblia por sábios, profetas e filósofos. Fatos estes que não desconhecemos, pois até em nossos dias eles existem, atuando diuturnamente quer na materialidade, quer na espiritualidade. Basta tão somente olharmos para tantos "anticristos" que apareceram a cada século junto à humanidade. Nesse mesmo século XX, tivemos Hitler na Alemanha. Recentemente muitos fizeram guerras pelo "Ter", dizimando outros milhares de irmãos inocentes – veja-se o triste caso ocorrido na região da Bósnia.

É importante compreender que, citados magos negros eram e são líderes extremamente inteligentes. Não é possível "ignorá-los" de forma alguma. Seria grande omissão de nossa parte, tanto ontem como hoje, no espírito ou na matéria, encontramos esses já condenados irmãos, imantados em energia milenar, profundos devedores da lei da ação e reação. Então nos lembremos da orientação bíblica:

"[...] Sabeis que vossos pecados vos alcançarão". – (Num. 32:23).

Essa advertência é de alta indagação, como também de reflexão, para que observemos as atuações dos magos negros e seus futuros resultados. Não devemos ignorar seus poderes. Precisamos nos acercar sempre da máxima Crística: "Orai e Vigiai" é nossa maior e mais eficaz proteção ensinada nos últimos dois milênios, e temos fortes razões para comprovar a sua eficácia.

Para que tenhamos conhecimento e prontidão sobre as atividades ocorridas à nossa volta, é fundamental nos espelharmos junto aos interessantes e apropriados relatos técnicos, que nos foram transmitidos pelo médico e pesquisador da apometria espírita Dr. José Lacerda de Azevedo. Em seu livro nos mostra alguns dos recursos hoje, utilizados por magos negros na espiritualidade, aplicados contra muitos de nós (seus perseguidos), hoje, na materialidade, caracterizados por "aparelhos eletrônicos fixados, geralmente na região craniana, no sistema nervoso dos encarnados, ou em quaisquer partes do corpo astral", chamados de "Aparelhos Parasitas", estes, descobertos pelo médico no ano de 1972, após a realização de exames fisiológico e espiritual num de seus pacientes. Ele assim nos relata:

> [...] apresenta-se ao exame, caminhando lentamente, como um autômato. Está rodeado, espiritualmente, por cinco obsessores de baixo padrão vibratório. Desdobrado pela apometria, é conduzido ao Hospital Amor

O Mago, o Monge e o Médico

> e Caridade (localizado na Astralidade), ali submetido a exame mais demorado na presença de médiuns desdobrados, (que acompanharam o enfermo), **descobre-se pequeno e estranho aparelho** fortemente fixado por parafusos, no osso occipital astral, base do crânio. Do aparelho partem filamentos muito finos que penetram na massa encefálica, atingindo áreas do córtex frontal. Os médicos espirituais explicam que se trata de **aparelho eletrônico** implantado no cérebro astral do moço por obsessores muito inteligentes [...] – (Apometria). (LACERDA, 1997, p. 168).

Na literatura espírita, também podemos encontrar outra menção sobre a implantação de aparelhos eletrônicos em obsidiados, contida na obra psicografada por Divaldo Pereira Franco, pelo espírito de Manuel Philomeno de Miranda, intitulada *Nos Bastidores da Obsessão*. Um mago negro, inquirido pelo médium orientador, descreve em relatos pormenorizados, formas e técnicas de aplicação:

> Iremos fazer uma implantação – disse em tom de inesquecível indiferença o Dr. Teofrastus – de uma pequena célula fotoelétrica gravada, por matéria especial, nos centros da memória do paciente. Operando sutilmente o períspirito, faremos que a nossa voz lhe repita insistentemente: 'Você vai enlouquecer! Suicide-se!' (ideação suicida descrita na psicologia e psiquiatria – Somos obrigados a utilizar os mais avançados recursos, desde que estes nos ajudem a colimar nossos fins. Este é um dos muitos processos de que nós poderemos utilizar em nossas tarefas, relata o mago aos presentes. (FRANCO, 1970, p. 79).

Recentemente, junto aos nossos trabalhos espirituais de apometria, temos tido a oportunidade de constatar em várias ocasiões a veracidade dessas informações. Os aparelhos eletrônicos mencionados existem e podem ser vistos e descritos por médiuns videntes. São parecidos com os *"Chips"* que conhecemos de aparelhos eletrônicos e são implantados em muitos de nós encarnados (no veículo perispiritual) em processos de alta tecnologia, por onde "poderemos" ser comandados por meio de poderosas ondas vibratórias, idênticas às ondas de rádio. São formas de energia, conhecidas há milênios e bem distinguidas na materialidade. É importante sabermos que muitas das nossas leis físicas vigem igualmente na espiritualidade. Por isso, conhecer, estudar e nos conscientizar das milhares de forças energéticas que circulam diuturnamente ao nosso redor é extremamente necessário. Como nesse pequeno exemplo, inúmeros outros existem. De modo que aqui fica, a advertência deste autor que vos escreve:

"Quantos de nós, passam a vida inteira em brancas nuvens sem sequer poder ou querer compreender que o espírito existe, é eterno em outras vidas, além desta que estamos e vivemos na matéria, igualmente existem e estão profundamente interligadas por ações e reações que se estenderão para a eternidade. Daí a grande explicação para muitos dos males que nos atingem diuturnamente e não sabemos os seus nascedouros. Conhece-te a ti mesmo, nos alertou Sócrates. De nada nos adiantará começarmos a conhecer as questões espirituais nos últimos dias de nossas vidas na Terra... estudar e conhecer é preciso!"

A seguir apresentamos informações sintetizadas, para que possamos nos conscientizar do tempo de existência e atuação de tais poderes junto às fases cronológicas da humanidade. Constatamos a presença de manifestações mágicas (ou manipulação energéticas das forças da natureza), em todas as épocas, desde o homem das cavernas, até os nossos dias. A energia é sempre a mesma! É preciso conhecer para compreender e via de consequência, melhor respeitar tais conhecimentos. Para a boa assimilação procuramos dividir os conhecidos períodos históricos em quatro grandes eventos evolutivos, quais sejam:

1. Idade Pré-Histórica

Também conhecida como a idade do homem das cavernas. Situada nestes estudos, desde seus primeiros registros históricos, dos quais dispomos no momento, estando entre 30.000 e 10.000 anos antes de Cristo. Período este, também conhecido como paleolítico superior, representado pela descoberta de objetos decorados, pinturas e gravuras murais com figuras abstratas próximas aos animais e seus estranhos pertences. Essas obras poderiam perfeitamente evidenciar práticas mágicas e de encantamentos, que se supõe terem sido necessárias para o controle das forças da natureza. Desse modo, entendemos que pela simples maneira de pintar estranhas formas humanas, de animais e de objetos nas paredes das cavernas, era para registrar a energia de um evento que passou os milênios, ou até mesmo para assustar seus possíveis predadores. Além da forte demonstração de certo domínio territorial e temporal, poderiam seus habitantes conhecer fatos dos quais até hoje o homem moderno não se deu conta.

2. Idade Antiga

Nos estudos desta obra, consideramos entre 10.000 e 2.000 anos antes de Cristo. Temos registros da existência de extintas civilizações (Atlântida, Lemuriana, Sumérica, Maia e Azteca, nestes últimos o estabelecimento da cultura Olmeca). Desse momento histórico, dispomos também de outros inúmeros registros, tais como: suméricos, greco--romanos, egípcios, chineses e indianos, além das muitas orientações gravadas pelas parábolas e profecias contidas principalmente no velho testamento bíblico, como por exemplo: "A anunciação dos anjos feita a Abraão para que abandonasse a cidade de Sodoma". Fato reconstituído na pintura do artista Tiepolo. Mais tarde, outra anunciando a vinda do Messias. Para o coroamento dessa idade, já no seu crepúsculo, a humanidade recebe e testemunha sua chegada, há muito anunciada, do maior filósofo de que já se ouviu falar: "Jesus Cristo".

Entendemos que nesse período histórico de maior importância, a humanidade passa a auferir de forma clara, amorosa e natural, a graça do iluminismo espiritual. Assim comprovando, vivenciando-o efetivamente por meio de orientações precognitivas pelas premonições, profecias ou pressentimentos emanados constantemente dos profetas (grandes filósofos), sacerdotes, magos, alquimistas, astrólogos, monges entre bruxos, feiticeiros, adivinhos, encantadores e outros. O bem e o mal passam a partir daquele momento, a terem seus territórios bem definidos, ensejando um maior equilíbrio com a vinda do Cristo à crosta terrestre, causando, especialmente na espiritualidade, profundas transformações energéticas em maior benefício, que foi e continua sendo dirigido para a humanidade.

3. Idade Média

Período que precedeu acomodações espirituais. Tristemente, ensejou muitas ocorrências bélicas, convulsões de todas as ordens no seio do globo, materializados com muito sangue, sofrimentos, injustiças, fome, pestes, pandemias e escravidão. A filosofia bíblica, bem nos mostra aquele teatro, local em que grassou muito sofrimento e dores, as quais se tornavam claras à humanidade com o nascimento, chegando à morte de Jesus, continuando até o décimo quinto milênio de nossa era.

Apesar de já nos encontrarmos na era Cristã, o homem ainda precisava drenar muito suas energias deletérias e o fez pela dor, pelas guerras (as cruzadas) e pelo fatídico período inquisitorial. Como o Pai jamais esquece seus filhos, face à Sua infinita bondade, agraciou-nos com o grande evento universal representado pelo considerável marco espiritual. Esse marco começou a ser descoberto, outra vez, pelas estrelas. Desta feita, não foi a estrela da anunciação levando os reis a Jesus, e sim a "Cruz de Estrelas", batizada de **"Cruzeiro do Sul"**, mostrando a Cabral a futura Pátria do Cruzeiro. – Assim foi o descobrimento, há 521 anos, da amada Terra de Santa Cruz, hoje Brasil. Em ato contínuo surge a também chamada Terra de Ismael. Era o feliz descobrimento pelos irmãos, "iluminados lusitanos", da Pátria Brasileira, atualmente conhecida na espiritualidade como: "Coração do Mundo e Pátria do Evangelho".

Reiteramos a expressão do bom brasileiro Humberto de Campos, em sua obra. Aliás, neste momento, estatisticamente comprovamos o que é ser um país evangelizado. Várias religiões nos levam ao mesmo Pai e num futuro bem próximo, queremos crer, estarão todas unidas no bem e no amor Maior. Desse modo, o que vemos nestes dias são inúmeros meios (segmentos religiosos) nos levando ao mesmo fim, ou seja, a confirmação da velha orientação: "Vários são os caminhos que levam ao Pai". Começa-se a plasmagem do grande movimento religioso no orbe, para que desde logo, possamos conhecer a maior religião que haverá de viger nessa Nova Era, a qual deverá denominar-se: "Todo o bem que possamos fazer ao próximo". Encontramo-nos, sem sombra de dúvidas, diante da grande cruzada do amor, já desencadeada pelos corações de boa vontade, cumprindo o cronograma determinado pelo Pai!

4. Idade Moderna

Após o ano de 1500, até os nossos dias, época maravilhosa para a humanidade se for principalmente analisada pelo aspecto espiritual. Marcada por profundas mudanças positivas, principalmente nas últimas cinco décadas. Porquanto, facilmente constatamos tais progressos, em conformidade com os inúmeros eventos tecnológicos, jurídicos, econômicos e sociais dos quais somos testemunhas vivas. É a verdadeira identidade dos seres com o bem, progredindo em harmonia, e ao mesmo tempo assumindo integralmente a responsabilidade para com a evolução material e espiritual de sua morada, atualmente vivenciada como aldeia global.

As fronteiras entre nações já foram extintas com o evento da cibernética. Os entraves econômicos, jurídicos, sociais e humanos começam a ceder lugar para a solidariedade e o estabelecimento da grande fraternidade global e universal.

O sentir fraterno está a nos ensejar a nova forma relacionamental mais humana, na pura modalidade alquímica da evolução, quer em espírito, quer na matéria. Diante do que anteriormente discorremos para melhor entendimento, procuramos ainda ordenar dentro deste trabalho as designações em formas mais simplificadas. Pois vemos nas citações literárias disponíveis diferentes e confusas designações aos manipuladores da energia universal: ora chamados de magos, sacerdotes, filósofos ou alquimistas, ora feiticeiros, bruxos ou curandeiros tornando às vezes confusa a compreensão.

Notamos que os registros raramente referem-se às mulheres. Somente nas estórias sobre bruxas e feiticeiras, evidenciando na maioria dos casos apenas o lado mau e negativo. Por isso, é necessário que resgatemos também a imagem bondosa de tantas mulheres, o lado pacífico e construtivo, até mesmo por uma questão de amor, consideração e respeito. É o caso de citarmos o exemplo de Joana D'Arc como mártir, mulher "referência" a tantas outras mães da humanidade, injustamente acusadas de bruxaria, feitiçaria...

No entanto existiram outras mulheres que eram tidas como sacerdotisas, magas e bruxas. Vemos também a existência da famosa sacerdotisa na Atlântida, conhecida pelo nome de "Shee-Thee-Tra" a qual, após sua morte, teve o crânio transformado para o cristal por uma técnica que dominavam já naquela época.

No mesmo tempo, vemos também as profetisas que foram conhecidas como "Pitonisas" (eram sacerdotisas de Apolo, deus grego da luz, das artes e da adivinhação e prediziam o futuro),

Dispomos ainda de interessante registro sobre as "Amazonas", mulheres guerreiras que segundo a lenda, praticavam o culto negro e eram feiticeiras desde a Atlântida. Mostram-nos registros que na Idade Média, representavam um grande número e tanto agiam para o bem como para o mal. O dito popular nos diz que: "Notícia ruim corre rápido", é verdade. Até na história, poucos foram os registros das "ações positivas" com todos os seres, inclusive com as bruxas, "o que não quer dizer que todas tenham sido más" e quantas foram injusta e brutalmente queimadas... torturadas... mortas...

Sintetizando e ao mesmo tempo ordenando, vamos considerar duas grandes correntes ou linhas e suas respectivas progressões. A primeira mais adiantada que a Segunda, porém ambas em processo evolutivo, que poderá ser. Pelo amor ou pela dor a escolha sempre foi opcional:

Primeira Linha

"Profetas, Sacerdotes, Magos, Astromancistas, Alquimistas e Monges", atualmente compreendidos não somente os químicos, como é o caso dos alquimistas, mas também, cientistas nas suas diversas especialidades, entre estas, as biológicas, humanísticas, tecnológicas e outras. Eram todos reconhecidos na antiguidade como sábios, filósofos, terapeutas, médicos e conselheiros, sendo que mais laboraram no bem, que no mal.

Como sabemos, os seres humanos, homens e mulheres sem exceção, puderam e podem chegar aos mais altos níveis do conhecimento e das habilidades tecnológicas, científicas, materiais ou espirituais. Igualmente as habilidades, pelo exercício do livre arbítrio, podem ser aplicadas para fins positivos ou negativos, dependendo apenas do nível cognitivo e de fraternidade de cada um. Então vejamos:

Os profetas: possuíam como os demais "sensitivos" em seu tempo, o dom de prever com grande precisão ocorrências, fatos futuros individuais ou coletivos.

Suas profecias, nos conta a filosofia bíblica e esotérica, por exemplo, eram obtidas por inspiração divina, prediziam acontecimentos futuros por conjectura, dedução, premonição ou mesmo por acaso. Temos a boa citação vinda dos Maias, Astecas e outras tribos da América do Sul, do profeta "Quetzalcoatl", nome que significa "Serpente Emplumada", professor da sabedoria. O dom da profecia se tornou popularmente conhecido em função das famosas interpretações dos sonhos de reis e rainhas divulgados solenemente aos seus súditos, os quais testemunharam positivos resultados, há quase um milênio antes mesmo do nascimento de Cristo.

A profecia também era dom dispensado aos estudiosos, sacerdotes, magos, astromancistas, alquimistas e monges. Desde os tempos remotos até nossos dias, pode ser concebida como poderosa visão intuitiva espiritual (tela mental), que registra por meio duma espécie de cenários não subordinados aos parâmetros de tempo e espaço. Neles não existe passado ou futuro, apenas "presente". – Nos transmite a Bíblia que João, o evangelista, disse ter sido conduzido em espírito para assistir a cenas apocalípticas:

"No dia do Senhor fui movido pelo Espírito, e ouvi atrás de mim uma voz forte..." – João – Apocalipse 1:10.

Outro informe sobre o dom da profecia vemos igualmente na filosofia bíblica em Paulo – Coríntios 14.1 a enfocar:

"Procurai a caridade. Entretanto aspirai aos dons do espírito, particularmente o dom da profecia".

Ao perlustrarmos em pesquisa documentos que eram as escrituras da antiguidade, não somente a dos cristãos, conseguimos encontrar centenas de registros históricos ocorridos que nos foram transmitidos até como profecias, guardados em várias bibliotecas espalhadas nos continentes, principalmente aquelas protegidas e recuperadas, junto às importantes ordens monásticas.

Os sacerdotes

Dotados de conhecimento acima da média de seu povo, reconhecidos e respeitados por aqueles que detinham o poder, e tidos como ministros que coordenavam as oferendas e sacrifícios de vítimas à divindade (pessoas ou animais). Guardavam os templos e cuidavam das questões religiosas de todas as ordens, inclusive dos assuntos legais. Pelos estudos que realizavam, chegavam a conhecer o poder das pedras, dos metais e das plantas, ministravam medicamentos e possuíam a atribuição para examinar os leprosos. Atestavam as questões de sanidade, determinando até o banimento do contaminado da sociedade. Eram também exegetas das normas religiosas e sociais, dominavam as técnicas de embalsamamento, além de conselheiros atuantes. Muito respeitados entre reis e rainhas, primavam por estar sempre junto ao poder. Um grande número deles, realmente aprendeu a desenvolver a sensitividade, dispunham de aguçada intuição e não desconheciam o poder da mente e dos espíritos. Esses dons tanto foram utilizados para o bem, como para o mal. Regalia de poucos em detrimento de muitos.

Os magos

No universo, a vida somente existe se for por intermédio duma forma energética. Outras tantas conhecidas e desconhecidas estão a interagir perene e continuamente junto às formas de vida, transformando, criando... a serviço da evolução. Existe uma fonte única e absoluta de todas as energias, até mesmo as do pensamento e suas respectivas leis, que são na sua maioria conhecidas e muitas delas magistralmente trabalhadas pelos magos ou mágicos de que temos notícias desde as extintas civilizações do globo.

Os magos de nosso tempo atuam quer na matéria (quando em vida no corpo físico), quer no espírito (quando na vida noutro plano, no corpo espiritual), de maneira positiva (magos brancos), negativamente (magos negros), ou seja, com os seus poderes e habilidades dirigidos a seu arbítrio e responsabilidade. Porém todos são conhecedores das normas universais, principalmente da grande Lei da Ação e Reação.

Os magos negros, por exemplo, extremamente inteligentes, grandes e ardilosos planejadores, detentores como vimos de avançada tecnologia na astralidade, principalmente nas áreas da física e da eletrônica, serviam-se e continuam se servindo (enquanto na matéria ou em espírito) de seus semelhantes menores, pelo sistema que conhecemos como escravidão. São muitos os descuidados irmãos, que após a morte física, hoje na espiritualidade: "Por ignorância, débitos passados, ganância, ódio ou medo" tornaram-se seus escravos. Menos evoluídos, assim ficaram, por sempre vibrarem em pensamentos ou ações nas mesmas faixas negativas de seus senhores. Apesar de subordinados, chegaram a conhecer superficialmente as artes mágicas, utilizando-as inadvertidamente de forma negativa nos tempos que já se vão longe. Limitados assim a parcos conhecimentos em conformidade com seus níveis evolutivos. Por isso, eram chamados de feiticeiros ou bruxos (na espiritualidade são também conhecidos por algumas correntes como obsessores). De mesmo padrão vibratório que os magos, apesar de menos preparados, foram e são igualmente versados no mal, para as ordens dos magos, seus superiores, executarem procedimentos de vingança, perseguições, alienações e obsessões complexas, descritas pela apometria, de todas as formas e níveis que, nalguns casos levam décadas, séculos e até milênios a maltratarem seus desafetos. Geralmente tentam conduzir as vítimas para a mais completa loucura ou até mesmo à morte pelo desgaste mental ou pelo suicídio. Ressalvamos que estes trabalham no mal por "sintonia vibratória" existente entre si, seu senhor e seu perseguido, unidos em uma memória vibrátil através dos tempos. Devemos reconhecer que existem servos de Jesus, trabalhando para o bem, realizando consideráveis serviços junto às regiões trevosas em campos de força plasmados pelo apômetra.

Segundo o conhecimento espírita, citado na obra de Hermínio C. Miranda, intitulada: *Diálogo Com as Sombras*, auferimos pequena ideia a respeito do nível de atendimento espiritual que deve ser empreendido aos magos negros e sua respectiva hierarquia. Ela entende que:

> [...] O mago é o engenheiro da magia, o feiticeiro seu executor, temos que atuar sobre seus espíritos e não sobre seus cultos. No fundo o mago, também, é um médium é nosso irmão, pois é filho do mesmo Pai! (MIRANDA, 1994, p. 113)

Sabemos que na civilização Atlante, os magos eram dotados de muitos conhecimentos e habilidades. Encontramos no velho testamento, em Gênesis, época dos Faraós, no Egito antigo, a citação de suas atividades. É o caso de Apolônio de Tiana, que foi filósofo neopitagórico da Ásia menor, moralista e mago no ano de 97 d.C. Seus supostos milagres foram comparados pelos pagãos com os de Jesus Cristo. Estes, considerados naturalmente como "magos brancos", ou magos do bem.

Na Inglaterra, por exemplo, precisamente no período medieval, temos a belíssima lenda céltica do rei chamado Artur (ou Artus, rei lendário do País de Gales do século VI d.C., cujas aventuras deram origem às novelas de cavalaria do ciclo do rei Artur, também chamado ciclo bretão ou ciclo da Távola Redonda, com os cavaleiros da Távola Redonda). Artur, o menino pobre, que orientado pelo mago Merlin, chegou a ser o rei da Inglaterra como conta a lenda. Aquele que conseguisse arrancar a espada encravada na pedra, num milagroso dia de natal, seria o rei da Inglaterra. Consagrado rei confirmava as profecias do mago Merlin, seu amigo e mentor intelectual. Naquele átimo da história inglesa, um fato da maior importância era a obsessão coletiva para a procura do "Santo Graal". Achavam que este lhes traria muita proteção e a bênção de Deus para o seu rei.

Os astromancistas

Atualmente conhecidos como astrologistas, cuidavam da arte de predizer os acontecimentos pela observação dos astros. Estudavam, conheciam os movimentos e, diante de seus posicionamentos, relacionavam a ocorrência de problemas individuais ou coletivos. A astromancia é a técnica da adivinhação e de prever ocorrências futuras por intermédio dos astros. Poderiam seus adeptos ser considerados como "sensitivos". A sensibilidade e o conhecimento dos astros os auxiliaram em suas orientações premonitivas.

Os alquimistas

Como os demais sensitivos de hoje em dia, eles estavam permanentemente ligados às coisas do espírito, porquanto, muitos de seus estudos e pesquisas referem-se às conquistas espirituais e não da materialidade como muitos querem pensar. Julius Evola, no seu livro *A Tradição Hermética* traz à luz o grande objetivo da arte alquímica, que é o de mudar a mente e o coração do homem, tornando-o conhecedor do universo e suas leis, conhecendo e dominando as forças da natureza. É o mesmo que imaginarmos um parâmetro ou uma medida, "dentro dela" a materialidade, "antes dela" o micro ligando-se ao sutil-espiritual, "depois dela" o macro ligando-se igualmente ao sutil-espiritual. Conheciam "interna e externa corporis o micro e o macro", dentro e fora do corpo humano, até o infinito que é a essência divina.

Várias correntes de pesquisadores defendem outras tantas origens da alquimia. No entanto a que mais nos agrada, é a definição mística de que a palavra alquimia poderia ter sido a derivação do termo árabe "Al Kimia", referindo-se ao solo escuro que surgia após as enchentes do rio Nilo. A arte alquímica era ligada às religiões nascidas no antigo Egito, que por sua vez cultuavam os ensinamentos transmitidos pela extinta civilização da Atlântida. A primeira citação alquímica documentada credita-se a Plínio, "O Velho", no ano 50 d.C. A alquimia sempre foi conhecida como a "Arte de Hermes", o deus grego, filho de Zeus e de Maia. Identificado pelos latinos como Mercúrio, era o deus da eloquência, da cultura física e do comércio.

Mais tarde, na Idade Média, precisamente no ano de 1419, Nicolas Flamel, um dos grandes alquimistas, compõe o livro que se estrutura em sete imagens hieroglíficas, todas acompanhadas duma frase, seguidas uma a uma de comentários entre três e sete páginas. Os métodos tinham razão de ser, vez que se tratavam de antiga tradição alquímica, encontrada desde os filósofos neoplatônicos, entre eles: Marcílio, Ficcino e Cornélio Agripa.

A humanidade na época do renascimento (1580 a 1700) teve a oportunidade de examinar milhares de textos herméticos, oriundos da mais pura tradição alquímica, os quais em muito vieram contribuir com a filosofia, ciência e, sobretudo, com a ciência do espírito. Duas obras marcantes foram publicadas: *Atalanta Fugiens* de autoria de Michael Maier e *Splendor Solis* de autoria de Salomon Trismosin, ambas na Europa.

O conhecimento alquímico, originário e transmitido de outras civilizações, era guardado cuidadosamente por intermédio de códigos e mensagens secretas. A terminologia alquímica sempre foi vasta, complexa e muitas vezes confusa, até mesmo enganosa. Essa forma proposital foi desenvolvida com o objetivo primordial de preservar consideráveis conhecimentos de predadores profanos, que poderiam fazer mau uso de seus poderes trazendo prejuízos à humanidade. Por isso, era próprio da tradição hermética de hieróglifos, a utilização de uma espécie de gramática especial para narrar um fato ou gravar informações. Após ser construída modificava-se a sua ordem para confundir os leigos e diante disso, as fórmulas e respectivos enunciados alquímicos eram gravados nas figuras denominadas de pranchas.

O Livro *Mudo de Altus*, por exemplo, era composto de 15 imagens gravadas nas "pranchas", que expressavam revelações do processo alquímico realizado no nível da matéria. Imagens que podiam ser comparadas a "Mandalas" que eram tidas por intuições celestiais, tal as grandes pinturas intuídas ao artista, trazendo-nos informações codificadas que transcenderam os tempos.

O exemplo que se mantém vivo está contido na obra de Michelangelo, por meio de sua pintura no teto da Capela-Sistina, representando todo o mito Cristão da criação do mundo. Demonstra artisticamente ordenadas sequências, perfeitamente compreensíveis às pessoas que as contemplam.

Os alquimistas, como profetas, magos e monges, sempre dispuseram de meios para acessar a verdade e o absoluto. O principal lema alquímico que vem a ser praticamente a **"assimilação pela repetição"** ou a **"repetição para chegar à perfeição"**, pois **"a repetição nunca gera igualdade"**, sempre foi importante afirmação. Além de nos propiciar interessante balizamento filosófico para a devida compreensão da essência alquímica, torna-se um bom exemplo para nortear as ações humanas. Nessa frase maior da estrutura filosófica alquímica encontramos poderosas palavras, ordenadas no lema, a encerrar profundas informações com seus respectivos caminhos. Observemos a oração:

"Ora, lege, lege, lege relege et invicnies", que significa: "Reza, lê, lê, lê, relê, praticas e descobrirás".

A partir desse princípio, eles norteavam suas ações, estudavam e compreendiam com perfeição o macro e o microcosmo denominando-os de "Aleph". Noutro, não menos importante lema o "Multum in Parvo", que significa a riqueza que surge da pobreza ou pouco esforço e muito resultado, estruturavam outra interessante postura laboral. Essa norma é equivalente ao "ex-infimo-totus", que significa saindo do ínfimo para a totalidade ou, do pequeno tudo sai. Outro princípio importante de há muito conhecido e perfeitamente dominado era o da "água ígnea e do fogo aquoso", e principalmente do "Flos-Coeli", que significava a colheita do orvalho celeste ou ouro celeste possuidor de altas propriedades medicinais. Era colhido pelo imenso tecido que parecia um lençol branco, além da rosa de seis pétalas tida como símbolo da pedra filosofal. "Imago Mundi" significa a imagem do mundo, que na linguagem alquímica tem por objetivo expressar a totalidade dos princípios na ação cósmica.

A alquimia, na Idade Média, era o nome dado à atual química. Os alquimistas dominavam com maestria a arte da transmutação dos metais vis em ouro. Referências históricas nos dão conta de que, também os "Jesuítas" possuíam e desenvolviam altos estudos de alquimia, trazidos da Universidade de Alexandria (cidade luz dos velhos tempos, como o famoso farol que se tornou o símbolo da antiguidade, uma das sete maravilhas). Porém os alquimistas, tais como os profetas, existiam há milênios antes de Cristo.

No livro de Daniel, por exemplo, já na antiga Babilônia, existiam escolas para os filhos de família real ou de nobres. Ali, aprendiam línguas, costumes, bem como a ciência dos Caldeus, que era profundamente versada na alquimia, além de aprenderem a matemática, astronomia, história e mágica.

Vejamos alguns nomes de alquimistas que se destacaram junto à história da humanidade, e nos legaram interessantes informações científicas e filosóficas, das quais, atualmente fazemos uso: Altus, Nicolas Flamel, Paracelso, Irineu Filaleto, George Riplay, Selthon, Hortolanus, Robert Fludd, Michael Maier, Limojon de Saint Didier, Daniel Stolcius, Cylliani, Fulcanelli entre outros, não menos importantes, que nos deixaram sua contribuição com pesquisas e trabalhos famosos, ao que se refere à compreensão do ser humano com relação ao universo. A esses estudiosos a história registra num capítulo especial sua gratidão, admiração e respeito.

Os Monges

Igualmente, as atividades monásticas têm seu nascedouro nos mais longínquos tempos. A filosofia bíblica nos mostra que o seguidor de Elias, Eliseu, já tinha a cabeça raspada como os monges tibetanos

O Mago, o Monge e o Médico

e conhecia o caminho do monte Carmelo. Há 150 a.C., no tempo dos Macabeus, os Essênios habitavam em comunidades, numa espécie de monastérios, nos lugares mais altos no entorno das cidades e eram tidos como médicos.

Mais tarde, no século VI da era cristã, as tradições monásticas já estavam muito fortes. Com São Bento receberam importante ordenação definida na bonita história, que demonstra o berço do monastério cristão junto ao Monte Cassino, e, chegamos aos nossos dias com os sábios destes tempos. – Monges e todos os iluminados tinham estreita relação com as montanhas. Um comentário para meditar, façamos uma pausa para estudar algo sobre as montanhas, vale destacar, que:

> Temos para nós, que as orientações transmitidas aos seres iluminados que passaram pelo planeta, eram ditadas sempre junto aos montes e às elevações. Alguns exemplos nos conferem tal assertiva, justificando uma estreita ligação entre os sábios e as montanhas.

Como vemos, elevações e montanhas, também cavernas, têm correlação muito forte com as atividades monásticas. Fato este que nos faz reiterar nas inúmeras citações pertinentes às montanhas e montes tidos como sagrados, os quais encerram preciosas informações para a humanidade. As elevações são verdadeiros palcos da criação, cada qual com suas benéficas energias espalhadas pelos povos, como é o caso dos famosos montes: Carmelo, Cassino e Alverne. Este último encontra-se situado nos apeninos, envolvido como as demais elevações, nos fluidos superiores. Naquele lugar, o bondoso Francisco de Assis, em meditação nas cavernas encravadas nos montes, refazia as suas forças e auferia orientações intuitivas, sobre os trabalhos evangélicos a serem transmitidos para os seus discípulos, seguidores e necessitados.

É oportuna a reflexão sobre tais informações, e não nos esqueçamos dos montes: Sinai, Ranier, Shasta da Califórnia e Sedona do Arizona. Na Espanha, temos ao norte, região da Cantábria (capital Santander), no vale de Liébana, o mosteiro de Santo Toríbio de Liébana, localizado aos pés dos maciços central e oriental dos Picos da Europa. No arquipélago dos Açores, pertencente a Portugal, encontra-se a ilha do Pico. Lá a montanha vulcânica encoberta pela neblina e o mar, estão próximos abrigando homens e gigantes marinhos. Povoado por volta do ano de 1460, nos campos de pedras vulcânicas, envolvendo a interessante furna de Frei Matias.

Citações bíblicas noutro exemplo estão a consubstanciar essa teoria, e nos dão conta da história sobre Moisés, recebendo os mandamentos junto às elevações do Sinai e Horeb, e de Jesus a reciclar energias no monte Tabor. Já o monte Fuji no Japão tem sido sagrado para várias doutrinas e para os xintoístas representa o espírito da natureza.

O Nepal, região de maior concentração monástica, fica situado nos contrafortes dos Himalaias, entre a Índia e a China, (nas Regiões de Kathmandu, Khumbu e Evereste), mais conhecido como o "teto do mundo", por se situarem ali algumas das mais altas montanhas. É o caso do monte Kailas, no Tibete, reverenciado por monges budistas, jainistas e hindus.

Contam-nos os monges que, os povos antigos acreditavam na peregrinação pelas trilhas. Elas tinham o poder de resgatar todos os pecados. Na Grécia antiga, a maior parte do panteão morava no cimo do monte Olimpo.

Habitantes dos recônditos dos Himalaias (povo gurung) deram-lhe o nome de santuário do "Annapurna" dedicado à deusa da fertilidade. Sabiam aqueles hospitaleiros orientais, bem como todos os que por ali passaram, que:

> Debaixo do silêncio da neve, existem forças ou composições energéticas incontroláveis que se manifestam sem aviso. Tal como o mar, a caverna e o vulcão, a montanha pode ser inconstante e imprevisível.

Em toda a história, onde não existiam montes e elevações, o homem os edificou dando-lhes profundos significados, que até nossos dias parecem-nos um grande quebra-cabeça. É o caso da pirâmide de Quéops, com 146 metros de altura, na planície de Gizé, erigida na direção de Orion. O espírito do rei sairia pelos seus respiradouros dirigindo-se para aquela constelação, tornando-se um deus. O mesmo ocorreu no Peru, com o imperador Inca Pachacuti, em Machu Picchu, quando da edificação de seus edifícios graníticos.

Os Sumerianos a cada cidade edificavam um "zigurate" (gigantescas torres com várias plataformas assemelhadas à bíblica Torre de Babel), facilmente visível nas planícies mesopotâmicas. Eram construções destinadas aos deuses locais. Já os montes Carmelo, das Oliveiras e o Ararat no Cáucaso, estariam abrigando os restos da Arca de Noé.

As montanhas nos dão a impressão do sentido de verticalidade associando-nos ao eixo da Terra. Seu topo nos leva à contemplação, à meditação e à profunda comunhão com a espiritualidade.

Citamos em nosso livro anterior que as montanhas, montes e elevações, especialmente as cavernas, são interessantes configurações geográficas que, como mágica, fazem aflorar em nós profundo fascínio com sabor de mistério, porém, extremamente sutil, elevado e tranquilizante. Os antigos assim entendiam:

"A montanha é uma escala para o céu, é um ponto de conexão, reverenciado em todas as épocas e partes do mundo".

Na América do Sul encontramos os picos margeando a trilha Inca. Seu povo acreditava que as montanhas eram habitadas por espíritos chamados "apus", temidos e reverenciados. Igualmente, os índios Tamoios no Brasil, acreditavam que no topo das majestosas montanhas habitava o deus "Tupã". Dali administrava a justiça, por isso temiam e respeitavam o Pão de Açúcar no Rio de Janeiro. Até parece que ao pensarmos nas montanhas e cavernas, as energias movimentadas imediatamente nos levam à introspecção e a meditação profunda. Ao entrarmos em comunhão com o nosso Eu interior, adentramos aos caminhos que nos levam a Deus. No silêncio das trilhas encravadas nas montanhas, com facilidade encontramos energias poderosas, transmitindo e recebendo vibrações de alta frequência.

Lembremo-nos da ligação de Cristo com a montanha, de seus sermões, de suas subidas para no silêncio orar, meditar e conversar com o Pai. Energias, também observadas mais tarde, pelos seguidores de Cristo, na caverna do Santo Sepulcro. - Essa é uma das explicações para a edificação dos mosteiros junto aos montes e elevações ou nas cavernas incrustadas nas rochas. Mas voltemos aos monges...

Notemos que as habilidades materiais ou espirituais, quer sejam monásticas, mágicas, alquímicas, proféticas ou de bruxaria, poderiam, tanto quanto hoje ainda podem ser dirigidas para o bem ou para o mal, apenas estando as ações do agente enquadradas no que chamamos de "estágio vibratório" (positivo ou negativo). - Daí, a existência dessas habilidades, por exemplo, no caso dos magos, que por analogia poderá ser atualmente chamada de "Magos Brancos", trabalhadores do bem, e "Magos Negros", trabalhadores do mal. O mesmo ocorreu e ocorre com alquimistas, monges e cientistas. A nossa geração testemunhou o resultado da ação dos magos negros influenciando os fatídicos eventos das guerras e das bombas atômicas, principalmente aquelas lançadas no Japão.

Do mesmo modo, com os monges, a humanidade vivenciou ações nefastas que, sob a influência maligna, monges e sacerdotes em nome da Igreja, participaram ou apoiaram as terríveis cruzadas, vindo mais tarde por ação ou omissão, integrar os fatídicos tribunais inquisitoriais dos quais muito nos envergonhamos perante Deus.

Hoje, aqueles inquisidores acostumados a dominar os outros e não a si mesmos, permanecem rancorosos, atuando na espiritualidade junto às regiões trevosas. Dessa forma, aumentam seus débitos e como magos negros, continuam alimentando sua ambição sem saberem que o braço da Lei Maior os alcança a qualquer momento e lugar, como ocorreu e está a ocorrer com muita intensidade, principalmente agora, no início de novo milênio.

Recentemente, monges budistas na China, mostrados num documentário de televisão, em nome do poder material, partiram para a agressão, permanecendo na ilusória situação material, esquecendo-se completamente da espiritual, que tanto pregaram.

Os irmãos que desvirtuam seus juramentos quando na materialidade, foram e são considerados "magos negros" a qualquer tempo, mas certamente ao deixarem os seus corpos físicos, nos umbrais e nas regiões trevosas da espiritualidade, continuaram e continuam laborando nas hostes do mal, a causar enormes estragos para a humanidade. Porém como tudo no universo tem seus limites, até para a maldade, o Pai maior ainda oferece a esses irmãos a oportunidade regenerativa, encaminhando-os ao reparo. No entanto muitos empedernidos no mal podem não aceitar a regeneração, e são atraídos em ressonância para outros mundos de baixas vibrações, iguais às deles, idênticas aos seus estágios e níveis vibratórios, e pela dor drenarão "no ranger de dentes", suas energias deletérias e, compulsoriamente por meio do sofrimento, progredirão.

Todavia graças a esses abnegados irmãos, que no silêncio da clausura, na simplicidade de suas celas e na humildade existente nos seus corações, a humanidade recebe em seus difíceis momentos o bálsamo energético equilibrador, oriundo dos atos de amor, da fé e da oração desses religiosos. Eles fizeram o solene juramento ao Pai, de auxílio a todos os necessitados, e nele continuam.

Segunda Linha

Nesta linha, tão importante quanto a primeira, encontramos os "Feiticeiros, Bruxos, Ciganos, Curandeiros e atuais Espiritualistas". Todos encantadores, admirados e respeitados desde a antiguidade, por conhecerem e manipularem com maestria os poderes da natureza e da espiritualidade. Em sua maioria muito contribuíram com a humanidade, porém alguns debandaram para o lado comprometedor e hoje sentem o peso da lei.

Os feiticeiros

Como já vimos, seu nascedouro igualmente transcende aos tempos. É o que vemos a partir dos registros existentes na arte pré-histórica, desenvolvida entre 30.000 e 10.000 anos, aproximadamente, antes de Cristo. Contidos em vários livros, como é o caso muito bem demonstrado pela *Enciclopédia Koogan Larousse*, quando faz interessantes referências, comentando a arte pré-histórica, com propriedade nos relata:

> [...] Estas obras eram sem dúvidas testemunhas das práticas mágicas ou de feitiçaria, que permitiam assegurar o controle das forças misteriosas da natureza: a presença frequente de sinais e de figuras abstratas próximos aos animais podem ser interpretadas como indício de encantamentos efetuados em proveito dos caçadores. Mas pode-se considerar que, além disso, cada caverna ornada constituía uma combinação de signos cuja decifração muito delicada, seria um elemento essencial para o conhecimento do homem pré-histórico, dando-nos chaves dos mitos que ele tenha podido elaborar.

Inúmeras são as citações literárias pertinentes aos feiticeiros e seus feitos. Desde os tempos mais remotos, como vemos nas remissões filosóficas e proféticas constantes da Bíblia Sagrada a nos balizar a existência de tais atividades.

Os Bruxos

Igualmente feiticeiros, em que pese o termo ser mais afeto às mulheres, a quem historicamente com alguns erros e enganos são atribuídos a bruxos ou feiticeiros, poderes demoníacos.

Contudo lembramos: "Todos os poderes são divinos", o uso destes de forma inversa é que leva seus praticantes a intermináveis prejuízos. Bruxa é uma antiga designação dada a mulheres que supostamente praticavam atos de magia ou feitiçaria, prejudicando uns, ajudando outros. Com o passar dos anos, a transmissão das histórias e feitos maldosos das bruxas, associou-se injustamente à imagem das mulheres feias, mal vestidas e sujas.

Então, diante dos aspectos "paranormais", bruxos e bruxas são tão conhecedores quanto os feiticeiros das forças da natureza, dos poderes, poções e encantos. Queiramos ou não, agiam também como curandeiros, ficando claro os seus trabalhos para o bem. Quer nos parecer que a titularidade negativa dada às bruxas estava ligada ao nível de conhecimento, compreensão e até de perversidade daqueles que, amedrontados pela ignorância reinante na época, desconheciam aquelas, como funções benéficas.

Hoje em dia, até como "resgate", reconhecemos que entre esse segmento certamente existiu bondade. Por isso, busca-se transmutar a maldade e a feiura das bruxas para a bondade e a beleza, com singela delicadeza das novas bruxinhas desta era que começamos viver, sem pensamentos, sentimentos ou amizades tóxicas.

No interessante conceito de Marcia Frazão, conhecida popularmente como bruxa dos dias atuais: "Deve-se usar a magia como elemento condutor da felicidade, sendo que a bruxaria começa a ser compreendida como a arte de semear a felicidade" (FRAZÃO, 1994, s/p). – Conceito este, que vem corroborar com o nosso posicionamento.

Cabe-nos assim lembrar, que tanto as bruxas de ontem como as de hoje, podem laborar na linha do bem, como fazem (espiritualistas, curandeiros, benzedores, pajés e feiticeiros indígenas, de maneira geral), quanto na linha do mal, (fetichistas das mais variadas linhas, inclusive das africanas). Todos dispomos do exercício do livre arbítrio, e jamais podemos ignorar: **"ninguém colherá flores se plantou espinhos"**, não esqueçam, é a lei!

Interessante fazermos um registro, até para um bom esclarecimento, sobre o africanismo primitivo, que não é e nunca foi religião dedicada ao mal. Em sua iniciação, aprendizes conhecem técnicas práticas para o bem e para o mal, ficando sob a sua inteira responsabilidade o destino de suas ações. Sabe-se que a origem do africanismo é anterior ao cristianismo, não tem qualquer vinculação com o evangelho, não recebe leis espirituais trazidas pelo mestre Jesus, como normas a proceder, em que pese a adoção de alguns rituais cristãos, o que já é para nós uma demonstração de evolução!

Dessa maneira, todos foram e são nossos irmãos e igualmente encontram-se em processo de franca evolução. Alguns compreenderam a oportunidade da regeneração e pelo amor progrediram, melhorando a sintonia e entraram em ressonância mais alta, de mesma frequência, comprometendo-se missionariamente a auxiliarem carentes irmãos desesperados. Outros continuam no crisol da dor, depurando sua malignidade para por meio do cansaço e do sofrimento evoluírem. Ao sentidamente desejarem mudar, somente depois desta vontade é que receberão ajuda.

Porém todos bons e maus sem exceção haverão de compulsoriamente percorrer a senda do progresso, trilhando na mesma estrada pelos milênios, a qual contempla um só destino... o Pai, também, não adianta nos enganarmos, é da Lei!

Os Ciganos

De origem um tanto confusa e quase desconhecida. São conhecedores de alguns poderes e de determinadas forças da natureza. Pouco ou quase nada sabemos a seu respeito. Porém recentemente, por estudos antropológicos, atribuiu-se aos ciganos "provável" origem Hindu. Por essa razão, em quaisquer representações diplomáticas da Índia, o cigano nômade é reconhecido como cidadão indiano, apesar de persistirem dúvidas sobre as suas origens.

Outra corrente sustenta que os ciganos vieram de "Agharta" (o paraíso subterrâneo), o que pode explicar o seu desassossego na superfície da Terra e suas viagens constantes na busca da pátria perdida. Porém não é essa questão que devemos abordar à classe conhecida em todos os lugares por suas habilidades paranormais. Conta-nos a lenda que os ciganos seriam descendentes da feiticeira Lilith, que supostamente teria sido mulher de Adão e outras tantas lendas a respeito. São conhecedores da química transformativa dos metais, principalmente do ouro, aço e do ferro. Dominam um pouco do cognitivo fitoterápico na aplicação das ervas. Conhecem e acreditam no lado espiritual, e deste procuram guardar muitos segredos. São cercados de misticismo e sempre tentaram ludibriar a morte pelo uso de brincos, uma antiga tradição.

Apesar de serem enigmáticos, consagram muitos rituais místicos procurando mantê-los guardados da curiosidade de outras raças. Sabem, por exemplo, que os olhos e os rostos das pessoas falam muito por elas, o que nos parece possuírem (os mais antigos) o dom da vidência. As mulheres desenvolvem a sensibilidade para a leitura das cartas e das mãos (cartomantes e quiromantes), por excelência. Algumas raças fazem trabalhos de magia que vai desde a fé nos amuletos, até noutros objetos sagrados que, segundo eles, são utilizados para desmanchar o mal feito contra seu consulente, além de terem o dom da profecia ou premonição.

A educação na "Tchèra" (tenda cigana) era para ensinar técnicas de encantar ou ludibriar (para os leigos). Igualmente conhecem o poder da fogueira (a energia do fogo) bem como o seu batismo, ou seja, a cerimônia da fogueira sagrada. Foram como todas as bruxas e feiticeiros, perseguidos pela inquisição de D. Felipe no século XV, e depois pelo nazismo, com mais de meio milhão de ciganos dizimados. Seu aparecimento no Brasil, data da época do descobrimento. Por volta do século XVI o cigano "Calom" chamado de João Torres veio para cá com alguns degredados e outros voluntários. Representavam duas castas "Rom e Calom". Comenta-se que grandes personalidades, até presidentes da República Brasileira, tinham origem cigana.

Os Curandeiros

Também conhecidos como "benzedores" e principalmente benzedeiras. Na antiguidade eram chamados simplesmente de feiticeiros ou bruxos e possuíam igualmente sensibilidade espiritual. Atualmente são tidos, em nosso ver, como verdadeiros vetores sociais, realizam consideráveis trabalhos à comunidade, principalmente para a mais carente. Suas atividades terapêuticas, até hoje, são comuns nas áreas rurais. Gozam de muito prestígio, respeito e consideração da população. Principalmente pelos trabalhos dirigidos às crianças em função de benzimentos, orações e indicações de chás e ervas, os quais sem sombra de dúvidas nos comprovam nestes séculos, a eficiência de seus trabalhos. Inúmeras são as curas obtidas e o restabelecimento de enfermos.

Mesmo na periferia das grandes cidades, geralmente nas casas humildes na materialidade, porém ricas na espiritualidade, até hoje, encontramos esses abnegados irmãos realizando importante trabalho para a comunidade. Ressalte-se que esse trabalho, geralmente é realizado gratuitamente, bem como os poderes e conhecimentos são transmitidos de geração para geração dentro da mesma família.

A gratuidade, o voluntarismo e a perfeita demonstração de amor ao próximo é a forma correta de se fazer caridade pura, pois a sensitividade é um dom espiritual. Por isso, o que vem "de graça" pelo espírito, de "graça" deve ser transmitido. Esses irmãos sabem perfeitamente que a cobrança pelos serviços espirituais, gera um grande débito Kármico. Foi o que ocorreu com magos, bruxos, feiticeiros, profetas de outros tempos.

Os Espiritualistas

Designamos neste trabalho que espiritualistas são todos aqueles "sensitivos", realizadores de trabalhos individuais ou organizados em grupos nas instituições. Atualmente trabalham com as mais diversas finalidades, até mesmo podendo ser chamados de consultores espirituais.

Espiritualistas e Espiritistas são termos que contém diferenças, não somente na designação, bem como nas funções que desempenham, também nas origens de seus conhecimentos, especialidades e trabalhos que realizam, conforme suas respectivas finalidades. Por isso, é bom esclarecermos essa diferença que entendemos seja da maior importância para os leigos, a qual tem sido um fato gerador de alguns enganos e confusões até por alguns estudiosos, senão vejamos:

"Espíritas"

São irmãos que somente se encontram em grupos organizados nas instituições legais e morais, filiados ou não a uma Federação, em nosso país a Espírita Brasileira. Estão sempre preparados, como os demais, para a realização de trabalhos voluntários e fraternos, fundados no Evangelho de Jesus, segundo o espiritismo, profundamente comprometidos com a prática do bem e da caridade.

Somente realizam ações voltadas para o bem, em nome do Mestre Jesus, para a fraternidade e para a caridade pura. Seguem há mais de cem anos, os fundamentos doutrinários ditados pelos espíritos por meio do médium Allan Kardec. Apenas na doutrina espírita é que se denomina o trabalhador de "médium" (mediador, intermediário), entre o polissistema espiritual e o polissistema material, vez que, este termo foi instituído pela codificação kardequiana, contudo, hoje esse termo é de domínio Universal, planetário. Os médiuns, ainda, são os sensitivos citados na verdadeira ciência parapsicológica. Muitos médiuns possuem dons da vidência (vendo cenas presentes, passadas ou futuras), da audiência (ouvindo sons, comunicações presentes, passadas ou futuras), da psicofonia (falando pelos espíritos), da psicografia (escrevendo pelos espíritos), da pictografia (pintando pelos espíritos), da bilocação, desdobramento ou projeção astral (deslocando-se em espírito a qualquer lugar do orbe ou do universo, entre outros).

"Espiritualistas"

São todos os que trabalham com almas e espíritos, porém em nosso entender não devem ser considerados como espíritas, muito mais, "sensitivos" ou "paranormais", termos usados na parapsicologia. Não dispõem de ordenamento espírita Kardecista, definido, porém realizam trabalhos espirituais na sua maioria benéficos para os seus semelhantes. Apenas, pequena minoria dedica-se a trabalhos "não recomendáveis remunerados", com sacrifícios de animais que são os nossos irmãos menores. Dispõe de poderes como os médiuns espíritas, mas como todos se encontram no caminho escolhido da evolução, que sabem essa via poderá ser da dor ou do amor. Antes de rotularmos esta ou aquela atividade espiritual, é preciso que tenhamos conhecimento profundo do que estamos falando ou fazendo, sob pena de incorrermos em graves erros "julgando" esta ou aquela atividade. Não nos é lícito qualquer espécie de julgamento. Não foi o que nos ensinou Jesus?

Doutro lado, sem qualquer "julgamento" ou retrocesso aos processos "inquisitoriais", devemos observar as atividades espirituais que temos conhecimento e simplesmente analisá-las, apenas sob o aspecto: está ou não trabalhando dentro da orientação do evangelho de Jesus? Está fazendo o bem? – O mestre disse:

"[...] Quando duas ou mais pessoas estiverem reunidas em meu nome, ali estarei presente!" - Jesus de Nazaré

Diante disso, pode haver contestação? – Ao "pretendermos" ser cristãos verdadeiros, temos que agir como tal, fazer o bem sem olhar a quem, semeando o amor, a concórdia e a verdade. Por acaso não será essa a melhor atitude? – O tempo passa e cada vez mais evoluímos. Felizmente temos a oportunidade de ver e comprovar nos trabalhos edificantes, que feiticeiros, bruxos, ciganos, curandeiros, espíritas e espiritualistas, entre outros, encontram-se no pleno exercício do bem. Quer estejam na matéria ou em espírito, junto a grandes falanges laboriosas das hostes de Jesus, estão auxiliando enormemente as comunidades. São considerados importantes vetores sociais, abrandando a dor e o sofrimento de muitos que não conseguem acessar os meios terapêuticos convencionais, por pura falta de condições financeiras, ou mesmo como último recurso para o tratamento de seus males. Os fatos têm nos mostrado que o espiritualismo sério tem sido um dos últimos recursos de muitos sofredores. Quantos são os irmãos que neste momento estão atingidos por males incuráveis? Muitos destes, em desespero, conseguem ser atendidos fraternalmente por trabalhadores e espíritos que jamais se importam com suas origens, posses ou religiões, mesmo na espiritualidade. Todos somos irmãos e filhos do mesmo Pai, é o que basta!

Existem correntes ou falanges espirituais dos mais diferentes segmentos que em conjunto, também se ocupam de marcantes tarefas socorristas, nos atendimentos emergenciais junto às catástrofes, grandes sinistros, desastres, abalos sísmicos etc. Esses socorristas espirituais dispõem de equipamentos de alta tecnologia e encontram-se em plantão permanente junto a outros segmentos superiores, bastando para tanto que sejam chamados via intuição ou prece. Dessa forma trabalham todos os espiritualistas que estiverem nas ações do bem e certamente estarão sintonizados à regra básica que há muito nos foi dito, vide lei Universal, lei do pensamento... (causa e efeito):

"Sintamos! Forças iguais se atraem e diferentes se repelem".

Nesse grande labor evolutivo edificante todos se unem, espíritas e espiritualistas, para a realização de ações benéficas em prol de inúmeros necessitados, quando no corpo físico e principalmente após a morte de irmãos acometidos por obsessões, fascinações, subjugados por alucinações ou dos mais variados comprometimentos, nas intermináveis ligações Kármicas. Mas todos crescem!

Compreendidas as ordenações supra, é importante sabermos que todos em ambas as linhas, receberam e recebem avultados poderes magnéticos quando de suas iniciações, nos templos do passado e até mesmo nos dias mais recentes. Em rituais específicos conforme o nível evolutivo de cada segmento juram solenemente "empregá-los para o bem", como atualmente juramos quando de nossas formaturas. Mas com o tempo, infelizmente, alguns se corrompem pela vaidade e pelo poder e tornam-se contumazes praticantes do mal, pelas inúmeras "armadilhas" de paixões sexuais, sede de vinganças, que medram nos seus caminhos, ficando prisioneiros e sem querer, voluntários a serviço de sinistros desígnios, até que, cansados da dor, adotem a correção.

Tais fatos, infelizmente, têm levado os irmãos espíritas e espiritualistas à triste situação de acúmulo de débitos cada vez maiores. Estes, de tempos em tempos, pelo tribunal consciencial que lhes tange ao reparo, começam a sentir o braço da Lei Maior no início de ações corretivas que, nos diversos casos, levam até milênios para finalizarem o processo regenerativo, porém como no espaço não existem medidas de tempo, todos, após drenarem suas maléficas energias, tangidos pela Lei Maior, chegam novamente ao caminho do bem. Compreendamos finalmente: "os atuais médiuns e espiritualistas, possivelmente foram os magos, bruxos, feiticeiros, alquimistas etc., de ontem".

Isto posto, agora sabemos que os poderes somente poderão ser utilizados para o bem, para o amor, para a fraternidade, e **de forma gratuita**, em perfeito auxílio aos mais carentes, vez que todos somos carentes junto a esse grande condomínio universal.

Como isso não ocorreu com alguns de nossos irmãos, pode-se calcular a procedência do grande débito e do sofrimento destes que, irresponsavelmente, fizeram mau uso de seus dotes, em que pese todos serem conhecedores dos respectivos efeitos de seus maus atos. Porquanto, quando lembrados convenientemente, esses irmãos do processo Kármico, que deflagraram ações contra si próprios, sensibilizaram-se incomodados, alguns arrependidos iniciam imediatamente a correção. Porém observamos que a maioria procura ignorar, mas se sentem amedrontados ante o eminente cumprimento da lei universal, que se inicia de imediato no mesmo momento em que tomam conhecimento da necessidade do reparo. Devemos saber que, a magia negra e seus seguidores, "sempre representaram a minoria". Prova disso, são os inúmeros relatos e ensinamentos filosóficos, respaldados no bem, existentes na própria Bíblia. Ali reconheceremos desde a antiguidade os verdadeiros magos, alquimistas dos pensamentos e das palavras, no corpo físico ou em espírito, que sempre estiveram em socorro fraterno, junto aos grandes momentos de "resgate" pelos quais passou a humanidade.

Em aparte, devemos esclarecer que essa humanidade, ainda continua sofrendo pela sua própria incúria nos exemplos horríveis, tais como a ferocidade luciferiana havida por ocasião do domínio nazista, ocasião em que se procurou substituir a "cruz gamada" pela "Cruz de

Cristo", na pura negação do evangelho, ou noutras ocasiões, nas quais presenciamos o extermínio de tantos irmãos, em quantos lugares. Com isso vemos que o homem tem sido o predador de si próprio por excelência, pois, como sabemos:

> Produziu e viveu na Guerra dos Cem Anos, porém até o momento, não nos consta que tenhamos neste planeta, vivenciado um período contínuo de cem anos de paz". – "No entanto, este quadro, se comparado com a Idade Média, vem mudando para melhor, e muito! – Vale a pena refletir!

Então vejamos esse registro interessante: surgiu da época de Marco Aurélio, período considerado o fim do império Romano, o qual ficou conhecido como "o reinado dos filósofos". A magia dos pensamentos estava a cargo da filosofia e da religião. Ambas eram compreendidas, respeitadas e adotadas, assim, poucos conflitos de sangue foram registrados. Nem só de conflitos vive o homem!

Convém observarmos que sobre magos e a magia do bem temos recebido inúmeros benefícios. Há mais de cinco mil anos aproximadamente, de forma constante, vimos recebendo informações pelas estórias, contos e lendas a comprovação do que dizemos. Chegaram até nossos dias vindas por intermédio de orientais, europeus, nórdicos, africanos e outros numa saga literária a jorrar animações e relatos. Observemos os criativos contos folclóricos de contatos com os espíritos da natureza, tais como: fadas, duendes, elementais, gnomos, silfos, salamandras, ondinas. Tomemos como exemplo, apenas para essa segmentação, um fato importante, muito válido para descontrairmos entre tantos, a demonstração da existência da "magia branca". – Vamos agora acioná-la pela energia do encantamento.

Essa "força" nos é transmitida por intermédio do mais belo dos contos de que temos sabido que foram tantas vezes materializados pelos nossos queridos e amados amigos, os irmãos Grimm, no imemorável conto da Branca de Neve e os Sete anões.

"[...] Era uma vez, num bonito bosque, como num reino mágico, moravam [...]".

Não é necessário que voltemos a ouvir a bela estória. Basta que apenas fechemos os olhos, por um instante, para experimentarmos o poder criativo de que dispomos. Sentiremos imediatamente a força daquelas empolgantes e agradáveis lembranças, que surgem alegres, calmas e coloridas na nossa "tela mental". Adentremos nesse instante na biblioteca da memória... Não nos parece estarmos escutando pela primeira vez essa estória? – Quantas vezes a vivenciamos em nosso tempo de infância? – Ah! Quantas lembranças! Como é bom voltarmos a ser crianças... mesmo que por um segundo apenas... fantástica vibração mágica existente em tão pequenas e distantes recordações! – Onde estarão nesse momento aqueles anjos, que hoje chamamos de magos do amor, que no som de seus contos, nos faziam viajar embalados no encanto dos coloridos sonhos sinceros de amor infantis. Quanta esperança, fé e inabalável confiança contidas na candura dos desejos de criança. Criança feliz... é o que verdadeiramente fomos e não sabíamos até o momento dessa providencial lembrança! – Nesse simples exemplo podemos notar os magos e a magia em ação.

Mas o que isso significa para nós? – O que temos a ver com as lembranças do passado tão distante, que nem mais sabemos existir? – Será correto neste instante nos arguirmos com as mais célebres perguntas que a humanidade não se cansa de fazer? Podemos, quem sabe, receber a presença de um mago bondoso junto a nós, fazendo a resposta aparecer bem à nossa frente a qualquer momento. As respostas a tantas perguntas existem, basta para tanto que tenhamos a vontade real de perquirirmos os caminhos pelos quais trilhou a humanidade, procurando-as e repetindo-as mentalmente:

"Quem sou? – De onde vim? Para onde vou?"

As indagações encerram todas as grandes perguntas existenciais que possamos imaginar. Elas certamente estarão inseridas nas seguintes palavras: doença, vida, morte, alegria, tristeza, felicidade, magia ou dores... Em síntese vamos analisar alguns aspectos essenciais.

Quem somos?

Somos corpos animados pela energia a qual denominamos de espírito. Ele se encontra inserido dentro de um espaço vibratório que conhecemos por "Campo de Energia Humana" (CEH). Espírito para uns, alma para outros, em qualquer designação tem a característica da imortalidade, ou seja, da eternidade.

Esse campo de energia humana está inserido noutro maior, o qual denominamos de "Campo de Energia Universal" (CEU), que interage sobre o sistema individual, por isso fazemos parte do todo e ao mesmo tempo nos encontramos inseridos no conceito "energia", que está sempre em movimento, "ação e reação..."

Dessa forma nos conscientizemos que: hoje somos o reflexo do que fomos ou fizemos ontem, e amanhã certamente, receberemos o retorno do que fizermos agora. Isso não é magia, apenas o reflexo da Lei Maior. Daí a grande afirmação: "Somos nossos próprios herdeiros". Outra questão da maior importância, ligada ao assunto em tela, é o que chamamos de "prontidão". Temos que estar preparados para "compreender" os resultados de nossos atos. A questão desemprego, por exemplo, está perfeitamente inserida nesse contexto, vez que, o estar desempregado sem sombra de dúvidas, é a reação de um fato a que demos causa, direta ou indiretamente, por ação ou por omissão, até mesmo por termos escolhido mal aquele posto de trabalho. Por isso é necessário pensarmos a respeito. Estimativas nos dão conta que, às portas do terceiro milênio a Terra conta com quase um bilhão de desempregados. Triste quadro, mas ninguém sofre o que não merece, da mesma forma que, ninguém carrega o que não pode e ninguém é o que não quer ser. Somos hoje, o que ontem pretendíamos ser. Por isso, inseridos dentro do princípio da imortalidade do espírito, precisamos nos conscientizar que todos os problemas por nós causados, hoje ou amanhã, certamente teremos que compulsoriamente resolvê-los, é a Lei.

Sabemos que a nossa consciência é o grande tribunal do qual dispomos, para lembrarmos diuturnamente o que é necessário consertar. Sabemos mais, que nos originamos e verdadeiramente somos a "Centelha Divina" ou "Sopro Divino", e disso não nos restam quaisquer dúvidas. Esse "Sopro Divino" é uma forma de energia constante e perfeitamente comportável em tudo o que existe na natureza (potentes microscópios comprovam isso). Naturalmente um dia, para essa "Centelha" deveremos retornar, tal é a orientação filosófica e religiosa de que dispomos, apesar de sabermos também de outro verdadeiro conceito de energia a orientar-nos de sorte que: "Na natureza nada se perde, tudo se transforma", e não é magia.

De onde viemos?

Ao partirmos do princípio da imortalidade do espírito, certamente entenderemos que já vivemos outras, várias e inúmeras vidas. Está para ser comprovado cientificamente o que espiritualmente há muito sabemos que também vivemos noutros mundos e planos.

Esse é um fato. Caso assim não fosse, a Lei Maior ao que se refere à causa e ao efeito, jamais poderia ter o seu cumprimento. Os "justos" teriam seus atos ignorados, enquanto "injustos" escapariam incólumes, fugindo das penas e permanecendo na prática de atos ilegais. A justiça só viria com o fim dos tempos e, dessa maneira, contemplados com a impunidade, ficariam em "injusto" benefício por séculos ou milênios. Muito frágil seria o pensamento, se apenas concebêssemos a ideia de que existimos somente nesta vida, após o nascimento material. É preciso que nos conscientizemos "de fato" da imortalidade do espírito e de sua eternidade.

No entanto ao observarmos a questão material (comprovada pela ciência vigente), vemos o homem moderno em contínuo esforço para seguir o caminho da teoria e explicar o início da vida na Terra. E vai mais longe, tentando explicar o nascimento do universo pelo Big Bang. Essa teoria é aceita pela maioria dos cientistas, que o universo surgiu, ao que parece, de um imensurável relâmpago luminoso, emitido por potente energia no momento em que passou da "opacidade para a transparência", ou seja, da suposta desordem inicial. Supõe--se que seguiu a aglutinação das partículas dotadas de um grande potencial energético, muitas vezes superiores àqueles passíveis de se obter com os mais modernos aceleradores de partículas descobertas pelo homem. A enorme massa e força oriundas dessas partículas, combinadas com grandes "vazios quânticos", originaram a suposta explosão. Essa é uma forma ocorrida de expansão, conhecida por nossa ciência, fato esse que continua a ocorrer nos vários pontos do universo. É o que temos visto por meio das transmissões das sondas espaciais. Interessante é que essas poderosas forças são de padrão geométrico definido. Dessarte, cada partícula, em todos os locais, carrega dentro de si um potencial de expansão e continua o seu trabalho. Os constituintes da matéria – "quarks, elétrons e neutrinos", surgiram de partículas elementares hiper massivas.

Essa é uma teoria que muito pode se aproximar da realidade, ou mesmo nos auxiliar na montagem desse grande quebra-cabeça: a explosão cósmica que atraiu o universo para o plano tridimensional. Porém é oportuno acreditarmos que para a existência deste grande fenômeno, teria que necessariamente haver uma "grande energia". Diante disso, nossa pergunta seria: "De onde viria esta potente energia?" – Do nada?

Para onde iremos?

Com essa pergunta ficamos diante de grande incógnita, porém podemos ter certeza absoluta: "Iremos para onde nossos atos nos levarem", essa é a maior verdade! – Há muito tempo, um dos maiores filósofos que a humanidade conheceu já nos ensinou: "É perdoando que somos perdoados, é ajudando que somos ajudados e morrendo que nascemos para a vida eterna". Dessa forma, iremos para onde quisermos ou desejarmos. O futuro sem sombra de dúvidas se encarregará da justa devolução em forma de resultados de todos os nossos atos praticados. Somos os alquimistas, os magos de nós mesmos. Devemos compreender, com algumas reservas, que muitos de nós em vidas passadas, praticamos ou participamos direta ou indiretamente de eventos tidos como mágicos, alquímicos, de bruxaria e de encantamentos. No entanto se esses eventos foram contrários ao amor, à solidariedade ou à caridade, já é tempo de nos redimirmos. Como saber? – Basta analisarmos a origem de nossos sofrimentos, e se estes não tiverem respostas nas ações por nós perpetradas nesta vida, logo...

Para sabermos para onde iremos é preciso se lembrar de onde viemos. Dessa forma, é bom conhecermos a história de nossas vidas, dos atos passados, para que saibamos para onde estes nos levarão. Ao observarmos o passado de nossos irmãos e sua relativa evolução, estabelecemos perfeitamente o paradigma referencial para a nossa história futura. Em todas as civilizações a alquimia, a magia, o encantamento e a bruxaria, deixaram fortes manifestações impressas no teatro de sua ocorrência, ou seja, nas pedras, na terra, na água, no ar... Vibrações pesadas ou até mesmo sutis, arquivadas na própria matéria existente em seu redor, mas, sobretudo na mente cósmica. Quem não ouviu esta afirmação?

"[...] As pedras do caminho encerram importantes informações sobre as ocorrências das quais foram silentes testemunhas [...]".

O homem das cavernas, ao que nos consta, já se utilizava de algumas formas ritualísticas grosseiras, porém adequadamente potencializadas pela mão divina para o seu tempo. Os rústicos encantamentos intuitivos eram tão necessários para sua defesa num "ânimus-sobrevivendi", que o próprio Pai se encarregou de dotá-lo para a atração de suas presas, necessárias à sua alimentação, sobrevivência e consequente multiplicação. As forças da natureza, muito afloradas devido à rusticidade ambiental, contribuíam para a evolução da vida na Terra, tangendo homens e animais ao caminho da evolução. Por isso, sistemáticas, intuitivas e constantes invocações já faziam parte das ações dos seres daquela época. Como dissemos em que pese à rusticidade ambiental, pode-se notar que a "sensitividade" do homem das cavernas já existia.

Para a defesa da tribo contra predadores naturais, em cada canto das cavernas sepulcrais havia como se fosse uma espécie de encanto a proteger os seres, a conservar alimentos e a própria vida, que novamente aflorava em nova morada. Hoje, mais experientes, já sabemos sentir e comprovar os extremos cuidados e a infinita bondade do Pai, auxiliando no desenvolvimento daqueles ingênuos seres no processo de aprendizado, purificação, adaptação e progresso, diante da planejada hostilidade existente naquele novo palco ambiental. O tempo correu, entre tremores, odores, temores, dores, e experimentos levados pela marca do "buscador", que coercitivamente era compelido à manipulação de essências naturais, misturadas a essências mentais e grande auxílio das forças energéticas, muito mais presentes e requisitadas outrora, que em nossos dias.

Os elementos principais da natureza (sempre presentes) começavam a atrair, tangendo o homem das cavernas aos experimentos e combinações intuitivas. Naquele momento já dispunham da água, do ar com pesados elementos, da crosta terrestre ainda bastante aquecida e do próprio fogo, muito presente nas incandescentes lavas vulcânicas. Havia constantes bombardeios de estrondosos trovões e descargas elétricas que, com sol ou chuva, purificavam o ambiente numa ação contínua. Isso nos faz pensar em quantos seres humanos e animais foram queimados vivos, e depois devorados por outros animais, e até pelos próprios homens, que eram membros de sua espécie, alimentando-se de corpos carbonizados, experienciando brutalmente o que poderia se tornar hábito ou forma de sobrevivência.

Nessa primeva alquimia da sobrevivência humana, entre agressivas ações e reações como é natural, somente poderiam ser usados os elementos disponíveis da natureza de forma correta, para a continuidade da vida e a evolução da espécie. Com o uso da pedra lascada, do fogo e da água, preparavam-se equipamentos de defesa e de caça, vez que a alimentação vegetal naquele estágio era praticamente impossível, em vista da densidade, rusticidade e até da toxidade dos elementos disponíveis, pois todos se encontravam num processo ativo de formação, ou seja, de purificação. Elementos do reino vegetal, igualmente em evolução adaptativa na sua composição, eram praticamente mineralizados para que pudessem suportar altas temperaturas. Num árduo trabalho de transmutar em meio a densas descargas energéticas, à toxidade ambiental pelo processo que hoje, muito mais rarefeito, conhecemos como fotossíntese, em que pese o "retrocesso" pela poluição existente nos dias de hoje. Isso nos induz a pensar que os animais herbívoros daquele clima, exerciam importante trabalho na ingestão, elaboração e transformação daqueles pesados materiais orgânicos, que depois de digeridos em meio a potentes ingredientes gástricos, eram novamente depositados na natureza mais sutilizados. Hoje, vemos os pássaros a depositarem pelas fezes as sementes necessárias à continuidade da vida vegetal na Terra, dentro da infindável cadeia que só a mente maior soube ordenar, porém hoje pede atenção, socorro!

Terras e lamas, no processo e procedimento biogeológico agregando como ímã, em intermináveis cadeias atômicas de energia, propiciando, combinando, alterando, enfim... criando novas formas de vida. Até hoje, comprovamos pelo mágico trabalho realizado pelas espécies operantes nos manguezais, que exalam forte odor putrefato, o que nos faz lembrar o termo alquímico usado na Idade Média, muito próprio para o momento como era expresso: "Ex-Foetido-Purus". – Literalmente, o puro emana do infecto, lema que se conecta à significação profunda da ideia alquímica. Demonstra, ao mesmo tempo, o princípio dualístico na ação como uma opus-contra-naturam. Por ele, o ouro filosófico só é alcançado quando se vence o estágio de putrefactio, da prima matéria, como vimos, existente sempre no estado grosseiro e rude desde o início da vida no globo, porém sempre por meio da energia dentro do interminável processo: "Tudo se transforma... do grosseiro ao sutil... e cada vez mais sutil, até chegarmos a ser somente energia inteligente numa dimensão superior!" – Estamos assim, diante da grande magia universal, e somos os magos da hora. É mais ou menos como se estivéssemos subindo numa escada "espiralada", e a cada degrau vencido, nos encontrássemos em nova dimensão, mais alta, refinada e mais sutil. Dentro deste simples, porém interessante exemplo, vivenciamos a lei da evolução, do progresso. Em cada degrau, individual ou coletivamente permaneceremos por pouco ou muito tempo. A escolha será somente nossa!

Vibrações Espirituais nas Trilhas do Mundo

[...] Ao norte da Espanha, jornadeando 800 quilômetros no clima frio e úmido dos Pirineus, a 1.200 metros de altitude, pedestrianistas do mundo inteiro, inclusive brasileiros, singram rotas traçadas há 1.200 anos, em busca de um milagre, de uma purificação física, psíquica ou espiritual [...]

A. Villaca Torres

A magia materializada por vibrações energéticas brotam das pedras nos mais diferentes ambientes mundiais. Nesses sítios históricos estão encerradas ações, reações, alegrias, tristezas e cenas profundamente gravadas junto às pedras assentadas nas trilhas, caminhos, cavernas e lugares especiais, nos quais, homens, super-homens e iluminados deixaram registradas em profundas marcas suas ações e decisões, palavras, pensamentos, experiências, conselhos e advertências.

Com muita dor ou com infinito amor, hoje, apesar dos tempos passados, conseguimos captar e comparar pela história, aquelas vibrações deixadas por nossos irmãos mais velhos, que atualmente se encontram noutras paragens a vivenciarem os resultados de seus atos aqui praticados. Foram os arquitetos e artífices dos exemplos que formam a bagagem experiencial da humanidade.

Em quantos lugares e caminhos do mundo estão encerradas potentes vibrações a sensibilizar humanos e espíritos pelos séculos e milênios? – Quantas vibrações sutis ou densas recebemos hoje a partir de lendas, histórias, vivências, estudos e pesquisas, referentes aos lugares hoje tidos por nós como santos, mas que ontem foram palco de tantas dores e tristezas?

Estudiosos de todas as partes, hoje se preocupam cientificamente em atestar a originalidade e a verdade existente em torno do "Santo Sudário". Os cientistas da Nasa, por exemplo, chegaram a uma figura em 3-D, a partir do manto, usando os mesmos aparelhos que vasculharam Marte. Testes com carbono 14 revelaram a idade do manto. Dessa forma, a física e a espiritualidade começam a trilhar as mesmas vias. Medir as energias existentes nos caminhos Santos do orbe, não é mais mistério para os nossos dias. A investigação ordenada se faz presente, como é o caso das marcas deixadas no tecido conhecido como o "Santo Sudário".

Inúmeros são os lugares e trilhas conhecidos e percorridos pelo homem, localizados dentro e fora do planeta, a nos lembrar continuamente de seus fatos, suas verdades e seus exemplos. Sobre a face do globo, a história nos tem contado muitos episódios ocorridos em Jerusalém, Grécia, Índia, Egito, Meca e Roma (todos os caminhos levavam a ela).

Por outro lado também existem outros caminhos que têm o seu início junto a cavernas, túneis e galerias, que poderão nos levar quem sabe, à descoberta do paraíso perdido. Nas Américas, a rota dos Maias, Incas e astecas, a abençoada floresta Amazônica, as interessantes estradas Jesuíticas. Na África, as pradarias acolhendo o fantástico mundo animal. Nos mares sobre as águas, as grandes rotas dos descobridores com suas lendas exuberantes, igualmente sob as águas hoje, com o evento da cibernética, testemunhamos fantásticas descobertas de famosos oceanógrafos. Na terra, no mar e agora no ar, temos as trilhas traçadas pelo homem, como é o caso de sua ida à lua. Quer descobrindo outros mundos ou pesquisando os famosos e assustadores (por enquanto), "buracos negros", ou caminho das "minhocas" como falam cientistas de nosso tempo.

Cada caminho ou direção que tomarmos dentro ou fora da Terra, sempre chegaremos nalgum lugar, seja na matéria ou em espírito, e quando ali estivermos, sem sombra de dúvidas, nos sentiremos renovados e teremos realizado a grande magia da humanidade que é a transformação pela experiência e pelo aprendizado. Sempre cumprindo a lei da evolução e do progresso constante, ininterrupto... muitas vezes forjado no vasto processo alquímico no "Atanor" da dor ou do amor...

Vejamos uma das regiões que, na exemplar descrição define e ao mesmo tempo demonstra o que estamos a relatar. Trata-se da localidade e das rotas de Santiago de Compostela, atualmente conhecida por muitos. Santiago foi tida como cidade santa da cristandade, tal como Roma, Jerusalém e outras antes citadas, bem como as interessantes rotas brasileiras, que com prazer citaremos na continuidade.

Santiago de Compostela chega ao ano 2000, como patrimônio da humanidade. Na cidade nada mudou apesar dos séculos. O que mudou foi o seu cidadão. Converge o atual ao antigo, o sagrado com o profano, numa curiosa combinação corroborada pela harmoniosa cordialidade receptiva do povo galego. A capital da Galícia tornou-se verdadeira escola de turismo para Europa.

A velha cidade batizada em louvor ao Apóstolo Tiago tem sido um lugar visitado por pessoas de várias nacionalidades. Arquitetada há muitos séculos, está a demonstrar para seus descendentes, como nós, espalhados por outros continentes: mosteiros, igrejas medievais e albergues, além de sua gente, sua música, seus costumes e o importante ponto de parada fundado no ano de 1499, pelos reis católicos Fernando e Isabel. Está ali, para abrigar os inúmeros peregrinos que desde o fim da Idade Média, já faziam suas penitências naquela localidade movidos pela fé cristã. Teatro a encerrar históricas vibrações, confirmadas pelos tempos, estampadas nas pedras das ruas, calçadas, casas, igrejas, castelos e nas paredes dos mosteiros. Contos e lendas somados a fatos vivos são preservados cuidadosamente pelo seu povo, pelos séculos, que hoje formam a base mercantil de moderno turismo receptivo.

Segundo relatos de muitos de seus peregrinos, ali se consegue captar potentes vibrações em reiteradas emoções, que nos poucos espaços do planeta de forma igual se consegue sentir. Esses lugares, que outrora foram palcos de inúmeros movimentos épicos, caracterizam-se por apresentarem poderosas forças históricas (materiais e espirituais). Exercem um fascínio especial sobre muitos de nós, seus descendentes e muito mais junto a visitantes, pesquisadores, estudiosos e peregrinos. Essa interessante atração, misturada à curiosidade ímpar, atuam em nós, qual ímãs potencializados por fatos épicos que a humanidade absorveu nos extensos registros, retroalimentando emoções de "amor ou de dor" por séculos, entremeio ao real, ao místico, ao religioso e ao sobrenatural.

As energias emanadas desses lugares tidos como especiais, santos ou enigmáticos, têm o condão de acionar em nós algum mecanismo. Imediatamente nos desperta para a observação de nós mesmos, à introspecção, à meditação e para a conscientização de quem somos e para onde pretendemos ir. Tais forças nos levam a reflexão, o que nos faz imediatamente começar a vivência do princípio Socrático: "Conhece-te a ti mesmo".

As rotas medievais de Santiago de Compostela, quer sejam iniciadas no território português, inglês ou francês (o mais conhecido), tornaram-se interessantes vias que, há muitos séculos, estão a conduzir pedestrianistas, pesquisadores, romeiros, peregrinos e admiradores mundiais. Elas levam ao templo sepulcral, que guarda durante todo esse tempo, os ossos do Santo.

Para que as manifestações vibracionais ali existentes possam ser mais bem compreendidas é necessário que separemos as questões religiosas das bélicas. Somente nessa época em que vivemos está sendo possível tal separação, tendo em vista os caminhos da evolução e humanitarismo que já perquirimos.

Tempos atrás, as questões "bélicas" e de "poder" eram tão essenciais que os próprios religiosos se preocupavam em fazer as guerras em nome de Deus. Por isso, é importante que prestemos atenção e percebamos os fatos ocorridos com todas as gerações que por ali passaram, as quais deixaram profundas marcas (que são energias vibrando) gravadas entre pedras e edificações, nos caminhos, calçadas, igrejas, mosteiros etc.

Fixemos a atenção para toda a região da Europa ocidental e da Espanha, e voltemos no tempo em observação, para nos solidarizar com aqueles irmãos que sentiram na pele guerras e guerras em vários períodos, como a história nos conta, senão vejamos:

> na antiguidade, após o ano de 147 a 133 aC. a Espanha já era conquistada pela república Romana. Mais tarde, 589 d.C., a conversão da Espanha ao catolicismo. Depois em 711, os Árabes dominam toda a região. Em 912, instala-se o califado de Córdoba e no ano de 1096, o Concílio de Clermont instala a 1ª cruzada. Não nos esqueçamos do fatídico período inquisitorial, e posteriormente da 1ª e 2ª guerras mundiais.

Foram esses, entre outros fatos históricos, tristes e dolorosos para todos nós, haja vista o que passaram nossos ancestrais, fatos que em nada orgulha a humanidade. Guerras, fome e sofrimentos marcaram os países Europeus, particularmente a Espanha, abrigando até hoje nos seus caminhos, trilhas e cidades, potentes vibrações das dores e sofrimentos de nossos antepassados. Aliás, dores que por ressonância são nossas também.

Convém sabermos, que durante a Idade Média, na costa oeste da Espanha, acreditava-se que ali seria o final do mundo ou o fim da Terra. Situemo-nos no início desse milênio que se encontra terminando, precisamente entre os séculos XII e XIII. Primeiro as cruzadas, mais tarde os tribunais inquisitoriais, determinando o surgimento de rios de sangue e lágrimas, quando usaram indevidamente o nome de Deus.

Cientistas, atualmente tentam medir as vibrações energéticas existentes na região, especialmente nos caminhos que cortam a Espanha ligando a outros países. Poetas, parapsicólogos, sensitivos e artistas de nosso tempo de maneira geral, diante das suas modalidades perceptivas extrassensoriais, conseguem perceber até com muita nitidez e precisão as vibrações a que nos referimos, existentes naqueles caminhos.

Diante disso, não nos são alheios os momentos "pesados" pelos quais passaram nossos ancestrais naqueles lugares. Foram teatros de muita dor, principalmente no período inquisitorial, logo após a passagem do primeiro milênio, depois de Cristo. Pesados e tristes registros históricos, nos deram conta do clima de terror gerado por toda a Europa. No ano de 1131, o sacerdote francês "Aymeric Picaud" escreveu um livro repleto de informações e conselhos dedicados aos peregrinos. Ele é conhecido como o "Códice Calixtino," numa homenagem ao papa Calixto II, que estabeleceu indulgências especiais para os romeiros. Muitos peregrinos faziam o caminho de Santiago, procurando perdão para os seus pecados. Quantos lugares já foram tidos como malditos, pela perpetração de atos habilmente planejados e coordenados por espíritos altamente comprometidos com as trevas, os quais deixaram profundas marcas, não somente nas configurações materiais, mas e principalmente no lado espiritual. Em muitos lugares, todos os objetos foram contaminados pelas vibrações ou energias deletérias, principalmente os minerais e vegetais, pois até hoje se pressente as densas vibrações nos objetos ali remanescentes, a testemunhar-nos o pavor vivido por nossos antepassados.

Se concebermos o princípio da reencarnação, saberemos que muitos de nós ali estivemos sentindo na própria pele o pânico e o pavor daqueles lugares. Certamente ao realizarmos uma regressão a vidas passadas poderemos conhecer como vivemos, o que sofremos e "principalmente" o quanto fizemos sofrer nossos semelhantes. Não é para menos que muitos estrangeiros comprometidos com os débitos "Kármicos" da época, ao realizarem visitas ou caminhadas àquelas localidades, sentiram indescritíveis e até incômodas sensações. A maioria que por ali peregrinou, sentiu sensações boas, amorosas e confortáveis. Não é por mero acaso que muitos são atraídos para a região Europeia, berço da civilização.

Ressalvamos que, noutras localidades da Ásia, África ou mesmo das Américas, em vidas passadas, ali também vivenciamos, muitas alegrias e sofrimentos. Testemunhamos, participando ativa ou passivamente, como nas arenas e teatros de Roma, "jogando pedras na cruz", nas iniciações templárias, como magos, bruxos e feiticeiros, até mesmo como cavaleiros de diferentes ordens ou mesmo nas situações pré e pós-diluviana, momento em que vários apocalipses foram vivenciados por tantos e quantos seres humanos. Entre estes, quem sabe se lá presentes não estávamos?

Por último, é do conhecimento geral, que por intermédio de sensíveis aparelhos hoje disponíveis, pode-se detectar as vibrações contidas numa pedra ou num objeto antigo. Igualmente, sensitivos, médiuns e paranormais podem perfeitamente nos descrever em detalhes o nível vibracional existente em qualquer lugar, bem como, pormenorizando cenas e fatos ali ocorridos, até mesmo comprovar o número de espíritos que "ainda" se encontram como que imantados nas energias daqueles episódios. São fatos interessantes e de alta indagação, devido à importância que têm para todos nós, que certamente ali já vivemos noutras vidas, sendo possível ainda sentirmos tais reflexos. Precisamos nesses lugares fazer prontidão, aprendendo dominar e controlar emoções, pois energia conhecida é energia controlada. Dessa maneira, quem sabe não estaremos resolvendo antigos problemas que incomodaram nossos ancestrais e por ressonância positiva ou negativa chegaram até nós!

É um fato extremamente normal presenciarmos dentro de sessões espíritas, quando do atendimento fraterno, depoimentos desses irmãos desencarnados ali ou aqui, sofredores que ficam aprisionados nestas energias, alimentando-as com seus medos, rancores e ódios, até que sejam convenientemente esclarecidos, orientados e fraternalmente encaminhados a outras moradas.

Quantos irmãos hoje purgam sofrendo horrivelmente na espiritualidade o resultado de seus atos nefastos em cumprimento à lei Kármica. Estão aprisionados, imantados pelos próprios pensamentos, junto aos lugares de suas paixões, excessos ou faltas. Dessa forma, passa a ser natural compreendermos que, desde o início da vida na Terra, até o período mais recente, todos de uma maneira ou outra tenham ligações com os mais diversos lugares deste planeta. Nalgum momento, representamos diferentes papéis nesse imenso palco do cenário global.

Por isso, justifica-se a nossa corresponsabilidade junto ao grande condomínio universal, quer seja material, pela genealogia local em que viveram "nossos ancestrais", ou mesmo pela vibração espiritual onde "eles" e "nós" por ali igualmente passamos. Eis o grande condomínio abrangendo a todos, o qual também poderá ser partilhado na dor ou no amor. Devemos compreender o que nos foi deixado por um espírito de luz:

"Que nenhum caminho do mundo terá toda a energia suficiente para mudar a rota de um homem ou espírito, a não ser que ele próprio o deseje com profundidade".

Desse modo, ao sentirmos lembranças, sensações, emoções ou participações diretas pelos pensamentos ou contato físico com diversos lugares, neste momento seremos movidos por um tipo de energia que vibra nos harmonizando em ressonância com elas. Captamos as vibrações do lugar em que estivermos, quer seja para lembrarmos possíveis débitos ou para recebermos interessantes créditos, porém sempre no caminho do eterno progresso.

Vejamos outros exemplos da existência de vibrações espirituais, também chamadas de "energias sutis" existentes em muitas localidades do globo, contidas nas informações, pesquisas, relatos, documentários literários e jornalísticos entre outros, como este:

> Não menos importante em comparação, observamos energias um pouco diferentes, porém de mesma intensidade encontradas num fato surpreendente e ao mesmo tempo intrigante, que sentimos ao tomar ciência d'um caminho quase anônimo existente no planeta, localizado no interior do Brasil Central. Lá, existe uma pequena estrada sinuosa em aclive, localizada precisamente no lugar denominado Chapada dos Guimarães, conhecido por muitos, como o "Ponto Zero", face as suas interessantes vibrações.

Esse local, simples, sem currículo aparente, de normal configuração, muito nos tem intrigado pela potencialização vibracional ali apresentada. Intimidando uns, assustando outros, intrigando muitos leigos e especialistas, simplesmente por não dominarem pelo conhecimento esse tipo de energia e muito menos controlá-la. Apenas sabemos tratar-se de estranha manifestação da natureza, tamanha é a vibração energética daquele lugar.

A força dali emanada provoca irresistível atração, num misto de curiosidade e receio, apesar de seus antigos conhecedores estarem em convívio constante a senti-las, admirá-las e observá-las. Essa mesma energia está contida numa espécie de atração que sentimos ao ouvir desde crianças, lendas, fantásticas estórias de fatos existentes junto a lugares, recantos e caminhos, que sabemos serem sagrados, bastando para tanto, termos contato pessoal para que comprovemos sua veracidade, bem como, seus efetivos resultados.

As energias desses locais são atestadas reiteradamente pela tradição histórica da humanidade, ou mesmo por riquíssimo folclore regional, com profundas e interessantes marcas nas nossas vidas. Pela lembrança desses fatos, temos acionado inexplicavelmente certos mecanismos escondidos nos recônditos de nossas mentes, a provocar-

-nos alterações psíquicas ou espiríticas. Elas podem ser comprovadas em exames realizados junto ao nosso "Campo de Energia Humana", situados próximos aos conhecidos chakras, nas camadas áuricas e veículos de comunicabilidade espiritual junto aos diferentes níveis de consciência. São interessantes manifestações e formam as bases estruturais, curriculares e individuais da vida do homem na Terra, ou seja, são os chamados registros acásicos.

O homem do terceiro milênio começa a perceber, revivendo, redescobrindo-se nos diversos cenários vividos noutros continentes. Esses lugares situados junto aos sítios sagrados, estruturados misteriosamente pelos séculos, armazenam energias históricas, as quais se encontram preservadas na biblioteca universal deste lindo planeta azul. Por exemplo: "Sentimos com clareza a magia existente junto às águas do rio Ganges na Índia, sem ao menos nelas tocarmos." A cidade de Hardwar de 300 mil habitantes, aos pés do Himalaia recebe pela peregrinação no final do século XX, 7 milhões de pessoas para o banho no Ganges, ao longo de quase 13 quilômetros, igualmente sentimos mágicas sensações ao vermos ou estarmos junto às pirâmides no Egito. O mesmo ocorre nas grandes edificações Astecas, Maias, Incas ou no Santo Sepulcro em Jerusalém.

Outro exemplo interessante está no Brasil. Movimentamos as mesmas energias ao lembrarmos as rotas, trilhas, caminhos e estradas edificados pelos jesuítas quando de seus serviços missionários, muito bem descrita por Pero Vaz de Caminha. Nesses mesmos caminhos estão encerradas energias espirituais de primeira grandeza, vez que, o Brasil é conhecido pelos cristãos como a Terra de Ismael, antes mesmo das profecias medievais ou do fantástico sonho premonitivo de Dom Bosco. Mais tarde, nas manifestações de Humberto de Campos ou mesmo nas recentes hipóteses levantadas pelo pesquisador Frei Fidelis Mota, citadas na composição literária intitulada *Os Bruxos do Morro Maldito e os Filhos de Sumé*, de autoria de Agostinho Menicucci e de tantos outros religiosos, estudiosos, espiritualistas e mestres iluminados. Diante das energias reinantes, fizeram marcantes revelações e previsões para essa Pátria chamada Brasil, como é o caso da obra psicografada pelo bom "Chico Xavier", pelo espírito de Humberto de Campos, sobre a "Terra do Cruzeiro", com este feliz título:

Brasil, Coração do Mundo, Pátria do Evangelho. - Publicado pela Federação Espírita Brasileira, já na sua 22ª edição.

Tantas previsões aí estão, correndo aos quatro ventos, a fim de cada vez mais aumentar o compromisso de todos os brasileiros natos ou naturalizados para com o progresso espiritual e o desenvolvimento do planeta, para o novo tempo que se aproxima. Essas previsões, certamente podemos com facilidade comprovar. Sem sombra de dúvidas, universalmente este é o país mais religioso, pela sua inquantificável diversidade de credos e seitas. Essa grande pátria prometida espiritualmente para o mundo, já está sendo cuidadosamente preparada há muitos séculos. Por isso, justificam-se inúmeras descobertas de tantos lugares no Brasil, com manifestações energéticas de pureza inconfundível existentes nos antigos caminhos, trilhas e rotas estabelecidas por desbravadores, pacificadores, evangelizadores e místicos de todas as procedências.

Observamos que, somente pelas lembranças (visualização mental) podemos sentir as fascinantes energias emanando de cachoeiras e de cristalinos lagos. Elas repousam serenas no silêncio equilibrador das cavernas, dos túneis e galerias a nos reservar fantásticas descobertas. Já nas matas com dimensões continentais, nos imensos rios que somente pela observação visual transmitem potentes energias, em vista da sua magnitude, qual Amazonas no fenômeno das pororocas em território brasileiro. Esse rio representa boa parte das reservas mundiais. Igualmente observamos vibrações nos mares, montanhas, elevações, em diversos "Canyon's" e chapadas. O Brasil é um país admirado e desejado por todos, pois concentra, como vemos, puras energias tão necessárias ao equilíbrio da vida. Assim, vejamos outros exemplos de rotas existentes na Terra de Cabral, buscando conhecer, compreender e comparar a pujança energética contida nos seus incomparáveis cenários. Por instantes, vamos refletir sobre a história destes lugares, suas origens, seu povo e suas vibrações...

> No estado brasileiro que ostenta o sagrado nome "Espírito Santo", entre inocentes e dóceis índios Tupiniquins, o jesuíta José de Anchieta, "Apóstolo do Brasil", quando nos seus últimos anos de vida percorreu um caminho de 90 quilômetros, realizando exuberante trabalho evangélico.

Há alguns anos, por feliz iniciativa de um grupo de moradores de Vila Velha, do Governo Estadual e Governos Municipais, fizeram nascer no Brasil, a ideia de demarcar o antigo caminho que Anchieta percorreu, numa ação inovadora, genuinamente brasileira. Essa matéria encontra-se citada na revista Manchete n.º 2408, (maio/1998), assinada por Dirley Fernandes.

A rota foi efetivamente estabelecida pelo padre jesuíta José de Anchieta, o "Apóstolo do Brasil". Desbravando caminhos, fundando povoados e freguesias, jamais fazendo guerras, porém semeando amor. O evangelizador da fraternidade estabeleceu desde aqueles tempos, "um caminho de estrelas" para as futuras gerações, que somos nós e, por conseguinte, nossos descendentes.

O trajeto percorrido com bondade, paz e amor, realizado sob a bandeira do Cristianismo, foi de 90 quilômetros entre Vitória e a cidade que hoje ostenta o seu nome "Anchieta". A rota inicia-se na Catedral de Vitória, antiga Capela de Nossa Senhora de Vitória, passando pelo Colégio de São Tiago (dirigido por Anchieta), Convento da Penha, Praia dos Ribeiros, Barra do Jacu, Ponta da Fruta, Parque Paulo Vinhas, Igreja de Sant'ana, Meaípe, Ubu, terminando no Santuário de Anchieta. Em 1597, ocorreu o falecimento do Apóstolo.

A beleza natural existente nesse caminho quer nos parecer existe em profunda reverência ao "Apóstolo do Brasil". Gratidão de seus seguidores indígenas e de todos nós, depositários desse imenso patrimônio natural de singela energia e ímpar exuberância.

Mas a maior riqueza está contida e preservada no sublime nível espiritual. Trata-se verdadeiramente de um patrimônio mundial que pode ser sentido por qualquer pessoa de boa vontade, limpa de mente e coração. Referimo-nos sobre a "energia" pura, sutil, suave e amorosa a brotar da história, das lendas, dos contos, das pedras, do casario, das vias, das praias, da água do mar e do céu azul e muito mais, a comprovar essa simplória menção. Impossível se torna tentar descrever o "imenso poder" contido somente nas bondosas lembranças do venerável irmão poeta, que tanto amou em labor por opção e voluntarismo esta Pátria do Evangelho.

Com a vênia de meu leitor, queremos lembrar, igualmente parabenizar e agradecer esse magnífico exemplo, que por certo a história manterá o registro destes irmãos brasileiros, amantes verdadeiros daquelas paragens, ora empenhados em preservar de maneira criativa a memória do pacificador do cristianismo, José de Anchieta.

Gostaríamos que essa feliz ideia, exemplo real de cidadania, fosse adotada por outros líderes desse país, principalmente prefeitos, governadores e responsáveis pelo turismo do Brasil (Embratur), para que "atentem" às ideias de vanguarda, e contribuam gerando rendas, empregos e tributos, neste difícil momento com o desemprego batendo marcas assustadoras, na maioria dos Países. Desejamos que outras trilhas e rotas existentes nos vários santuários ecológicos, também possam ser instrumentalizadas e operacionalizadas para a sua perfeita preservação. Entendemos ser melhor salvar a nossa história, nossas matas e a nossa natureza, que tapar "rombos" deixados por maus banqueiros. É o Brasil! – Aqui todos os povos sempre foram bem-vindos, porém ao vivermos nesse solo, a lei é: "Ame-o ou deixe-o!".

Entre as várias chapadas existentes nesse exuberante país, citamos a dos Guimarães, localizada a 65 quilômetros de Cuiabá, estado do Mato Grosso. Antigo caminho de tropeiros com algumas fazendas naquele local se concentravam garimpeiros, místicos e ambientalistas. Localizado numa região com mais de 6 mil quilômetros quadrados, com aproximadamente 900 metros de altitude. Sua beleza representa o oásis para aqueles buscadores da paz e do contato profundo com a natureza, por intermédio das cachoeiras com suas revigorantes águas cristalinas (verdadeiras fontes de energias). Estamos falando de um paraíso que precisa ser mais amado e preservado. Diante disso, esperamos dos gestores públicos daquela região, o cumprimento do dever legal, e mais, procurem espelhar-se nos bons exemplos antes citados do Estado chamado de Espírito Santo. O turismo é a indústria que mais cresce, ela nada polui por não ter "chaminés". – Ao turismo e ecoturismo já se faz necessário colocar na prática o tema propalado nas reuniões. É hora de mais ação e menos reunião para a devida preservação das riquezas naturais do Brasil, para o bem de todos!

Os Novos Magos

[...] Eles sempre compreenderam a poderosa energia contida no sorriso, reconheciam com maestria a beleza existente nos olhos de quem ri, pois sabiam que a simples lembrança de um coração alegre é um potente elemento para reabastecer, transmutando alquimicamente horas tristes em horas alegres.

A. Villaca Torres

Os magos deste tempo, e são muitos, na sua maioria têm a consciência preparada para agir sentindo, sentir sorrindo, sonhar agindo num querer realizar. Na mais pura magia do amor, eles fazem sempre o "acontecer" com humildade. Porquanto os magos desta Nova Era já estão laborando entre nós e compreendem o princípio dualístico das vozes, onde Deus nos fala mansamente pelo coração, enquanto o caminho dos espíritos zombeteiros é estabelecido pelo bombardeio negativo junto às nossas mentes. Infelizmente imantados

O Mago, o Monge e o Médico

e retroalimentados pelos seus próprios e desatentos emissores ao mesmo tempo receptores.

Os magos sempre souberam com maestria que a perfectibilidade das ações, como na alquimia, é necessária para a transmutação acontecer, pois respaldados na vontade sincera e nos objetivos coletivos fraternos, cada sonho transforma-se num nascedouro de realidades a projetar certeiras energias, para a ocorrência do verdadeiro milagre da vida. Progredir é da Lei, assim podemos entender, que:

> O novo mago, como os sensitivos, líderes, inventores, religiosos, monges, políticos, jornalistas, comunicadores e iluminados dos mais diversos segmentos das atividades humanas, têm em nossos dias e terão funções sociais importantes. Ocupam posições estratégicas, com muitas responsabilidades na estrutura organizacional do globo, principalmente nas questões relativas ao progresso e evolução da humanidade. São os grandes responsáveis pela evolução do planeta, e devem saber "na ponta da língua" a máxima Crística: "Àquele a quem muito for dado, muito será exigido".

Na década de 2000, quando escrevemos este livro, o progresso avançava celeremente e as responsabilizações também. Começamos a ouvir dos inventores e cientistas notícias sobre o computador quântico, poderosas máquinas do futuro. A revista Times informa que esse computador poderá realizar em minutos, cálculos que os mais potentes computadores de hoje levariam milênios para concluir. Suas concepções já estão entre nós, e começam seus planejamentos utilizatórios à profunda pesquisa dos mundos existentes no interior do átomo. Para comprovar o posicionamento supra exposto, observemos os comentários de Michael Drosnin no seu livro intitulado: *O Código da Bíblia* (1977, p. 199), quando faz o seguinte comentário sobre o sugerido a respeito desse assunto, pelo astrônomo Carl Sagan:

> O astrônomo Carl Sagan sugeriu que uma avançada tecnologia alienígena '**talvez nos pareça magia**' em Pale Blue Dot (RanDom House, 1994, p.352). - O autor de 2001, Uma Odisséia no Espaço, Arthur C. Clark fez uma observação similar: '**Qualquer tecnologia suficientemente avançada é indistinguível da magia**'. (Profiles of the Future, Holt, Rinehart e Winston 1984). (Destaques do autor).

À magia e aos magos de hoje fazemos a importante lembrança, que: diante do supra exposto, a antiga orientação passa a ser séria advertência! – Portanto, senhores "Agentes Públicos", políticos de todas as esferas administrativas do país em que vivem, magos em geral de nossos dias, principalmente "políticos", seus atos "todos" são profundamente observados pela infalível Lei Maior, lei Kármica ou "akasha" dos orientais, escrita há milênios. Os resultados serão medidos por meio dos problemas ou alegrias pelos quais passa cada um.

O livro da vida (akasha) não é novidade para ninguém. A cobrança alcança o devedor, em qualquer lugar que se encontre, "mais facilmente na espiritualidade". Ela é imutável, intransferível, infalível, porém justa. Muitos véus que escondiam segredos universais foram levantados. A tecnologia avança com rapidez e devemos utilizá-la para o auxílio de todos e não somente para pequenos grupos.

Portanto tratem de agir com lealdade para com os seus mandatários e para com os seus próprios juramentos, caso contrário... as vossas colheitas poderão ser ferrenhas (é o ranger de dentes) preconizado pelos antigos. Para comprovar, além das inúmeras literaturas que se encontram à disposição de todos, procurem saber pelos médiuns espíritas, o lugar em que se encontram os espíritos daqueles que foram corruptos, que abusaram de quaisquer funções públicas ou privadas, eletivas ou não, por terem cometido o "grave crime", que é o de lesar a comunidade por "ação ou omissão", que de boa-fé os aceitou. A exploração da credulidade pública é crime gravíssimo perante a Lei Universal. – A semeadura é livre, porém a colheita é obrigatória. – A comprovação seria interessante...

Sabem os magos da atualidade, que a maior das jornadas pelas trilhas sagradas, em peregrinação, já foi realizada há mais de dois mil anos. O quadro dramático está profundamente guardado junto às nossas lembranças. Essa visão fluídica jamais se apagará de nossos registros. Elas fortemente gravaram o olhar amoroso do Mestre Jesus, ancorado no contraste junto à ferocidade dos povos. A partir daí, pode-se compreender naquele exemplo vivo, que: "Os olhos são as entradas e saídas do coração, e não a boca". – Esses são os profundos experimentos auferidos nos caminhos mágicos, que nos trouxeram até os dias de hoje. São vibrações reais, materializadas, despertas dentro de nossos corações, vivas... pulsantes!

Pelos caminhos da oração, da leitura, da dor e da prática fraterna constantes, chegamos à descoberta da espada necessária apenas para o bom combate. Ante a sutileza contida em nossas renovadas faixas espirituais, atuaremos experimentalmente em níveis mais altos. Isso nos faz entender que aquele olhar bondoso do Mestre, quando de seu último suspiro, até hoje atinge o âmago de nossos corações. Sensibilizados na eterna magia desse exemplo procuramos retribuir com sentimentos de amor, ação edificante, fraterna e de gratidão. Naquele exemplo nos ensinou Ele, que: "Errar é humano e perdoar é divino". Enquadramo-nos às novas faixas vibratórias que nos levam à unidade pela fraternidade, evoluindo no lado espiritual, nos humanizando cada vez mais. Neste início de novo ciclo, é possível perceber o que ora afirmamos, entre as inúmeras ocorrências positivas que acontecem. Como exemplo, observemos esta atitude que, no momento de sua ocorrência os povos imediatamente tomaram conhecimento pela televisão o que ratifica nossa posição:

> O presidente da Alemanha Johannes Rau no discurso pronunciado junto ao parlamento Israelense, pede perdão pelo assassinato de milhões de Judeus, dizendo que a Europa não vai mais permitir o genocídio e o racismo.

Muito embora, ontem estivéssemos inseridos na rusticidade agressiva do ambiente reinante na antiguidade. Quando se falava em espada imaginava-se a força bruta, domínio, opressão, sangue e escravidão, pelas tantas guerras vividas nos mais diversos teatros épicos do globo. Hoje, início do ano 2000, com menor incidência, elas teimam em subsistir nas 56 regiões conflituosas e densas do planeta. Quer na materialidade ou na espiritualidade, são as marcas das negras energias deletérias, existentes nos umbrais da erraticidade, a refletirem-se nas ações criminosas de alguns dirigentes "Anticristos", até nossos dias, encontrados na Terra.

No entanto até naquela escuridão escolhida por infelizes irmãos, nesta hora, está a ocorrer a magia do bem, pelas migrações e movimentos constantes, ininterruptos, acontecendo progressivamente para o burilamento e a transmutação de espíritos maléficos e sofredores, obrigando-os nalgum dia pela dor ou pelo amor tornarem-se bons. É da Lei. Por isso, princípios e poderes mágicos continuam os mesmos, imutáveis e inalterados. Trata-se de antigos caminhos com novas roupagens, presentes em nosso dia a dia, pois tudo no universo está devidamente organizado em escalas vibratórias. Já nos referimos sobre as questões da "ressonância" e sobre o aspecto da propagação de ondas vibratórias.

A intuição humana, antes tida como sonho ou ficção, ora é aceita e conhecida, como no exemplo dos alemães. Ela vem sendo muito mais consultada nestes dias pelo homem moderno. Numa ação contínua, começa a balizar ações e sensações somente pelo sentimento mais profundo emanado de seus corações. Dessarte, cada vez mais o inusitado lema alquímico se torna claro, convergente, compreensivo com a sutileza e a espiritualização que lhes são peculiares. Somente a boa ação é capaz de gerar milhares de reações profundamente boas. No exemplo do representante dos alemães, muitas reações ocorreram a "retroalimentar" a formatação de novas ações. É a evolução pela humanização do homem na Terra.

O progresso humano a que nos referimos, também está demonstrado na recente manifestação ocorrida há poucos dias, no início do ano 2000, pelo Papa João Paulo II, um dos grandes buscadores de nosso tempo. O bom pastor, além de procurar a reunião de outros religiosos para o trabalho comum, **pede perdão ao mundo pelos erros e atrocidades cometidos pela Igreja.** É verdade que a ação não recupera tantas vidas ceifadas pelas agressões, principalmente pela inquisição. No entanto o ato profundamente inspirado na humildade e no arrependimento é extremamente importante e demonstra efetivamente o estágio evolutivo que nos encontramos, o que já é um bom começo para a reparação de nossas faltas.

Outro exemplo a nos deixar contentes é o resultado do sentimento Iraniano pelo voto popular, quando no segundo mês do ano 2000, precisamente no dia 18, sexta-feira. A vontade do povo na esmagadora maioria mudou o parlamento daquele País, cabendo aos moderados e reformistas modelarem um sistema governista mais liberal que atenda os anseios de seu povo. Os versos do corão de há muito vêm demonstrando: **"A fé não tem valor se for imposta à força".** – É a modernização, mais uma vez querendo alcançar a verdadeira humanização, pelo e para o bem de todos!

Na repetição das boas atitudes facilmente chegaremos à perfeição. Dessa maneira a fórmula que já se encontra harmonizada junto aos seres, ora muito mais humanizados pela prática do bem, começam a laborar descobrindo-se pela ação o "homem novo", que surge nessa nova fase de vida na Terra, nessa era do espírito. Outra vez repete-se a ação do lema alquímico, justificando estar perfeitamente inserido e elaborado no contexto evolutivo da sociedade de nossos dias, ficando fácil a sua compreensão:

"Ora, lege, lege, lege, relege et invienies – Reza, lê, lê, lê, relê, praticas e descobrirás [...]"

A descoberta é a magia do pensamento em ação transformando-se no conhecimento, por isso não podemos nos isolar da leitura escrita, digitalizada, onírica e observativa. A última, denominada "leitura de mundo" é a modalidade de leitura que atinge a todos sem exceção, nós a exercitamos acordados ou pelos sonhos. É talvez a mais importante, para os seres humanos e até para os animais:

"[...] O sonho é uma realidade de natureza virtual, não está inserido nos parâmetros espaciais e temporais".

A atividade onírica para os humanos tem a importante função equilibradora a qual magos, profetas, alquimistas, adivinhadores, bruxos, feiticeiros e pajés conheciam dominando-a com maestria. Era a arte de conhecer e interpretar os sonhos e não raras vezes acertavam seus significados. Antigos registros históricos, filosóficos e bíblicos encerram nos seus conteúdos inúmeras comprovações, como é o caso do sonho de Maria antes da concepção de Jesus. O sonho é tido como uma realidade da natureza e desempenha três funções essenciais para a manutenção harmônica do organismo. Vejamos:

A primeira delas atua como "dreno" das angústias e introjeções desarmônicas vivenciadas no dia a dia, principalmente quando o impacto das emoções é muito forte, momento então que o sonho responde com perfeição à sua função junto à maravilhosa natureza humana. O sonho tem a missão de operar como organizador biológico, "drenando e transmutando" emoções futuras, presentes e principalmente passadas, já que não está inserido nos referenciais de tempo e espaço.

A Segunda função, não menos importante, é a de organizar ideias e vontades, induzindo à propulsão necessária da imaginação, com reflexos, principalmente quando nos encontramos acordados. É o momento de retroalimentarmos a sensação pelo pensamento nas continuadas vibrações energéticas, as quais denominamos de fantasia. Pela criação transferimos do invisível para o visível mental, após para a efetiva materialização.

Esse estágio tem sido exaustivamente trabalhado pelos novos magos da ciência espírita e esotérica com resultados surpreendentes. Os antigos já diziam:

"[...] A fantasia era o meio organizado que o mundo Divino se utilizava para falar com a mente humana".

A imaginação ativa nos enseja a possibilidade de conversar com as imagens ou conversarmos conosco mesmos. Fantasia é palavra de origem grega: "Phantasia" (o fazer visível) revelar as imagens do inconsciente – do invisível para o visível mental.

A terceira função do sonho, também muito conhecida dos antigos sensitivos, é de avisar e premonir sobre possíveis ocorrências futuras. Essa função foi muito útil no passado e continua sendo no presente. Sensitivos e médiuns da atualidade conhecem perfeitamente seus mecanismos.

Diante disso, temos que os sonhos, a imaginação e a ideação, são energias sutis da dimensão superior, oriundas do chamado "Campo de Energia Universal", o qual, pela vontade e lembrança repetidas podem se transformar em metas. E estas, quanto mais trabalhadas mental-mente, mais cedo chegam à materialização. Conseguimos encontrar na leitura do exemplo: depois de ler e reler por muitas vezes um texto, adentramos perfeitamente na origem e no "animus" de seu autor, ou seja, as nuanças, sensações e matizes que nortearam suas ideias, sentimentos e pensamentos.

Se este for bem intencionado, desde logo, perceber-se-á harmo-nia. Ao contrário, apesar de escritas bonitas, muitas vezes nas grafias planejadas nos deparamos com palavras venenosas tentando alijar, corromper, fascinar, subjugar ou extirpar o espírito do homem de bem. Contudo a grande magia está na anuência do Pai Maior ao respeitar o puro exercício do livre arbítrio por Ele a todos "temporariamente" concedido. Da prática observativa e continuada, como nos ensina o velho lema alquímico, chegaremos às grandes descobertas, o mesmo ocorrendo com os sonhos. Muitas vezes, após insistentes exercícios de fé, trabalho e sofrimento, sempre ao final dessas ações, compreendemos que valeu a pena! – Aí então entenderemos, vivenciando profundamente o significado do enunciado:

"[...] Quando o discípulo está pronto, o Mestre aparece!"

Ao passarmos os portais para o terceiro milênio, já tomaremos o caminho da luz, começamos a enxergar o raiar da nova aurora. É o perfeito despertar do novo homem, do novo mago, do alquimista que existe dentro de nós. Paremos um momento para meditar sobre o tema "amor fraterno". Junto ao silêncio profundo, observemos o que aparece em nossa tela mental... que tipo de sentimento nos invade? – Por acaso não serão sensações de perdão? Dessa forma entendemos que tem sido muito fácil atingirmos o plano sutil, dos sentimentos bons existentes na dimensão mais próxima. A percepção intuitiva tem se apresentado para todos os humanos com muita frequência e verdadeiramente tem influído, e muito, nas ações de todos. Para saber, basta observar com mais atenção. O planeta inteiro começa a sentir e a compreender neste momento, o conteúdo existente nos conselhos e ensinamentos dos grandes sábios que por aqui passaram. Isso porque, todos vibrando numa corrente mais branda, atingimos o plano sutil, e por ressonância nos sentimos como que imantados às energias vibratórias envolventes desta Nova Era, cobrindo o globo, as mentes e os corações de todos os seres que nela habitam. Estes, mais do que nunca, partem em busca da única verdade. O novo homem conhece por intuição, desta forma consegue errar menos. É mais humano, muito mais solidário, ou seja, escuta antes de tudo o seu próprio coração, disciplinado foi pela incandescência da dor. O sofrimento auferido ao longo dos milênios teve a função drenadora das energias deletérias, fazendo-o voltar-se para o comedimento, à observação, o bom senso e à moderação.

Somos os novos magos e começamos a conhecer e a controlar este infinito manancial de energias que nos cercam, chamado por pesquisadores e físicos de "Campo de Energia Universal". Agora a orientação se torna compreensível, que aqui viemos para cumprimento de importante tarefa. – Nos encontramos diante da evolução. É o progresso de todos por todos, a grande magia do amor e o caminho da verdadeira felicidade.

Comumente ouvimos comentários a respeito de determinadas pessoas que são muito eficientes nas suas atividades. A elas são atribuídos muitos elogios e até mesmo a designação de que "são verdadeiros magos de sua profissão". – Trabalhamos em todos os sentidos em busca da perfeição e do encontro com o espírito, por isso, é importante compreendermos que o poder é mérito alcançado em função de uma dádiva Divina e disso ninguém duvida. Mas no momento que atingimos o poder, aumenta a nossa responsabilidade, e muito!

Assim, vejamos o que nos diz o preceito bíblico: vossos pecados vos alcançarão, ou seja, somos herdeiros de nós mesmos, porquanto semear é livre... Reflitamos a respeito...

O homem pulsa no todo, e o todo pulsa no homem...

O Mago, o Monge e o Médico

Os Alquimistas Estão Voltando

Estude sempre. A renovação de idéias favorece a sábia renovação das células orgânicas.

André Luiz

Entre os séculos XV e XVII, época conhecida como renascentista, foi permitido à humanidade conhecer milhares de textos herméticos. Todos mantidos em segredo por muitos anos, frutos de profundos estudos da mais nobre tradição alquímica. Inseridas nas diversas e interessantes publicações, ficou patente a exuberância contida no embasamento das pesquisas bem como, da enorme contribuição para o progresso mundial por meio dos trabalhos desenvolvidos pelos grandes mestres da alquimia. Algumas obras divulgadas foram denominadas de:

"Splandor-Solis, de Monte Snudrs. O Viridarum Chymicum, de Stolcius. Atalanta Fugiens e De Lapide Philosophico de Lambsprinck entre outros [...]".

Esses estudos, quando foram levados ao conhecimento público, mostraram, sem sombra de dúvidas, dentro de seus conteúdos, a pujança cognitiva. Trabalhos alquímicos que causaram grande repercussão nos meios científicos foram apresentados por seus autores, após continuados estudos e pesquisas, desenvolvidos pacientemente por Nicolas Flamel e Basílio Valentim.

Já no século XVIII, pôde-se constatar o declínio da hermética filosófica hieroglífica. Observou-se que desde 1614, ano que iniciaram os manifestos Rosa-cruzes, denominados "fama fraternitatis, confessio fraternitatis e núpcias químicas", criou-se a vertente cognitiva esotérica. Segundo registros disponíveis, entendem alguns autores, que esses manifestos aliados a outros movimentos, posteriormente vieram a desestimular a continuidade dos estudos e pesquisas do desenvolvimento alquímico.

No entanto as luzes do raiar da Nova Era que se vislumbra, começamos a entender por que os alquimistas estão voltando com a mesma força, momento em que, a verdade e a magia científica fundem-se na mais perfeita harmonia junto ao observador e o objeto observado.

Essa volta, em nosso entender, está sendo marcada por muitos trabalhos atualmente publicados por: físicos, matemáticos, filósofos, juristas e cientistas sociais, ligando-se à religião, ao misticismo oriental e à ciência espiritual para o desenvolvimento mais racional da humanidade neste novo tempo. Diante disso nos permitimos entender com maior clareza o que nos transmite Fritjof Capra no seu livro, *O Tao da Física* e nos esclarece:

> [...] As tradições místicas acham-se presentes em todas as religiões, e elementos místicos podem ser encontrados em diversas escolas da filosofia ocidental. Os paralelos da física moderna aparecem não apenas nos Vedas do Hinduísmo, no I Ching ou nos sutras budistas, como igualmente nos fragmentos de Heráclito, no sufismo de Ibn Arabi ou nos ensinamentos do feiticeiro yaqui Dom Juan. (CAPRA, 1983, p. 8).

Outro bom exemplo demonstrando-nos a volta dos alquimistas é o da transformação da energia das flores em potentes e poderosos lenitivos contra os males físicos, psíquicos e espirituais. Esse é o grande processo e procedimento alquímico, brilhantemente desenvolvido pelo Dr. Edward Bach. Na década de 30, pesquisou e adotou a terapêutica floral, a qual foi elaborada a partir da *"essência obtida do orvalho das flores"*, num perfeito processo utilizado há milênios pelos magos e alquimistas, já referidos nesta obra, como o "Flos-Coeli", que na Idade Média era tido como o processo alquímico para a colheita do orvalho celeste ou ouro celeste.

Esse elemento é possuidor de altas propriedades medicinais. Aliás, numa das 15 pranchas desenvolvidas pelo alquimista Altus observa-se a gravura com a demonstração da colheita do orvalho celeste. Hoje temos ciência da existência de florais provenientes da Califórnia, do Alasca, de Minas Gerais no Brasil, do deserto e de muitos outros lugares.

É importante citar neste momento em que nos referimos sobre a volta dos alquimistas, registros históricos que permaneceram em segredo por muitos séculos. Entre eles, chegam até nós, por intermédio do grande documento (comentado por José Jorge de Carvalho – Attar Editorial, 1995), denominado "Mutus Liber" de Altus. – O livro mudo da alquimia nos traz perfeito estudo da simbologia alquímica face à reprodução integral de profundo conhecimento, expresso igualmente nas gravuras de suas 15 pranchas, que mais parecem com verdadeiras mandalas a encerrar interessantes ensinamentos, guardados em segredo, distante dos profanos por muitos séculos.

Contudo, sabemos que a terminologia alquímica é obviamente vasta e complexa, com fórmulas, imagens, figuras e códigos como os contidos nas quinze pranchas de Altus, que conduzem aos vários está-

O Mago, o Monge e o Médico

gios do desenvolvimento alquímico, com as suas respectivas gravuras. No entanto, observa-se na prancha de número cinco, interessantes práticas laboratoriais, com as figuras demonstrando a coleta do orvalho, após, sendo conduzido ao fogo vivo (um dos quatro elementos da natureza), fazendo surgir o enxofre e o mercúrio, logo entregues a Vulcano lunático, o fogo secreto.

Vemos também na física, princípios alquímicos em novos estudos, pesquisas e ensaios, trazendo à tona com muita força, para o benefício da humanidade, unindo harmonicamente todo o conhecimento desenvolvido e armazenado ao longo destes últimos séculos. Todos, oriundos das mais diversas fontes, convergindo-se na unidade de princípios. A fusão cognitiva, harmônica e respeitosa que começa a se solidificar para o bem de todos, gradativamente, entre a "Ciência, a Filosofia e a Religião".

A trilogia supramencionada apresenta seus últimos resquícios de modo antagônico, quando se refere ao desenvolvimento do conhecimento, porém observamos que nalguns momentos caminharam juntas. Agora mesmo, com a possibilidade da ocorrência de um "Bug" no planeta comprovamos essa união. Por isso, testemunhamos exatamente neste final de século que fortes evidências surgem, apontando para a convergência entre as modalidades: de aceitar, compreender e desenvolver o princípio universalista do espírito humano em perfeita integração.

Esses campos que já foram antagônicos tendem a harmonizarem-se rapidamente numa só proposta científica, pois importantes conhecimentos alquímicos, místicos, filosóficos e religiosos, têm sido objeto de estudos laboratoriais. Muitos cientistas vêm reconhecendo a importância das milenares proposições que sempre respaldaram as religiões. Alguns destes conhecidos como "neognósticos". É o caso de Rhine e Richet que em suas manifestações na ciência parapsicológica, emitiram consideráveis pareceres pertinentes as questões da matéria e do espírito.

Isaac Newton, como nos demonstra a história, também se dedicou à alquimia. Outro físico de nosso tempo Jean E. Charon manifesta-se sobre a impossibilidade na separação da física e da metafísica. Fato este que os antigos filósofos dos períodos Socráticos e Platonianos já conheciam. Veja-se o princípio do "Conhece-te a ti mesmo". Ali, o espírito não poderia ser dissociado dos estudos e das pesquisas. Nos exemplos mais recentes, com Helena Blavatsky, sensitiva, grande divulgadora do espiritualismo, autora da inusitada obra, denominada *A Voz do Silêncio*, discorre magistralmente sobre:

"As virtudes que levam à perfeição, pelas Paramitas, estas virtudes, também encontramos como princípio, norteador do budismo esotérico". (BLAVATSKI, 1987, p. 35).

Madame Blavatsky era conhecida como precursora dos conhecimentos teosóficos. A teoria quântica, por exemplo, admite que a mente humana é capaz de interagir com o universo e modificá-lo, bem como, implica a existência do estado de interligação da natureza, unindo o observado com o observador (homem x natureza).

Sobre essa importante questão das formas-pensamento, encontramos nas teorias de Pietro Ubaldi em "A Grande Síntese" e "Noúres Correntes de Pensamento" ou mesmo no brilhante raciocínio de Fritjof Capra na obra *O Tao da Física*, ou Barbara Ann Brennam em *Mãos de Luz*, e muitos outros cientistas: físicos, médicos, biólogos, astrônomos, psicólogos, teólogos, parapsicólogos, místicos e espiritualistas. Brilhantes pesquisadores apontam para esta que será a grande chave desenvolvimentista dos seres humanos.

Na medida em que o homem evolui, preparando-se, humanizando-se e harmonizando-se, consegue pela sutileza da meditação e pela responsabilidade, acessar a grande chave para abrir as portas do conhecimento alquímico, importante elo desenvolvido do conhecimento universal.

Trabalhado nestes séculos, está encerrando informações de extrema importância para a devida evolução dos seres. O verdadeiro alquimista sempre soube demonstrar pelo material a ligação, a existência e a operacionalidade do espiritual. Pesquisando, descobrindo, atingindo e transformando pelo forjar no calor do crisol, o ferro da ignorância para o ouro do amor universal.

Doutra parte, André Luiz, bom médico em seu tempo conosco, quando no exercício de seu mister, ignorava a mecânica dos grandes princípios da natureza que é o funcionamento e a harmonia entre os polissistemas espiritual e material. A situação ideal de todas as matérias existentes no universo é de profundo e perfeito equilíbrio. O equilíbrio é harmonia, e harmonia é paz. Paz é progresso e felicidade. Prestemos atenção por um momento no equilíbrio universal.

Tudo em nossa volta tem vida, desde o micro ao macro, neles tudo pulsa... tudo vibra em diferentes faixas, em sintonia. Nesse sistema compreendemos ser a harmonia um processo que, atualmente, mais opera do exterior para o interior. Por isso é fundamental que de forma inversa, todas as atividades motoras e psíquicas do homem, estejam respaldadas nas atitudes equilibradas para a obtenção da melhor ressonância.

Um dos grandes princípios da alquimia desde os seus remotos tempos está perfeitamente inserido na orientação do médico André Luiz, **quando se refere ao estudo continuado para a renovação espiritual,** mental ou material. Está nos lembrando, nada mais e nada menos, que o antigo código já conhecido, portanto a oração citada de André Luiz é idêntica ao preceito do lema alquímico:

"Ora, lege, lege, lege, relege et invienes – Ora, lê, lê, lê, relê, praticas e descobrirás".

Acabamos de descobrir que o estudo, a aplicação, a busca e a pesquisa continuada é o forte traço, comum nos grandes buscadores, que são os trabalhadores desta hora. Somos sabedores que o conhecimento liberta, por isso... As manifestações nos demonstram a volta aos conceitos da alquimia, os quais sempre estiveram presentes em nossas vidas. Hoje, contrariamente, somos nós a buscar, querendo compreender avidamente os princípios alquímicos. Dessa forma nos encontramos numa volta a procura do que sempre esteve entre nós.

Não são os alquimistas que estão voltando. Nós é que ao voltarmos no tempo, conseguimos hoje compreender a riqueza dos estudos realizados ontem, dos ensinamentos contidos nos mais diversos enunciados alquímicos.

Paracelso, no século XVI, igualmente alquimista e médico, permanece entre nós por meio de suas descobertas. Ele foi um dos primeiros ocidentais a comprovar tais verdades, quando se referiu à energia circundante nos seres humanos, ou campo energético retratado como "um globo flamejante".

Nada mais era que o campo áurico conhecido há muito pelos orientais. Também entendeu que a composição fisiológica estaria agregada a outros corpos sutis, já no princípio setenário, assim denominados: 1º O limbo; 2º A múmia; 3º O Archaous; 4º Corpo sideral; 5º Adech; 6º Aluech e 7º Corpo íntimo.

Outros precursores da alquimia aqui merecem menção. Eles prestaram relevantes serviços de pesquisas para o bem da humanidade, igualmente citados na primorosa e ímpar obra: *Mutus Liber* ou o *Livro Mudo da Alquimia*, também no século XVI, editado por La Rochelle em 1.677. – Ex-libris, a Minerva Vitoriosa da Academia Real de La Rochelle. Assim eram conhecidos:

"Altus, Nicolas Flamel, Irineu Filaleto, Paracelso, George Riplay, Selthon o Cosmopolita, Hortolanus, Robert Fludd, Michael Maier, Limojon de Saint Didier, Daniel Stolcius, Cylliani, Fulcanelli e outros".

Esses grandes precursores da ciência alquímica nos deixaram interessantes mensagens, algumas delas decodificadas dos hieróglifos e publicadas por Jacob Sulat. Com segurança, notamos chegar aos nossos dias a tão esperada e necessária volta dos conhecimentos alquímicos, novamente contribuindo com o refinamento e a sensibilidade humana. Sutil momento em que o homem começa a compreender-se como o super-homem do bem, do amor, da solidariedade e da fraternidade, como verdadeiro mago e alquimista deste tempo.

Raiando a Nova Era

> *[...] Já podemos sentir esta potente espiral vibratória de cor amarela, detectada pelo pensamento a interagir dentro de nós, alterando os níveis energéticos para melhor. – Modos, meios, maneiras e métodos estão aflorando a cada segundo no coração dos mortais, avisando-os da urgente necessidade de se melhorarem, do 'estar preparados', do 'estar prontos'. Ouçam a nova música... pois o novo tempo já começou [...]*
>
> A. Villaca Torres

Os prenúncios da era nova estão sistematicamente a ocorrer desde algumas décadas atrás. Muitos foram os fatos havidos em isoladas manifestações. Quando somados nos comprovam a marcha evolutiva da humanidade em ação, principalmente ao que concerne às marcantes questões espirituais.

A Nova Era tem a sua marca registrada que é representada pela "sutileza" do homem, o qual já se encontra com sua sensibilidade aumentada, ao mesmo tempo em que a sua responsabilidade para com o seu semelhante está sendo igualmente ampliada. Devemos observar a extrema sensibilidade intuitiva atualmente existente nas crianças destas novas gerações que despontam.

Seus perfis comportamentais com relação ao manuseio das novas tecnologias são assimilados por elas, quase que naturalmente, de forma instantânea, enquanto os adultos demoram compreendê-las. O mesmo ocorre com as especializações auferidas cada vez mais pelos jovens.

Vemos que o homem desta época, no dito de Pietro Ubaldi, começa a atingir o estágio evolutivo do "Super-homem", pela adoção da solidariedade e da fraternidade, tornando-se cada vez mais sensível aos problemas de seus semelhantes. Começamos a nos conscientizar que "temos" uma parte ideal sob nossa inteira responsabilidade junto a esse "Grande Condomínio" existente na aldeia global.

O espaço já não pode ser apenas considerado como o condomínio continental ou planetário e sim, devendo ser compreendido como o grande "Condomínio Universal". Devemos reiterar lembrando que fazemos parte do todo e ao mesmo tempo somos o todo. Não há como nos esquivar das responsabilidades de "todos por todos".

Eis a movimentação dos seres já inseridos neste novo tempo, rumo à morada universal da fraternidade, da solidariedade e consequentemente do amor. Muitas ações solidárias estão a ocorrer neste momento, nos mais diversos cantos do globo.

Convém, no entanto, que jamais nos esqueçamos da existência de outra modalidade condominial bem conhecida pelo chamado "Condomínio da Dor". Essa modalidade continuará a existir nas localidades intra e extraplanetárias, como sempre existiram. Cabe a nós esclarecer também que a participação neste ou naquele condomínio, depende única e exclusivamente de nós mesmos, ou melhor, de nossos pensamentos e atitudes.

Também nesse caso a escolha é somente nossa. Se quisermos participar do condomínio do amor, vamos semear o amor, todavia, em não o fazendo, o sofrimento certamente nos acompanhará para onde formos: hoje... amanhã... ou sempre!

No limiar deste novo tempo todos os seres, ora no planeta, têm importante papel a desempenhar, principalmente neste próximo século. Após a passagem desse marco temporal, ultrapassando o portal do ano 2000, o homem começa sentir e ao mesmo tempo descobrir uma das grandes energias existentes no universo que é "O seu pensamento"! – Rapidamente aprenderá a trabalhar estruturado em atitudes nobres voltado para os que o cercam e conhecerá o poder receptivo de suas atitudes.

Dentro da máxima Crística do "Orai e vigiai", controlará e comandará coerentemente: **"Pensamentos, palavras e ações"**, descobrindo as forças sutis movimentadas por estes, na qualidade de transmissor ou receptor. Nessa ação eliminará muitos incômodos físicos, psíquicos e espirituais dos quais é "sofredor" contumaz, tão somente por não ter compreendido convenientemente o reflexo de seus próprios atos.

O homem do terceiro milênio identificará com precisão o nascedouro de seus problemas pela intuição, estabelecendo um canal vibratório de informações de extrema importância para si e para a comunidade. Dentro duma fina sintonia está a estabelecer contatos com o nível mais sutil existente no campo dimensional superior a este que conhecemos, denominado de campo do espírito.

Conhecendo esse campo poderá educar e plasmar seu espaço vibratório mental nas ações e pensamentos edificantes dirigidos aos seus entes queridos já falecidos, que apenas deixaram os seus corpos físicos, destinando dessa forma aos seus amigos, a emissão de energias mentais positivas de carinho, de amor e simpatia.

Igualmente entenderá neste raiar da Nova Era, que muitos de seus problemas são provindos de seus inimigos que estão na espiritualidade. Esses "cobradores" são chamados de "obsessores" pelos espíritas, tendo em vista os "bombardeios" mentais destinados às suas vítimas diuturnamente.

Identificando-os, poderemos **trabalhar com pensamentos** sistemáticos de bondade, na amorosa educação e melhoria desses perseguidores. Só o amor e o perdão poderão realizar a necessária **inversão de polaridades**, transformando o ódio em compreensão, a perseguição em auxílio.

Conhecerá e controlará somente pelos "bons sentimentos" a emissão de pensamentos e "formas-pensamento" ou ideoplastia, a que já nos referimos, evitando inteligentemente o efeito "boomerangue" da ressonância vibratória, manifesta por meio de problemas de toda a ordem, doenças, depressões, estresse e muito mais.

O homem novo aprenderá a educar-se na protetividade de suas camadas áuricas, realizando a devida manutenção energética. Igualmente conhecendo e mantendo a higienização dos centros receptivos e transmissivos de forças, chamados pelos orientais de "chakras".

Finalmente conhecerá os sete veículos de manifestação do espírito, aprendendo estar em harmonia com seus respectivos níveis de consciência espiritual e assim compreenderá o verdadeiro raiar, o novo tempo. O novo homem, como vimos, sentirá e conscientizar-se-á com profunda responsabilidade do poder criador de que dispõe. Conhecerá a sua sensitividade, responsabilizando-se imediatamente, e paulatinamente aprenderá aplicar esse poder para benefício de todos. Saberá que: neste século o "Ser" será o elemento principal e o "Ter" o acessório.

O pensamento do terceiro milênio está estruturado no homem mago, no homem monge, no homem alquimista, no homem irmão, interagindo no bem pela seleção processada em curso, em que ao seu término, o novo homem poderá ser considerado o super-homem dos novos tempos.

Será certamente super-homem, porque já começa a sentir e pressentir os reais valores da intuição, ou seja, pelo método observativo, depois de depurado no crisol do sofrimento. Renovado, começa a compreender a existência do espírito. Ontem, por ouvir dizer, soube da existência do Espírito Santo, porém "Nele" muitos não acreditavam, mesmo depois das inúmeras provas trazidas à luz, por intermédio dos iluminados que por aqui passaram. Finalmente começa conscientizar-se da incessante Inter comunicabilidade existente entre o espírito e a matéria.

O super-homem por intuição saberá, apesar das inúmeras comprovações já disponíveis, que as leis físicas regentes dos fenômenos espirituais são as mesmas aqui vigentes, variando apenas os parâmetros dimensionais, pois o universo é "Uno". Todos vibramos e vivemos na unicidade e já começamos a sentir esses reflexos. Só nos restam a conscientização e a compreensão da verdadeira missão.

Cada um de nós deve realizar o seu compromisso missionário. Não viemos aqui, por mero acaso ou acidente da natureza. Temos consideráveis trabalhos a concluir. Alguns de nós já compreenderam e estão fazendo a sua parte, enquanto outros, indecisos, sofrem tangidos pela preguiça, dúvida, insegurança e até pelo medo, porém conhecerão logo adiante a real estrutura do seu labor missionário.

Pois então, chegou o momento da efetiva ação edificante, que se respalda no amor fraterno, na caridade e na fraternidade!

*Como uma folha de papel com simples coração pintado,
é fonte de energia?*

A. Villaca Torres.

II

Monges, Monastério, Clausura

"O que existe em cima, existe em baixo; o que existe nos céus, existe na Terra; tal o macrocosmo assim é o microcosmo". - Essa frase estava gravada num portal secreto no antigo Egito.

Frases como a anterior, parecidas com uma senha, originária das ordens secretas existentes no antigo Egito, gravadas em Sânscrito, ficavam destacadas junto a imponentes fachadas de respeitados portais templários. Da mesma forma, observamos o preceito da alquimia conhecido como "Tábua de Esmeralda" que igualmente se refere à frase gravada nos portais templários, um pouco diferente é verdade, porém com a mesma significação: "Aquilo que está acima é semelhante ao que está embaixo". - Micro e macro interligados e afinizados.

Pura filosofia, misturada à magia da natureza, estampando profundamente a conduta do povo rude no Ter, ao mesmo tempo extremamente sutil no ser. Conduzindo ordenadamente ações, reações, emoções, pensamentos na trilha dos tempos. Não foi por acaso que chegaram até nós. O que fazer?

Aqueles templos, moradas do saber, abrigavam seus dirigentes (sacerdotes), neófitos e em alguns casos até os seus simpatizantes, em situações como as que hoje denominamos de clausuras. Eram tidas em conformidade com a situação, época ou mesmo da conveniência que poderiam ser voluntárias ou até mesmo prisionais, como nos transmite a história sobre as questões sacerdotais do Egito antigo. Os templos podem hoje ser por nós considerados como um misto de templo e monastério, dependendo naturalmente do enfoque de cada comentarista.

Isso porque muitos foram os segmentos monásticos instituídos na vastidão dos tempos. Sempre sob a égide de rígidos costumes os quais para maior compreensão designaremos como "Ordenamentos Monásticos". Destes, a grande parcela teve o seu nascedouro ocorrido há milênios antes de Cristo, como é o caso de nossos milhares de irmãos monges orientais, que possivelmente se espelharam nas extintas civilizações. Espalhados principalmente pelos inúmeros "paradores", trilhas, galerias e túneis sagrados dos Himalaias, Tibet China e Índia.

Esses locais de vibrações trabalhadas, rarefeitas no lapidar dos tempos, propiciaram as condições necessárias para o aparecimento de Buda e sua consequente disseminação filosófica. O Budismo, no momento da escrita, conta com mais de 500 milhões de adeptos, somente no oriente. Surgiu em meados do século V antes de Cristo, sobreveio ao Bramanismo.

Calculou-se que, por volta do século II, de nossa era, no início do Cristianismo, havia aproximadamente cerca de 60 mil monges naquela preparada região. No isolamento, os monges habitavam cavernas, montanhas, florestas, desertos ou nos túmulos vazios de antigos cemitérios abandonados.

Tratou-se, portando, de fenômeno místico incomum na Índia, no Tibete e nas regiões montanhosas. Desde os primórdios do Budismo, monges místicos emparedavam-se junto às cavernas para a prática da meditação constante, sendo alimentados parcimoniosamente por alguns de seus fiéis discípulos.

Mais tarde, tendo em vista o alastramento de inúmeros conflitos no globo, sempre inseridos no binômio bem e mal, fez-se necessário, para o equilíbrio destas forças, o surgimento de outras importantes ordens. Na Igreja Cristã, por exemplo, ressaltamos a diferença existente entre algumas das categorias de trabalhadores responsáveis pela boa semeadura, principalmente entre os lidadores da boa nova, após a ascensão de seu maior pregador, Jesus de Nazaré.

Entre tantos devotos e trabalhadores de variadas categorias, "duas" destacaram-se: a dos monges e a dos missionários, as quais nos parecem as mais interessantes. Distinguiram-se pelos inúmeros registros laborais, cruzando séculos na disseminação dos trabalhos do bem, do amor e da caridade, porém todos verdadeiros missionários e semeadores da Nova Era.

Primeira categoria

Os monges cristãos

Caracterizada por irmãos devotos vocacionados, viviam em clausura voluntária, conforme registra a história. Seu nascedouro deu-se no antigo oriente, precisamente no Egito, na época de Santo Antão o eremita do Monte Pispir, tido como "mago e feiticeiro". Sua principal finalidade era buscar a Deus. Nas suas ordens, encarregavam-se da preservação do conhecimento pela guarda de valiosos segredos da ciência material e espiritual, pelos estudos e pesquisas. Destacaram-se também pelos trabalhos desenvolvidos nas mais diversas áreas do conhecimento humano, principalmente nas questões espirituais embasadas no amor ao próximo, na fraternidade e na caridade. Estudos e ações, respaldadas nas atividades monásticas, sempre foram bons sustentáculos desenvolvimentistas espirituais e cognitivos desenvolvidos e vivenciados por séculos, os quais, hoje todos podemos desfrutar.

Podemos chamar os locais clausurais de templos monásticos, pois realmente o eram e continuam sendo, salvo melhor juízo. Lá se prestam e prestavam juramentos de fidelidade irrestrita, exercendo-se trabalhos manuais e mentais em benefício do equilíbrio do todo e de todos. Nos templos orientais budistas, por exemplo, na antiguidade, já observávamos a estreita ligação existente entre o "Monge e o Mago". Podiam também, pelos seus trabalhos científicos desenvolvidos, serem considerados perfeitamente como alquimistas. Eram estudiosos e praticantes das ciências e das artes materiais, bem como das espirituais.

Nos templos do Himalaia, por exemplo, eram preservados estudos muito antigos das ciências físicas, químicas, matemáticas e espirituais. Ali, realizavam-se intensas pesquisas e manipulações físico-químicas e com as energias conhecidas da natureza. O livro da vida de São Francisco Xavier nos conta que esse santo homem, quando missionário na Índia, tinha ali adquirido poderes ocultos com os sacerdotes budistas.

Mais tarde, nasce no berço do catolicismo, após o advento do cristianismo desde meados do século VI com São Bento, a compilação de regras monásticas auferidas no Monte Cassino, tido também como o berço do monastério católico, que era um forte movimento para a vivência, preservação e estudos do evangelho de Jesus.

Com São Basílio igualmente surgem as 30 regras monásticas, compreendendo-se que a vida dos monges nasceu da palavra santa. Com São Bernardo, o místico de Clairvaux, os trabalhos foram intensificados. Encontramos ainda, na regra de São Bento, interessante conjunto de obras monásticas. Mais tarde, novas ordens também afloraram com o passar dos anos.

A Ordem Beneditina, por exemplo, apresenta-nos a sua interessante e venerável história. Dela também nasceu a ordem de nossos irmãos os "Cistercienses", os quais teriam acolhido o cientista Isaac Edward Leibowitz quando perseguido. Ali permanecendo, descobriu sua vocação e mais tarde veio a fazer os votos tornando-se padre e recebendo autorização para fundar a ordem dos Albertianos.

A partir daí, muitas outras instituições e ramificações monásticas surgiram, propugnantes de profundo sentimento de amor e respeito às orientações Crísticas. Cristalizadas por intermédio de seus representantes, os apóstolos do bem, que por verdadeiro sentimento vocacional, optaram pelo "isolamento clausural" em prol da harmonia e do equilíbrio da consciência coletiva. Dentro dessa postura, hoje nos é fácil comprovar que todo o sacrifício se destinava ao bem comum, além de ser uma ação equilibradora para a humanidade. Foi sem dúvidas, um grande fato gerador para a obtenção das bênçãos oriundas do Pai Maior.

Tanto orientais da linha Búdica, como da linha Crística adotada pelos ocidentais, ambos tinham como norma primeira, a de colocarem-se acima dos prazeres e gozos materiais. Pensavam e agiam no bem, pelo cumprimento da lei do trabalho voluntário e do amor ao próximo. Operavam nas épocas beligerantes como verdadeiros guardiões de muitos tesouros filosóficos e espirituais, transmitidos à humanidade, depositados junto às suas preciosíssimas bibliotecas.

O retiro desses trabalhadores do convívio da sociedade, em nosso modesto entender, não significou e atualmente não significa total isolamento da comunidade ou fuga de seu convívio, e sim um labor amoroso e dignificante. Realizado principalmente na sustentação espiritual para o bem e o progresso do próprio povo que nela vive.

Entendemos que poderosas são as forças mentais provindas das orações. As atitudes edificantes foram e são espargidas ao globo, pelos monges dos inúmeros mosteiros. Operam como vetores a aglutinar energias pesadas existentes ao redor de suas comunidades, recebendo-as e trabalhando-as por meio de suas orações. Ante os votos de sentimento fraterno, as reciclam distribuindo-as novamente ao seio da comunidade. Esse é um trabalho realizado por monges, religiosos e homens de boa vontade, provendo amorosamente a verdadeira transformação em favor do equilíbrio e do progresso dos seres humanos. Sem harmonia espiritual não poderá jamais haver progresso!

Antes mesmo da vinda do Mestre Jesus, inúmeros mártires, homens e mulheres, dedicaram suas vidas ao verdadeiro trabalho do amor ao próximo, numa forte predisposição de sincera vontade que chega até os nossos dias. Inspirados no silêncio do recolhimento no exercício da humildade entre tantos votos, provações e juramentos, puderam verdadeiramente sentir que o espírito se torna livre para a percepção intuitiva, para a devida transferência do invisível, para o visível culto ao amor, pela fraternidade e caridade pura. Eis o verdadeiro exemplo de amor ao próximo! – Dentro de nossa humilde convicção, procuramos descrever pela nossa leitura de mundo, as benfazejas atividades monásticas, a seguir expostas:

> No claustro em sacrifício edificante, quantos abnegados monges, em seus mosteiros, estão a ocupar-se através dos tempos, do invisível trabalho manipulatório de poderosas forças energéticas emanadas de suas orações e de seus benéficos pensamentos fraternos. Em soma, combinam-se por afinidade a outras emanações missionárias igualmente positivas, oriundas de outros irmãos que vibram nesta mesma frequência no planeta e juntos espargem energias coloridas e harmoniosas, altamente necessárias para a manutenção do importante equilíbrio entre as forças do bem e do mal.

Notemos que transcendendo aos tempos, a consciência coletiva muitas vezes situa-se no estado carencial máximo, tendo em vista os inúmeros conflitos, guerras e pestes existentes em muitos lugares a clamar por equilíbrio. Da forma anteriormente mencionada, consegue-se receber energias reequilibradoras em função da transmissão daquelas potentes "matrizes luminosas" vindas destes abnegados irmãos, tão necessárias para a interação, equilíbrio, continuidade e retroalimentação dos trabalhos do bem e do progresso da humanidade. Por isso, as forças do bem precisam sempre estar operosas dentro da máxima que nos foi ensinada: o "Orai e vigiai".

Evidenciamos o termo "isolamento" para que possamos apresentar a devida defesa a esta forma dignificante de trabalho ao próximo.

Certa feita, uma corrente de filósofos entendeu e manifestou-se, que os "isolados" procuram manter-se longe do convívio social, para não se contaminarem por influências externas permanecendo puros à influência superior.

Em nosso modesto entender, ocorre justamente o contrário. Os isolados desempenharam e desempenham grande papel no contexto social. Atuam silentes, também como vetores sociais, receptores de densos impactos vibratórios que os fazem sofrer. Tendo em vista suas sensibilidades, transmutam em dreno, energias deletérias, devolvendo-as a sociedade na sua pureza original, pelas preces, pelo amor, pelo sacrifício, pela solidariedade e pela fraternidade. Tal como as abençoadas plantas a realizarem continuamente a fotossíntese neste, ora, tão poluído ambiente. É necessário termos este conhecimento, para em prontidão, podermos igualmente realizar a parte que nos cabe, no já citado condomínio vital.

Segunda categoria

Os missionários

Tidos por alguns como monges, porém seus trabalhos religiosos não se estruturavam na clausura. Utilizavam-se muito do isolamento para suas contemplações, meditações, recarregando suas energias para ficarem em equilíbrio. O ponto comum entre monges e missionários era que todos se fortaleciam na solidão. Exercitavam a renúncia e o voto de pobreza. Geralmente dispunham de trabalhadores de boa vontade, que os seguiam ajudando nos serviços de auxílio e atendimento aos necessitados de toda a ordem.

Essa categoria igualmente organizada, principalmente depois do advento do cristianismo, fez-se extremamente presente nos períodos críticos evolutivos da história da humanidade. Foram os grandes filósofos, missionários, profetas e abnegados trabalhadores do bem.

Receberam pelos desígnios de Deus, os meios, a inteligência, o dom da renúncia e a vocação laboral para o trabalho fraterno. Aceitaram como missão recebida e perceberam a presença pela vontade sincera dos instrumentos necessários ao auxílio no meio em que viviam. Eles sabiam que a inteligência humana sempre foi e será rica de méritos para o futuro, mas com a condição de ser bem empregada. Grandes missionários da luz, alguns muito, outros pouco solitários, verdadeiros edificadores e viandantes das trilhas do bem, foram semeadores de Cristo, tais como os profetas constantes do velho testamento. Entre os filósofos, temos exemplos de Sócrates e Platão, dos alquimistas, dos Apóstolos de Jesus, de Santo Agostinho e do inesquecível irmão e pai de tantos sofredores, Francisco de Assis. Todos trabalhadores e grandes intermediários da caridade pertencentes à vigorosa falange dos pais da Igreja, aos quais o Cristianismo e a humanidade de maneira geral devem os seus mais insólitos alicerces. Todos, como o maior dos missionários, Jesus Cristo, assumiram suas missões com os grandes objetivos da expansão do bem, do amor e da caridade. Devemos observar que para a realização do serviço do bem ao próximo, nem todos se sagraram monges católicos ou budistas. Trabalhavam sob os desígnios do único Deus justo e bom, como é o caso de João Maria "o eremita", mais missionário do que monge na trilha do bem. Auxiliou a quem dele precisou junto aos estados do sul brasileiro.

Em todos os tempos, muitos laboraram para que pudéssemos chegar ao próximo milênio, sem "Bugs", no único sentimento doutrinário, numa única religião, como antes citamos: será caracterizada nas décadas vindouras pela simples denominação: "O bem que possamos realizar ao próximo!" – Para a prática da fé não são necessárias suntuosas instalações, e sim a qualidade de intenções e de trabalho existente nos corações dos que a praticam!

Entre esses grandes divulgadores do amor escolhemos para deixar em registro, até mesmo por reconhecimento e gratidão, algumas das orientações filosóficas marcadas como grandes fontes energéticas, que incólumes, cada vez mais fortes, transcendem os tempos, amorosamente proferidas numa das mensagens do "Poverello de Assisi", quando da arguição de Frei Rufino na obra psicografada de João Nunes Maia, pelo espírito Miramez, momento que respeitosamente realiza sua pergunta:

> [...] Pai Francisco!... por gentileza, poderia o senhor nos dizer o que é desprendimento verdadeiro"? – E o bom mestre na mais linda oração lhe responde:
>
> [...] Frei Rufino...Desprendimento é não se prender a coisa alguma, pois Espírito nenhum deseja estar preso. Até os próprios animais não se sentem bem quando aprisionados. Todos queremos ser livres. A liberdade é, pois amada por todos e por tudo; não obstante, a vida nos condicionar a determinadas prisões. Enquanto

> não despertamos para a realidade, seremos escravos da própria ignorância.
>
> O Cristo chamou um punhado de homens para segui-Lo, mas desejou que eles fossem livres, que se libertassem das peias terrenas, porque Ele mesmo disse com propriedade: "Onde está o teu tesouro aí estará o teu coração".
>
> Desprendimento não é jogar fora os bens terrenos, deles dispondo sem consciência do que está fazendo, pois quem assim procede confunde desleixo com desprendimento. Haverá de sobressair em nós o bom senso. Existem várias modalidades de desprendimento, dependendo aí de quem está se desprendendo, qual a sua posição diante do mundo e frente à humanidade.
>
> Depende do que estamos fazendo e do que pretendemos fazer. Pode perfeitamente existir o rico desprendido e pobre usurário, porque a ganância nasce de dentro da criatura para as coisas de fora. E, portanto, a ignorância que tudo move, por não deixar que o ignorante conheça as leis de Deus, que não se esquecem de quem trabalha e confia nas forças superiores.
>
> Desprendido é aquele que sabe dar, porque é dando que recebemos. No entanto, dar também é ciência, pois **quem não sabe dar fica sempre devendo.** Desprendimento é sempre o clima do sábio e do santo, senão do homem altamente inteligente...
>
> Essa virtude é a nossa base de viver, porque vivemos em Cristo, para que Deus viva em nós... (Francisco de Assis, pelo espírito Miramez, psicografia de MAIA, 1983, p. 267, destaques nossos).

Há muitos milênios, os sacerdotes egípcios já eram conhecedores das leis universais, principalmente da lei da ação e reação, descritas figurativamente na filosofia dos profetas e nas parábolas dos grandes missionários que deixaram profundas marcas cognitivas para a humanidade. Entre tantos registros, lembremo-nos deste:

"[...] Sabeis que vossos pecados vos alcançarão, eles jamais serão sepultados nas esquinas do tempo e dos séculos". - Num. 32:23 - n/destaque.

Observamos, como exemplo, alguns dos antigos rituais monásticos orientais. Eram tão importantes que para a sua realização os monges precisavam banhar-se antes de quaisquer práticas meditativas ou contemplativas. Eles jamais dispensaram tais normas antes de entrar nos lugares reservados, denominados de "santuários", locais em que, profanos jamais poderiam penetrar. Essa prática, no entanto, já existia no oriente desde a época em que havia a antiga ordem mística a que pertenciam os três reis magos que apareceram no Egito, para saudar o menino Jesus, quando de seu nascimento no estábulo na cidade de Belém.

A vida monástica respalda-se fundamentalmente no conhecimento, no culto, na dedicação, no amor profundo e na devoção à essência dos seres, ou seja, ao espírito. Por voluntarismo e vocação, que para nós se apresenta como inexplicável necessidade interior embasada pela compreensividade vivencial dos valores missionários que se encontram inseridos no âmago dos seres fraternos, que anelam a vida para o auxílio ao próximo.

Doutro lado, é imperioso que conheçamos mais sobre a vida destes irmãos que dedicam todos os seus esforços em prol de seus semelhantes. Desse modo, ao pensarmos no sentimento monástico, imaginamos preliminarmente: "o princípio da simplicidade pela pobreza desejada". Na situação de clausura, nossos irmãos se encontram entre antigas paredes de quartos muito simples, que mais parecem celas. Elas muitas vezes possuem até grades e são servidas por enormes corredores, que geralmente terminam próximos a uma capela. Segundo bondosos relatos, por duas ou mais vezes ao dia, todos os monges se reúnem para os trabalhos espirituais da oração, meditação, contemplação e penitências. Os cânticos gregorianos praticados há muitos séculos propiciam angelical e autêntico modo de concentração, cortam suavemente o silêncio, que é uma constante naquelas casas de orações. Fatos estes que nos fazem lembrar o povo Essênio. Muito antes da vinda do Cristo, já cultuavam o silêncio. Era nele que faziam as suas meditações.

Os Essênios, ou Esseus, faziam parte duma seita judia fundada antes de Cristo, ao tempo dos Macabeus, cujos membros habitavam espécies de monastérios, formavam entre eles uma espécie de associação moral e religiosa. Eram distinguidos por costumes brandos e virtudes austeras. Ensinavam o amor a Deus, ao próximo, a imortalidade da alma e acreditavam na ressurreição. Viviam no celibato, condenavam a servidão, a guerra, tinham seus bens em comum, entregavam-se à agricultura e eram exímios na arte fitoterápica.

Os Nazarenos, nome dado na antiga lei aos Judeus, faziam votos tanto pela vida, quanto pelo tempo de conservar a pureza perfeita. Eles se obrigavam à castidade, à abstinência de álcool e à conservação de sua cabeleira, tal como agiram Sansão, Samuel e João Batista, discípulos de Jesus.

Não podemos nos referir aos monges sem adentrarmos preferencialmente aos Lamas, mestres espirituais e rimpotchés tibetanos, instalados na tranquilidade das montanhas do Nepal e dos mais belos cumes do Himalaia ou Kanchanjunga. Lugares íngremes que até hoje agregam alto poder vibratório no planeta, bem como, prestam-se atualmente ao exílio de inúmeros mestres tibetanos. São montanhas que se elevam majestosamente a mais de oito mil metros de altitude. Buda viveu naquela região e foi um dos grandes mestres espirituais do oriente. Lembrando-se dos monges tibetanos, cumpre-nos registrar os comentários proferidos por Arnaud Desjardins (1973) num programa radiofônico francês:

"[...] Acho que os últimos grandes sábios, exemplos vivos da espiritualidade, são hoje os mestres tibetanos refugiados no Himalaia da Índia".

Vamos fazer um parêntesis para abrirmos espaço à conscientização dos povos sobre o triste episódio que passa atualmente o povo Tibetano. Exatamente dois mil anos após o nascimento de Jesus, presenciamos cenas tão lamentáveis, pelas quais, simplesmente por ignorarem seus opositores, foram despejados de seu País. Porém sabem que o espírito não tem pátria e tampouco se interessa por patrimônios materiais. Entendem como entendia Gandhi que a força e o poder estão contidos na não violência...

Algumas linhagens monásticas Tibetanas mais recentes tiveram sua origem por volta do século VIII, até o século IX, data em que o budismo foi introduzido no Tibete pelo mestre Padmasambhava, sábio respeitado daquela época, hoje tido pelos Tibetanos como o segundo Buda. Foi convidado do rei Trisong Detsen para a construção de um grande mosteiro no Tibete.

Dessa forma surgiu "Samyé", o primeiro mosteiro caracterizado por imensa biblioteca de incomparável riqueza. As bibliotecas faziam parte desse e de outros mosteiros posteriores e anteriores a este. Porém com tristeza soubemos que esses bancos de cultura, foram, como muitos, na sua maioria exterminados, queimados, destruídos e mortos seus guardiões.

Pode-se perceber claramente a intenção dos dominadores em extinguir as fontes de conhecimento, tentando apagar referenciais do povo, contrariando profundamente a história, o bem e o progresso da humanidade. Esse fato também ocorreu noutros momentos da história dos povos, porém jamais se conseguirá obstruir a marcha do progresso mundial apenas com domínio de uns poucos pela opressão, lamentável situação testemunhada em nossos dias.

O fato ocorreu precisamente no ano de 1949, quando chineses invadiram o Tibete militarmente, momento em que mais de um milhão de tibetanos foram mortos e depois jogados em valas comuns, 6.150 mosteiros foram completamente arrasados com suas preciosas bibliotecas. Nesse triste momento da história da cultura material e espiritual daquele lugar, lidadores do bem sofriam profundo revés. Atitude negativa, sem precedentes na história Asiática. Infelizes filhos do mal, conduzidos por baixas vibrações, apenas tentaram, mas não conseguiram exterminar o conhecimento, o sentimento e o amor do povo Tibetano.

No entanto já nos encontramos na "Era do Espírito". Vemos que a cada século e milênio pelos quais passou a humanidade, jamais a nossa velocidade evolutiva foi tão grande quanto a que hoje vivemos. Esse magnífico salto está nos mostrando que a cada década passada no último século, evoluímos o correspondente a mais de um milênio.

Por isso, de nada adiantam opressões, agressões e constrangimentos materialistas. A grande maioria dos seres passa a experienciar a sutilização de seu espírito, graças a Deus. Os homens estão cada vez menos grosseiros e abrutalhados, mais solidários com os outros seres e com a natureza. Seus níveis perceptivos e de intuição têm, nos últimos tempos, aumentado consideravelmente. Dessarte nos convém lembrar que a humanidade tem seus ciclos evolutivos bem claros, definidos, como se fora um gráfico estatístico em rápida ascensão. Estamos diante das marcas da Nova Era, do novo milênio. Louis Pauwels e Jacques Bergier no seu livro intitulado *O Despertar dos Mágicos* dizem:

> [...] a verdadeira história é a do progresso do homem na espiritualidade. A função da humanidade é auxiliar o homem espiritual a libertar-se, a realizar-se, a auxiliar o homem, como dizem os hindus numa fórmula admirável, a ser aquilo que é. (PAUWELS *et al.*, 1996, s/p)

Monges nos Grandes Momentos de Resgate da Humanidade

Na triste passagem do luto cinzento para o luto sangrento sensibilizam corações. – Ao chegar mansamente à passagem (morte) de um fim inexistente, pois é o recomeço, o renascer que novamente desponta no eterno giro da aurora. Sagrado berço alquímico onde nada se perde e tudo se transforma.

A. Villaca Torres

Como já nos referimos graças às sagradas instituições monásticas e outros centros de irradiação espalhadas pelo globo, à força e resignação de seus trabalhadores, à solidariedade nos seus momentos de dificuldade, o medo, a fome e a dor conseguiram receber amparo destes abnegados irmãos, não somente material, mas, sobretudo o espiritual. Esse apoio respaldou-se no profundo amor destes que, no isolamento do claustro ou nas atividades missionárias, no anonimato ou fora dele, foram, e continuam sendo, peças fundamentais para que boa parte dos seres desesperados pudessem receber o amparo das forças do bem, e via de consequência, experimentassem o atingimento do equilíbrio interior, alcançando a fé, a resignação e o amor para minimizar o impacto de suas dores e dificuldades.

Para melhor compreendermos a profundidade dessa inserção basta observarmos a diversidade de eventos dramáticos (guerras, fome, catástrofes, pestes, epidemias...) passados pelos povos, e os consequentes atendimentos realizados por monges e monjas nas suas casas de orações. Percebemos o papel importante realizado em favor da fraternidade e da caridade por esses irmãos espalhados por todos os continentes, a fazerem bondosos trabalhos em nome de Jesus e do Pai Maior. Durante os temidos conflitos pelos quais, por meio da prova ressonante, passou a humanidade, os mosteiros desempenharam trabalhos fraternos no atendimento de feridos, na proteção de perseguidos. É o caso do cientista Isaac Edward Leibowitz que ao ser perseguido encontrou asilo junto à comunidade monástica Cisterciense, tornando-se monge pelos votos. Fundou mais tarde a ordem dos Albertianos para disseminar o bem e o amor ao próximo.

Outro exemplo interessante encontramos com Santa Teresa De Ávila, a monja descalça, que com a ajuda de outros religiosos empreendeu a reforma da Ordem do Carmelo, abrindo 17 mosteiros de mulheres e 15 de homens. Depois dessa intensa atividade desperta suspeita e sentimentos contrários à caridade provindos dos tribunais inquisitoriais, chegando a ser processada e punida.

Inúmeros são os casos como esse a serem relatados. Devemos notar que nos lugares de maiores conflitos pelos quais passou a humanidade, nas suas trilhas e rotas sempre existiu nas proximidades, um ponto neutro de socorro. Era o porto seguro representado pelo monastério, realizando silentes serviços de auxílio ao próximo. Funcionavam como verdadeiros postos de atendimentos materiais e, sobretudo espirituais. Muito antes do nascimento de Jesus, os monges já realizavam, num só momento, o que conhecemos como atendimento médico, religioso, fraterno e caridoso.

Vamos buscar no exemplo do povo Essênio, que há 150 a.C., já possuía a chamada **"Escola dos Profetas"** ou "Escola dos Essênios", edificadas em cavernas encravadas nas rochas. A mais famosa localizou-se no Monte Carmelo. Habitavam geralmente nas cercanias das grandes cidades. Naquelas instituições monásticas, o silêncio era a marca maior daqueles irmãos. Praticavam a medicina natural, desenvolviam grandes conhecimentos dos remédios em virtude do manuseio com as plantas, pedras e metais.

Verdadeiros benfeitores do bem estavam constantemente em comunhão com os seres celestiais em função do silêncio, da contemplação e da meditação. Eram também magos de seu tempo, versados na astrologia, astronomia, história natural, geometria, química elementar e alquimia.

Autores intelectuais dos *Manuscritos do Mar Morto* encontrados junto a 11 cavernas entre 1947 e 1956, na região denominada Qumram, a noroeste do Mar Morto, citado por (A. Villaca Torres, 1999, p. 161), a saber:

> Foi a maior descoberta arqueológica de todos os tempos, pois nos manuscritos estão inseridos textos hebraicos, até então desconhecidos pelo homem. Intitulados: O Manual da Disciplina, Os Salmos de Ação de Graças e A Guerra dos Filhos da Luz Contra os Filhos das Trevas.

Esse é um dos mais antigos relatos históricos que nos dão conta de exemplos daqueles monges de amor ao próximo, principalmente nos grandes momentos de resgate, entre guerras, fome e epidemia, passadas pelos povos daquele agressivo tempo no qual as guerras eram uma constante. Junto aos conflitos estavam presentes, mais uma vez, monges amparando e auxiliando aos necessitados de toda a sorte.

Mais tarde, nas palavras de Filon, filósofo judeu Platônico de Alexandria, referiu-se aos "terapeutas" do Cristianismo. Os atendimentos e curas eram feitos por homens santos, tidos como monges.

Na Idade Média, precisamente no século VI d.C., no Monte Cassino, região do Lácio, São Bento fundou o mosteiro hoje considerado como o berço do monastério Cristão. Essa casa de ajuda realizou serviços de auxílio ao próximo nos momentos de dificuldade, principalmente junto às situações beligerantes pelas quais passou a humanidade, também cuidando das orientações espirituais. Ali eram guardadas preciosidades literárias da Cristandade. **Por isso, durante o período da 2ª Guerra Mundial, aquele mosteiro foi cruelmente bombardeado**, porém não extinto, posteriormente reconstituído. Desta ordem de São Bento, outras ordens monásticas foram surgindo com os mesmos princípios norteadores de profundo amor ao próximo.

Noutro exemplo, entre tantos da maior importância, encontramos o Mosteiro de San Juan de La Penha, encravado na rocha, junto ao caminho de Santiago de Compostela. Este às escondidas, apesar dos fatídicos tribunais medrados na Espanha, foi também um posto socorrista que, desde aqueles tempos, vem realizando tanto junto à materialidade, quanto nas questões espirituais, nobilitantes trabalhos de auxílio aos irmãos em dificuldades.

Momentos de profunda tristeza, muito nos custa recordar daqueles fatídicos e sangrentos embates ocorridos na Idade Média, entre Mouros e Cristãos. Milhares de vidas foram ceifadas pela guerra de ambos os lados. Desrespeitaram a orientação Crística de que vários caminhos nos levam ao Pai. Esqueceram-se do "Ser", tornando-se enceguecidos pelo "Ter".

Muitos religiosos não só apoiaram como comandaram longas batalhas em nome de Deus, porém sempre representaram a minoria e até hoje purgam seus atos nas regiões umbralinas da dor. A lei da reação não para nunca!

Alguns daqueles inquisidores, hoje na espiritualidade são magos negros atuantes, mantendo inúmeros escravos aprisionados nos seus redutos trevosos, chamados de "bases", porém enceguecidos de há muito já perderam a compleição espiritual denominada de "perispírito", carregando grandes deformações.

Desatentos, os vingadores estão sem querer auxiliando no cumprimento da Lei da "Ação e Reação". Contribuem para o grande momento de resgate daqueles igualmente devedores que se encontram como seus prisioneiros, ordenanças ou escravos. Sabemos, que:

"Quem sofre está resgatando, pagando os seus débitos, quem faz sofrer está acumulando para daqui a pouco começar, pela Lei Universal, o devido pagamento".

Dessa forma, cobrando ou pagando, todos estão promovendo o cumprimento da lei e estão "evoluindo". Vemos muitos missionários, monges, magos, sacerdotes, feiticeiros e bruxos, agindo como trabalhadores das dimensões menos densas, ou seja, dos campos sutis da espiritualidade. Eles realizam profícuos trabalhos junto aos momentos de resgate ocorridos durante as catástrofes. Interagem desta maneira diuturnamente nos dois sistemas, espiritual e material.

É muito comum a presença destes nos trabalhos socorristas, emergenciais ou de apoio a grupos ainda aqui encarnados. São representantes do bem, nas ações fraternas e caridosas. Geralmente reunidos em falanges para a prestação de auxílio aos necessitados, carentes de compreensão e amor.

Nas sessões de atendimentos e encaminhamentos mediúnicos, comumente observarmos a manifestação desses irmãos. Verdadeiros magos brancos, trabalhadores do bem, sob a orientação do Mestre Jesus, realizam o que chamamos de milagres para os menos instruídos. Atendem, socorrem, protegem, enfim auxiliando de todas as formas nas questões emergenciais pelas quais passa a humanidade, quer seja na forma individual ou coletiva.

Principalmente nos difíceis momentos em que comunidades inteiras são atingidas repentinamente pelas forças da natureza, manifestadas por vendavais, furacões, terremotos, inundações, catástrofes, acidentes graves e flagelos ora ocorrendo no cenário mundial.

O que seria de nós se não tivéssemos o auxílio bondoso e até caridoso desses irmãos da espiritualidade? - Quantas vezes fomos salvos ou protegidos junto a grandes acidentes? - Quantos fatos ocorreram em nossas vidas, que dizemos termos sido salvos pela mão de Deus? - Pois então, as mãos de Deus sempre estiveram presentes junto aos humanos pelas mãos de inúmeros "Espíritos Santos". Alguém pode duvidar dessa afirmação?

Desse fato, verdadeiramente podemos conhecer o trabalho conjunto e harmônico dos "polissistemas" espiritual (dimensão sutil) e material (dimensão em que nos encontramos). Todos perfeitamente irmanados, laborando em nome de Jesus junto às grandes dificuldades que estão a ocorrer nesse velho teatro de provas, com novas esperanças, junto a essa Pátria do Evangelho, que tanto amamos!

Amor, Voluntarismo do Buscador

[...] Que as falanges de Ismael possam, aliadas a quantos se desvelam pela sua obra divina, reunir o material disperso e que a Pátria do Evangelho mais ascenda e avulte no concerto dos povos, irradiando a paz e a fraternidade que alicerçam, indestrutivelmente, todas as glórias do Brasil.

Humberto de Campos

Humberto de Campos, por essa comunicação psicofônica que encerra poderosas energias, tenta nos contar mostrando o cumprimento da antiga promessa do Mestre, referente à porção do planeta, configurada pelo território brasileiro. As forças do bem, de há muito vêm convergindo esforços para a operacionalização da obra divina. Irradiando positivismo para o nascimento desse "Porto Seguro", que se chama Brasil, certamente cumprirá os seus mais altos desígnios, no espargir a paz e a fraternidade pela orbe terrestre e para o universo. O trabalho constante e ininterrupto dos espíritos de boa vontade continua sendo coordenado pelo Mestre Jesus encontrando-se presente junto a todos: nas palavras, nos atos, nas plasmagens mentais e na fé. Respalda boas ações disciplinadoras e transmutadoras necessárias para a evolução humana.

Eis a marca do grande buscador, laborioso trabalhador das hostes do bem, que outrora pelo cadinho da dor transmuta-se renovado para o amor fraterno, envergando a espada do bom combate (aquela que não mata, somente cura), para a evolução dos seres e o devido cumprimento das sagradas profecias. É necessário compreendermos que um dia seremos buscadores eficientes, apesar de sermos apenas pequenos colaboradores em aprendizado de primeiro nível.

A postura humana tem que ser a de eterno buscador, vez que estamos continuamente buscando a "Pedra Filosofal" dos alquimistas. Anelamos de todas as formas a detenção da preciosa fórmula da felicidade e da riqueza, assim buscamos... buscamos, porém poucos foram aqueles que a encontraram, estes sem sombra de dúvidas são os grandes buscadores. Em momento algum esconderam ou guardaram para si a fórmula preciosa, muito pelo contrário, estão diuturnamente nos mostrando o caminho para que possamos encontrá-la, gravando junto às nossas consciências, com profundo amor e solidariedade, as informações necessárias para que a obtenhamos, mas enceguecidos pelo "Ter" não a enxergamos. Temos que aprender abrir os olhos da mente e do coração para podermos verdadeiramente vislumbrar mais de um palmo, além de nossos narizes. Notemos a preciosa fórmula bíblica magistralmente concebida:

"[...] Amai ao próximo como a ti mesmo e a Deus sobre todas as coisas".

Quando nossos ancestrais compreenderam essa pequenina, porém potente fórmula aplicando-a junto ao seu interregno vital, imediatamente descobriram a felicidade e, mais que isso, o amor verdadeiro que é eterno. Imediatamente foram reconhecidos como os buscadores de seu tempo. Hoje, veneramos aqueles buscadores que nos legaram consideráveis orientações: profetas, magos, alquimistas, filósofos, cientistas e religiosos entre outros, movidos pelo amor ao próximo. Laborando no bem inseriram em nós as profundas marcas do buscador.

Calcados no único interesse que é o voluntariado para o trabalho do bem sem olhar a quem, eles cumpriram as suas missões na Terra. Agora conseguem nos intuir amorosamente para que igualmente venhamos a trilhar o mesmo caminho, chegando à verdade para a vida do espírito que é eterna. Aliás, o mestre Jesus, há dois milênios nos mostrou a chave para a solução do mistério, quando nos disse:

"Eu sou o caminho, a verdade e a vida [...]".

Será que conseguimos compreender a missão do homem enquanto na Terra? – Todos, em nossos trabalhos, por mais penosos e insalubres que sejam, realizamos o papel do buscador. Porém quando laboramos pelo "Ser" e não pelo "Ter", somos verdadeiros buscadores, assim considerados os super-homens. Aprendemos nesta hora a conhecer por intuição e saber que: toda e qualquer modalidade de trabalho quando estruturada no "Ser" tem o condão de propiciar-nos o acúmulo de riquezas "que jamais se perdem", como também alavancam o "Ter" como complemento. Vale dizer:

"[...] Quem 'é', sempre terá, contudo, quem 'tem' e não aplicar sua fortuna para o ser, jamais 'será'. Sem dúvidas, receberá depois a fatura emitida pelo condomínio da dor".

O currículo individual de cada ser mostra o que ora afirmamos. Outrora, vimos e ouvimos "ricos pobres", que apesar de terem muito, pouco fizeram ante as doenças graves adquiridas para a manutenção de suas próprias vidas, que dirá para a obtenção da felicidade, da alegria e da paz. Constatamos ser o caminho do buscador o mais estreito, difícil, porém seu final leva-o verdadeiramente à vitória.

Muitos foram os buscadores do século que se encerra. O ciclo está terminando, diante disso, nos ocorre citar alguns nomes, os quais se destacaram em certos momentos do milênio a findar, tendo em vista as marcantes ações dirigidas à paz, à igualdade e à solidariedade entre os povos. É importante nos espelharmos em seus exemplos, que por certo continuarão destacados na história da humanidade. Nessa oportunidade, devemos lhes apresentar profunda gratidão, pelo que a seu modo contribuíram para a paz na Terra.

Gandhi (Mohandas Karamchand)

Dito "Mahatma" – (A Grande Alma), filósofo e líder espiritual da Índia. Alma exemplar do movimento pela independência nacional. Dirigente maior do povo Indiano estabeleceu marcas profundas para a humanidade, tendo em vista o estabelecimento de postura ímpar pela paz. Pelo silêncio, meditação e pela adoção da não violência, mostrou-nos que o verdadeiro poder se consegue pela humildade. Esse exemplo, por certo perdurará por muitos séculos nas mentes e nos corações de seu povo e da humanidade.

Nelson Rohlihlahla Mandela

Líder da resistência Sul Africana, lutou pela independência de seu país. Perseguido, foi preso durante mais de 20 anos. No cárcere, passou a ser o símbolo para o movimento de libertação. Perseverou pela independência de sua Pátria e do jugo inglês que, como colônia do país maior, ficou marcada pelas profundas questões raciais, denominadas de "Apartheid". Ali se estabeleceu opressão e forte discriminação. Mais de um quarto de século passou na prisão e do cárcere inspirou a força necessária para a igualdade racial de seu povo na luta pelos direitos humanos, percorrendo uma longa trilha para a liberdade mostrada a todos. Boa parte das riquezas daquela colônia era enviada para a Coroa Inglesa, porém com a persistência e determinação do povo africano, bem como da compreensão de seu ex-governante inglês e da pressão mundial no ano de 1993, estabeleceu-se a independência da África do Sul. Foi eleito presidente de seu país pelo voto direto e democrático, o Sr. Nelson Mandela. Prêmio Nobel da Paz, escreveu sua autobiografia no livro e filme disponível no

Youtube, denominado: *Longo Caminho para a Liberdade*. – Entre vários comentários jornalísticos e literários sobre sua obra, vale registrar nossos comentários. Trata-se de um texto em muitos aspectos admirável. Podemos ver nele um romance de aventuras, um testemunho, um documento, uma profissão de fé, um apelo à coragem. Mas soa, sobretudo, como um canto de amor pela liberdade, encarada pelo autor como uma missão: "libertar ao mesmo tempo o oprimido e opressor". – É necessário ler Mandela.

Anwar el-Sadat

Ex-presidente do Egito, foi considerado como o "Grande Pacificador do Oriente". Diplomata por excelência, consegue demonstrar ao mundo que é possível o diálogo pela paz entre antigos rivais. El-Sadat teve a iniciativa nas negociações para a devolução aos Árabes de seus territórios ocupados por Israel, no ano de 1967. O acordo realizado em Camp Davis EUA, no ano de 1979, com o primeiro-ministro de Israel Menahem Begin a quem da mesma forma foi conferido o título de pacificador. Esse território conta com mais de meio milhão de habitantes. Aquele acordo de paz foi anuído imediatamente pelos homens de boa vontade. Selou-se o grande pacto entre Judeus e Egípcios e mais um importante passo para a pacificação de toda a Palestina.

Mikhail Gorbatchov

Primeiro-Ministro Soviético dos anos 80. Líder mundial que acabou com a Guerra Fria existente entre Rússia, Estados Unidos e seus aliados, determinando a queda do Muro de Berlim e o desativamento de aproximadamente 30.000 armas e mísseis nucleares, mais de 40.000 toneladas de armas químicas e outras tantas toneladas de materiais físseis. Adicionem-se a esses números os arsenais americanos, europeus, asiáticos e orientais de modo geral. Eis a importância e o alcance daquele ato emanado num "momentum" histórico, compreendido por poucos. Intuído pelas forças do bem a um grande buscador e divulgador da paz de nosso tempo, Mikhail mostrou com clareza ao mundo e aos belicistas a inviabilidade dos conflitos atômicos e das guerras. Com o fim da Guerra Fria, terráqueos respiram mais aliviados, principalmente os europeus localizados entre a Rússia e os Estados Unidos da América. O ato, imediatamente deu início ao movimento denominado mais tarde de globalização.

Dalai Lama (Tenzin-Gyatso)

Líder espiritual do povo Tibetano, revelado aos dois anos de idade como a reencarnação do Buda da Compaixão. Exilado na Índia, pela desumana perseguição chinesa com a tomada por esse país do território Tibetano, invadido no ano de 1959. Mais de seis mil mosteiros e suas famosas bibliotecas guardavam preciosidades da literatura espiritual e científica foram arrasadas. Tanta foi a violência, que mais de um milhão de mortos foram jogados e sepultados em valas comuns e o mundo mais desenvolvido assistiu ao triste episódio às portas do terceiro milênio sem quase nada fazer. Apesar disso, seus monges continuam a dar exemplos a todos, da resistência pela fé, como fez Gandhi.

Irmã Dulce

Buscadora incansável, trabalhadora dos pobres e desesperados. A brasileira de Salvador, nasceu em 26/05/1914, com o nome de Maria Rita de Souza Brito Lopes Pontes. Antes de seus votos, já fazia atendimento aos carentes na sua própria casa. Professora formada pela Escola Normal da Bahia, no ano de 1933, ingressou na Congregação das Irmãs Missionárias da Imaculada Conceição da Mãe de Deus, junto ao convento de São Cristóvão, em Sergipe. No ano de 1934, recebe os votos de fé religiosa com o nome de Irmã Dulce. Em sua trajetória de trabalho ao próximo santificou-se perante os humanos pelas suas obras de caridade pura, no labor fecundo ultrapassando mais de meio século. Auxiliou a milhares de órfãos e mães solteiras, doentes de todos os tipos e todas as idades. Asilou-os em modestos albergues materiais, porém no riquíssimo reino de amor, bondade e carinho que jorravam nas palavras e gestos de seu imenso coração de mãe de todos. Apesar de seu vaso físico, aos 77 anos de idade, espelhar fragilidade incontestável, ainda abrigava a potente energia da solidariedade, trabalhando arduamente até o último de seus dias conosco. Graças a Deus, os brasileiros puderam ver e sentir grandes exemplos dessa inesquecível buscadora de Jesus. Instala-se no Brasil, no ano de 2000, o processo religioso para a sua beatificação.

Madre Teresa de Calcutá

Outra simplória trabalhadora e poetisa de Jesus, que escolheu por opção dedicar a vida em benefício do próximo e dos aflitos nos teatros de "provas" junto às várias partes do globo. Seus amorosos atos e a síntese de sua vida estão encerrados nestes versos:

A Bondade

Não permitas nunca
que alguém se achegue a ti
e vá embora sem sentir-se
melhor e mais feliz.
Sê a expressão da bondade de
Deus.
Bondade expressa em teu rosto
e nos teus olhos.
Bondade nos teus sorrisos
e na tua saudação.
Às crianças, aos pobres
e a todos aqueles que sofrem
na carne e na alma,
oferece sempre um sorriso de
alegria.
Dá a eles
não só o teu auxílio
mas também o teu coração.

Madre Teresa de Calcutá

Nascida em Skopje, Albânia, no ano de 1910. Recebeu o nome de Inês Gonxha Bojaxhiu, admitida na casa matriz da ordem irlandesa em Rathfarnham, perto de Dublin. Mais tarde tornou-se professora da St. Mary's Scholl de Calcutá, deixando a ordem por autorização do Vaticano, permanecendo vinculada aos votos religiosos, porém autorizada a levar em frente seu projeto de auxílio aos necessitados em 8 de agosto de 1948. Cursou sanitarismo e no mês de dezembro do mesmo ano, volta para Calcutá e começa a reunir crianças abandonadas carentes de auxílio. Disse nos ensinando a Madre:

> [...] O nosso objetivo não é procurar que se convertam ao cristianismo, mas que encontrem a Deus através de qualquer religião. É a fé em Deus que nos salva. **Qual seja o grupo religioso que serve de ponto de partida para chegar a ele, é coisa de importância secundária**... Somente no céu nos daremos conta do quanto somos devedoras aos pobres por nos terem ajudado a amar melhor a Deus... **O importante não é o que se dá, mas o amor com que se dá!** - Os pobres da Índia acreditam nalguma coisa, já os pobres de Roma e do ocidente parecem não acreditar em nada; isso os torna mais infelizes. - Destaques do autor.
>
> [...] Quando toco os membros de um leproso, que emana mau cheiro por todas as partes, sei que estou tocando o corpo de Cristo, o mesmo que recebo na eucaristia [...]
>
> - Madre Teresa de Calcutá.

Pois bem, a buscadora deixou claro por meio de sua obra, que para se fazer o bem e a caridade, é necessário que esses atos estejam revestidos de amor. Há uma grande diferença entre amor e compaixão. O amor é doação incondicional, a compaixão na maioria das vezes, apenas reveste-se de curta observação. A síntese de seu trabalho resume-se no pronunciamento de Paulo VI:

> "[...] Uma religiosa muito modesta e simples, mas não desconhecida, Madre Teresa, que há vinte anos vem realizando, nas ruas da Índia, uma maravilhosa missão de amor em favor dos leprosos, dos velhinhos e das crianças... Propomos à admiração de todos esta intrépida mensageira do amor de Cristo". - Paulo VI

João Paulo II (Karol Wojtyla)

Poeta, escritor, ator, pastor e respeitável buscador de nossos dias. Nascido na capital religiosa da Polônia, Cracóvia, em 1920, eleito sumo-pontífice a 16/10/1978, iniciando-se solenemente seu trabalho como pastor universal no dia 22 de outubro do mesmo ano. Foi operário e ator, lecionou filosofia nas universidades de Dublin e Cracóvia. Publicou cinco livros escrevendo mais de 500 artigos, comédias e diversas poesias. Entre estes, discute o tema da responsabilidade moral. No papel de buscador do século XX, procurou unir os povos católicos da Terra. É favorável à aproximação do catolicismo com outras seitas. Considerado até por não católicos como conciliador entre os adeptos do cristianismo. Destacou-se também, pela criação do "Dia Mundial de Oração pela Paz" no ano de 1986, realizando muitas canonizações e beatificações de muitos católicos, inclusive da América Latina e do Brasil. Foi merecidamente eleito "O Homem do Ano", em 1994, pela consagrada Revista Time. O bom pastor reabriu antigos caminhos existentes para a união e fraternidade Crística mundial, que por muitos anos ficaram bloqueados pela ação das trevas, resgatando a luz!

Muitos buscadores, trabalhadores de outras áreas, igualmente deixaram suas grandes marcas para que a humanidade, em todos os tempos, pudesse observar e refletir sobre o resultado de seus atos. A estes, empenhamos harmoniosas vibrações de gratidão e respeito, face aos seus profundos exemplos em prol da paz e da harmonia entre os povos. Finalmente observamos a existência de quase uma centena de nomes tidos por muitos como os buscadores da paz e do progresso. Foram todos agraciados com o prêmio Nobel pelos esforços empreendidos em prol da humanidade!

É difícil aceitar o "crescer no cair" e o "subir no descer". Por mais paradoxal que pareça, é uma realidade...

Monges e Magos

[...] existiam nos retiros mais profundos das montanhas do Himalaia, mosteiros budistas, nos quais se iniciavam indivíduos no sacerdócio por meio de práticas variadas de ascetismo, muitos destes, podiam produzir os mais extraordinários milagres; aplacar as tempestades, caminhar sobre as águas, curar enfermos, falar línguas diferentes, viajar em corpo astral a qualquer distância e dar provas de seu poder oculto.

A. Van Der Naillen – Nos Templos do Himalaya

Monges, magos, alquimistas de modo geral, estruturavam o desenvolvimento de seus experimentos na "poesia". Ora vejam, o poeta que é um buscador liga-se ao sutil pelo poder da alquimia das palavras. Muito bem, a poesia então, era a alavanca principal para acionar a sua sensibilidade, daí a necessidade da meditação, concentração e isolamento da materialidade, para o atingimento da harmonia e para a manutenção do vínculo com as forças sutis do espírito. Diante disso, testemunhamos o desenvolvimento pelos séculos desse importante segmento da sociedade humana. Queremos crer num ordenamento evolutivo assaz interessante, e na profunda interligação cognitiva existente entre monges, magos, alquimistas e outros conhecedores dos poderes, ações e reações da natureza.

Vemos por exemplo, a forte ligação e a contribuição de um monge quando fez a entrega, em 1460, a Cosimo Médici, do conjunto de trinta textos denominados "Corpus Herméticum". Neles estão encerradas as bases da filosofia de Hermes e sua obra mais importante denominada "Tábua Esmeralda".

Anteriormente observamos vários nascedouros das marcantes práticas e estudos esotéricos, místicos e monásticos, bem como suas contribuições para a evolução humana sob o aspecto "positivo". **Portanto, ações oriundas de diversas direções praticadas com objetivo comum, pelo e para o bem do próximo.**

Abordamos em capítulos atrás, as atividades dos magos e seus respectivos poderes. Pudemos observar que estes laboravam isolados, guardando experiências junto aos templos a que pertenciam nos hieróglifos gravados em códigos secretos. O mesmo ocorria com o conhecimento de poderes que, pela importância eram registrados apenas nas memórias de seus mestres, só transmitidos verbalmente aos iniciados, em conformidade com o desenvolvimento de cada um. É natural que esses conhecimentos armazenados, fossem transmitidos no decorrer dos anos para outros estudiosos integrantes dos mais diversos segmentos da sociedade humana, como é o caso dos sacerdotes, monges, alquimistas, cientistas e assim por diante.

Igualmente entendemos ser a invenção, a manipulação e o controle de uma energia descoberta, privilégio de todos não apenas de seu inventor. Todo o conhecimento é uno e origina-se da fonte única que é Deus, logo: **"A transmissão cognitiva das intuições inventivas recebidas é patrimônio de todos"**. O processo da invenção ocorre em várias mentes ao mesmo tempo. As que se encontram ligadas naquele momento à fonte única independem do grau ou nível evolutivo de cada um, até mesmo do nível de bondade ou maldade. Isto porque, queiramos ou não, somos ligados à origem maior e temos a cota de responsabilidade junto ao grande "Condomínio da dor ou do amor". Dessarte, somos coparticipes em quaisquer processos para a evolução do homem na Terra.

Os monges, da mesma forma receberam por transmissão, escrita ou verbalizada, preciosos conhecimentos auferidos de nossos antepassados, armazenados nas bibliotecas dos mosteiros e no saber contido nas mentes de venturosos mestres. Com o passar do tempo, organizaram-se em grupos por meio das chamadas clausuras, visando à preservação e à transmissão ordenada dos conhecimentos guardados pelos séculos. Além disso, procuravam desenvolver, especializar, segmentar e divulgar as várias áreas da ciência e por último da filosofia espiritual. Valiosas informações como fora no passado eram desenvolvidas, guardadas nos templos e sociedades secretas, a fim de que não caíssem em mãos profanas. Transmitidas pelos mestres, altos estudiosos de seu tempo, somente a neófitos comprovadamente vocacionados, deram origem às várias ordens filosóficas, religiosas e científicas atualmente existentes.

Hoje, dispomos de muitas dessas antigas orientações. Sem elas não teríamos atingido o desenvolvimento de que ora usufruímos. Informações que foram disseminadas, difundidas e distribuídas, principalmente junto às ramificações filosóficas, teosóficas, teológicas, esotéricas, espíritas orientais e ocidentais, bem como na física, química, biologia, geologia, medicina, direito, engenharia, psicologia etc. Sabemos ter sido no isolamento dos laboratórios dos magos, junto à natureza ou nos mosteiros nas cercanias das cidades, às escondidas, que se buscou dar continuidade aos estudos da química da natureza e dos espíritos. Todos, profundamente comprometidos com a grande alquimia universal, igualmente inseridos nas trilhas a conduzir-lhes ao mesmo lugar, "à perfeição" e "ao Pai". Por isso, observamos que os monges de hoje, auferiram os conhecimentos dos magos de ontem, pois magos poderiam ter sido. Porquanto, respaldamos essa hipótese nos exemplos a seguir com os sacerdotes brahmaneses, fiéis depositários de preciosas tradições mágicas do oriente. É o caso do fogo sagrado ardendo na Índia desde os tempos imemoriais. Utilizado pela tribo dos "Garoonahs", é alimentado por um tipo de substância asfáltica, conhecida como paranaftalina. Essa substância era também utilizada para a cobertura de pedaços de vidros côncavos, constituintes dos famosos espelhos de "Battah".

Nos laboratórios, os monges orientais se utilizavam de equipamentos como alambiques, frascos de esquisitas e variadas formas, fornos para aquecer e decantar matéria densa (como é o caso do atanor, forno dos alquimistas), enfim, recipientes atualmente modernizados são vistos nos mais variados laboratórios químicos de manipulação. Sabiam esses irmãos que a verdade sempre está contida nas mais diversas fontes do conhecimento e das ciências humanas.

Comprovamos os ensinamentos filosóficos das verdades existentes na Bíblia Cristã, nas escrituras dos Brahmanes e dos Budistas, no Corão de Mahomet, no Shastras, no Upanishad, e, sobretudo, na fonte da verdade real que é Deus. Ela está depositada em nossos corações. Por acaso, quando estamos com problemas não nos é ensinado ouvir aos nossos corações? – A contínua busca da verdade nos enseja a perquirir as trilhas de apenas dois caminhos:

O primeiro chamado caminho da dor, por seu intermédio nos é possível aumentar ou diminuir a sua intensidade.

O segundo chamado caminho do amor, o qual pode ser atingido igualmente de duas formas: por intermédio da fé ou da ciência. Ela nos enseja a pesquisa por intermédio de duas vertentes: o **estudo da matéria** (bastante avançado atualmente) e o **estudo do espírito** (em franco desenvolvimento nesta Nova Era). Os monges orientais conheciam e denominavam de "Jiva", o princípio da força vital, a qual hoje também denominamos de "Campo de Energia Humana" (CEH), sendo que a melhor maneira de percebermos esse campo é pela meditação. Desse modo, meditando nos laboratórios das ciências físicas e da mente, os monges, em seu tempo, levaram a efeito importantes pesquisas relativas às vibrações sonoras e da luz, por exemplo, citamos: desenvolveram um instrumento vibratório muito sensível capaz de descobrir a nota vibratória da escala musical correspondente a um corpo, pois sabiam que cada corpo no universo está em harmonia vibrátil com outros corpos, dentro de um princípio de atração e repulsão. Assim, com o uso de aparelhos poderiam descobrir com quais outros corpos seus consulentes estariam sintonizados. Conheciam igualmente as vibrações harmonizadoras e as destruidoras.

Esse é o princípio da "ressonância magnética". Como vimos em capítulo inicial, as vibrações construtivas originam-se nos pensamentos positivos voltados para o bem, à solidariedade, à fraternidade e à caridade. Já as vibrações destrutivas, estruturam-se nos pensamentos negativos de ódio, inveja, ciúmes e nas más paixões, resultando na agregação de moléculas com polaridades invertidas a estabelecerem correntes vibratórias magnéticas anormais, as quais induzem o campo da energia humana (CEH) a se desviar de seu curso natural, daí resultando as doenças físicas e todo tipo de desastres, flagelos e pandemias, hoje conhecidos. Não somente compreendem o poder das vibrações do universo, como respeitam as leis e os princípios eternos existentes no universo das causas, bem como da zona intelectual do globo. Isso nos faz entender que, atualmente, pouco conhecemos do mundo dos efeitos.

Cientistas e ocultistas de nosso tempo podem acessar e auferir intuitivamente as preciosas informações cognitivas desse manancial científico para o desenvolvimento de suas invenções e criações. Diante dessa linha de raciocínio nos é possível explicar por que certas descobertas ou invenções, muitas vezes ocorrem simultaneamente em várias partes do planeta. Dentro ou fora dos mosteiros e templos, estudando em prática constante e persistente, nossos irmãos seguiam e seguem na busca da perfeição, principalmente sob o aspecto moral.

O trabalho edificante e o profundo respeito às leis da natureza, são, portanto, o ponto de ligação dos secretos conhecimentos outrora existentes, entre os magos, alquimistas e os monges. E mais, sempre representaram a fonte alimentadora do progresso humano, a qual já foi chamada de zona áurica intelectual da Terra. Nesses locais onde desenvolvem os seus trabalhos, estão concentrados o labor dos abnegados estudiosos, ora observados. Assim, comprovamos serem estes extremamente necessários para o equilíbrio desse velho globo, bem como, para o contínuo desenvolvimento científico e tecnológico atualmente desfrutado pela humanidade, em perfeito respeito à lei universal do progresso. É o trabalho de todos para todos, cada qual fazendo sua parte, ou seja, cumprindo missão na Terra a qual lhe foi conferida dentro desse "grande condomínio universal".

A Missão Planetária Para a Nova Era

*"[...] Para ser feliz é necessário aprender a renunciar,
descobrindo que a felicidade emana de dentro para fora".*

Leocádio José Correia

A missão para a Nova Era iniciou-se muito antes dos profetas, quando homens de boa vontade receberam espíritos de luz vindos voluntariamente ao orbe, com o objetivo de conduzir a humanidade para o novo tempo. Esse tempo, de há muito avisado, acaba de chegar! – Com o evento do ano 2000, já nos é possível observar o aparecimento de uma espécie de nova moeda corrente, lentamente a iniciar a circulação irmanada entre raças e povos. Estes mais e mais se acham preocupados com o bem-estar, saúde, paz e felicidade de todas as formas de vida aqui existentes. Essa nova velha moeda pode ser conhecida e chamada de fraternidade, irmandade na dor ou no bem que se possa fazer ao próximo.

Nessa mesma linha, com satisfação deparamos organismos internacionais de socorro humanitário a se formarem. Instrumentalizam-se rapidamente para os trabalhos de ajuda a serem realizados junto às catástrofes que abalam os povos. A solidariedade se faz presente diante dos conflitos, grandes acidentes, manifestações sísmicas, inundações e desabamentos ocorrendo todos os dias nas mais diferentes partes, fato não muito difícil de comprovar.

Observa-se, que tão logo seja comunicada a ocorrência pelos satélites, imediatamente num impulso espontâneo forma-se uma grande corrente internacional de voluntários, em pronto auxílio. No mesmo instante acontecem ações humanitárias em movimentos de solidariedade existentes, integrados por voluntários que, desde logo, angariam doações, acondicionando e enviando-as a qualquer lugar onde haja pedido de socorro. Geralmente reúnem roupas, alimentos e medicamentos oriundos dos mais diversos países doadores.

A união demonstrando ação nesse fato está se tornando uma constante cada vez maior na consciência coletiva. Auxiliadores trocam experiências realizando-se com a ajuda ao próximo. Já existem programas humanitários de apoio às regiões carentes do globo, formados por universitários, empresários e por instituições religiosas operando constantemente. Doutro lado, pessoas físicas, aposentados, profissionais liberais, professores, artistas até atletas estão se dirigindo aos locais mais necessitados do globo, para a realização de trabalhos de auxílio ao próximo, sem nenhuma contra prestação pecuniária. Ações humanitárias entre povos diferentes, felizmente são cada vez mais frequentes. Não existiam há duas ou três décadas atrás, a não ser pelos fraternos trabalhos de muitos religiosos. Os atos de solidarismo estão a abranger o cidadão comum tornando-se frequentes hoje em dia. Estão profundamente vinculados ao sentimento de "amor" ao próximo, num amplo conceito de fraternidade, crescendo e multiplicando-se qual grande onda de vibração sutil a atingir convergindo seres de boa vontade ao mesmo tempo por toda a parte. O exercício do solidarismo cresce em proporção geométrica, consubstanciando-se na ação edificante e na demonstração real da caridade pura, no amor verdadeiro ao semelhante. Um dos bons trabalhadores desta geração, já distante de nosso convívio, numa frase conseguiu reunir o significado do amor, quando escreveu:

"[...] O Amor deve ser o Alfa e o Ômega da ação humana, pois só Ele dá consistência eterna". – Dr. José Lacerda de Azevedo

Como é bom conhecermos esse amplo nível missionário de amor e solidariedade desenvolvido com profundo sentimento, não somente entre religiosos, vez que, o missionário não é necessariamente um religioso. Está acontecendo, graças a Deus, a verdadeira conscientização em grande parte da população mundial para as dores de seus semelhantes. Sensibilizada, sabe e percebe por intuição que: "Somos o todo e ao mesmo tempo fazemos parte do todo", ou seja, pertencemos ao grande "condomínio universal", pois cada um de nós é responsável por todos, e vice e versa.

Desde o tempo dos profetas e trabalhadores do bem, conhecidos como grandes missionários do Cristianismo, observamos ações contínuas a implantarem no mundo o princípio do amor ao próximo, antes, durante e após o nascimento de Jesus. O planeta vem sendo preparado pelo trabalho abnegado desses baluartes do amor e do bem...

Já no ano de 1862, tivemos a orientação de Ferdinando em Bordeaux, espírito protetor que se manifestou a respeito da missão do homem inteligente na terra, citado por Kardec em *O Evangelho Segundo o Espiritismo*, 185.ª Edição, 1978, com a seguinte orientação:

> [...] Se Deus em seus desígnios, vos fez nascer num meio onde pudestes desenvolver a vossa inteligência, é que ele quer que dela useis para o bem de todos; porque é uma missão que vos dá, colocando em vossas mãos o instrumento com a ajuda do qual podeis desenvolver, a vosso turno, as inteligências retardatárias e as conduzir a Deus. (KARDEC, 1978, p. 121)

Diante das várias exposições apresentadas neste trabalho nos é possível entender que: **"Todos viemos ao planeta para cumprir uma missão"** e esta, encontra-se ligada diretamente ao nível de desenvolvimento recebido ao longo de nossos dias na Terra que, por obra do Pai conseguirmos assimilar. De modo que os trabalhos desenvolvidos pelos humanos, desde o mais rude ao mais complexo, quando dirigidos à comunidade fazem parte da estrutura missionária de cada um.

Ao exposto, devemos entender por missão, como um conjunto de ações realizadas pelo homem beneficiando o seu próximo, por determinado período. Qualquer de nós pode sentir por intuição que os trabalhos realizados em benefício próprio são necessários, porém aqueles destinados aos nossos semelhantes, revestidos de voluntarismo, não remunerados, são exatamente os trabalhos considerados pela Lei Maior, como verdadeiros serviços missionários. Por certo, têm o seu valor muitas vezes acrescido perante o Pai. O princípio é tão certo, que mesmo antes da chegada do Cristo, muitos voluntários vêm nos acenando por meio de ações edificantes, chamando-as de "caridade". Hoje, sabemos sentir com profundidade, a ação "caridade pura". Ela significa fazer o bem sem olhar a quem, como demonstra um bom amigo, espírito protetor:

"[...] É na caridade que deveis procurar a paz do coração, o contentamento da alma, o remédio contra as aflições da vida".

Precisamos compreender que ao acusar a Deus pelas nossas "merecidas" dificuldades, incorreremos num erro. Tudo o que recebemos é simplesmente causa de nossos próprios atos demonstrados no efeito "boomerang". Quando não compreendermos essa máxima e quisermos, mesmo assim, culpar a Deus, voltemos o olhar para abaixo de nós, e observemos quantos miseráveis estão a nos elogiar pelo patamar em que nos encontramos. Vamos refletir sobre esse exemplo, para podermos verdadeiramente assimilar que a missão planetária para a Nova Era, parte de cada um. E, na soma, possamos auferir uma vida melhor, não só para nós, mas principalmente para nossos descendentes.

Ao trilharmos tortuosos caminhos do sofrimento e no desânimo quisermos desistir da caminhada, lembremos: não há tempo que não passe e não há dor que não tenha fim, por isso, examinemos o exemplo desta máxima estruturada pelo autor no livro *Abençoadas Horas Tristes*, (1999, p.164), senão veja-se:

"A dor e o sofrimento, se admitidos com resignação, sempre nos levarão ao amor, porém o amor jamais levou ou levará o homem ao cadinho da dor".

A dor propicia ao missionário a propulsão para que os véus da ilusão sejam retirados dos seus caminhos, fazendo aparecer a verdade com clareza.

É a Nova Era dando mostras de sua existência por intermédio de uma constante mudança sociológica. Somos diuturnamente compelidos à busca interior, de lá trazendo energias para o devido redimensionamento de valores. Com isso, corrigimos distorções comportamentais que redundam num profundo crescimento interior. Novas e continuadas introspeções nos levam para uma espécie de maturidade pelo comedimento, observando os próprios sentimentos, descobrindo o uso continuado do bom senso. O recolhimento por meio do silêncio nos conscientiza para o prestigiamento de nós mesmos. A meditação neste caso nos leva à consequente conquista da harmonia e do equilíbrio.

A prática do silêncio está se tornando fundamental para podermos nos encontrar, acalmar, harmonizar, equilibrar e para ouvirmos a voz do coração. O silêncio propicia além de profundo aprendizado, a audição sonora de nossos pensamentos. Vale a pena exercitá-lo, nada nos custará! – Ele nos mostra a música suave emanando da alma instrumentalizada pelas boas lembranças, pois é o grande mestre interior de todo o espiritualista, independentemente de qualquer credo religioso. A milenar arte de ouvir o silêncio pode ser explicada como composição musical, profundamente usada e conhecida pelos inúmeros iluminados que por aqui passaram. É justamente no intervalo existente entre as notas musicais, no silêncio entre uma e outra, que o sentido humano pode captar a suavidade. O silêncio propicia o fortalecimento moral do ser humano, e a prática materializa-se pelos conselhos da intuição ao atingimento da sabedoria.

O silêncio induz o homem à prática do autoconhecimento e vem a ser o verdadeiro e necessário exercício da vida, fundamentado na orientação Socrática do: "Conhece-te a ti mesmo". Devidamente harmonizados conosco mesmos, com a natureza e com todos os que nos cercam, estaremos preparados para a realização das ações edificantes. Recebê-la-emos por intuição em cumprimento dos nossos desígnios missionários para o novo tempo, ou seja, apresentando pela doação o trabalho fraterno que mais tarde comprovaremos ter sido profundamente gratificante. Não é por acaso, tudo o que temos aprendido?

A ação individual, somada a tantas outras: locais, regionais e nacionais começam a estruturar o grande movimento fraterno no planeta fazendo mudar o nível vibratório coletivo. De imediato ela contemplará a justiça social, o respeito à ética e a conduta fraterna entre os cidadãos, tão desejada nestes momentos, principalmente junto ao território no qual vivemos...

O Brasil vem realizando ao longo de sua existência principalmente na área espiritual, um grande trabalho preparatório para o terceiro milênio. Pode nos parecer paradoxais ocorrências materiais tão contrárias e conflitantes observadas pela omissão, irresponsabilidade, despreparo, aumento da criminalidade, da violência urbana, do desemprego e de graves ocorrências ambientais, espargindo agentes poluidores por todos os lados. É o caso ocorrido com a maior empresa petrolífera da América do Sul... Quinta no mundo.

Irresponsavelmente, propiciou o desastre ecológico **que levará mais de 10 anos para a recuperação do meio agredido.** Catástrofe ambiental provocada pelo descuido dos que se dizem responsáveis pelo gravíssimo vazamento registrado por milhares de litros de petróleo, no rompimento do oleoduto abastecedor da Refinaria Duque de Caxias, no Rio de Janeiro. Que tristeza para ambientalistas, turistas e pescadores! – Envergonhados estamos todos os brasileiros perante a opinião internacional, por tamanha irresponsabilidade de gestores públicos deste país. Por tudo isso, resta-nos perguntar: "Quais foram as penas aplicadas aos responsáveis?" – Até o momento os penalizados foram "apenas" o meio ambiente e a população como um todo. Esse pode ser um sinal de decadência da indústria petrolífera brasileira, sem sombra de dúvidas. O homem infelizmente por esses exemplos está a desrespeitar a Lei Maior.

Nos tempos da barbárie somente os mais fortes faziam as leis sempre para o seu benefício, no entanto, na medida em que evoluímos, o homem vem melhor compreendendo a síntese da verdadeira justiça, e vai criando leis humanas mais estáveis. As leis materiais cada vez mais irão se aproximar das leis universais. Nesse momento presenciamos uma profunda preocupação de muitos com as questões ambientais, a conservação e preservação da natureza. Essa é uma das grandes demonstrações da evolução humana, a lei inserida na consciência dos homens começa a ser sentida e exercitada.

Diante disso, a sociedade humana se prepara nesta Nova Era para adoção cada vez maior das leis naturais. A sua prática já seria suficiente para conhecermos a verdadeira felicidade. Apesar de evoluirmos pelo amor, sentimos o quanto continuamos na dor para também evoluir... muitas vezes, durante tantos anos e a que preço, meus amigos. Por isso, não podemos descuidar da formação moral das crianças e o sentimento de amor a Terra. São esses os principais atributos para melhorar a qualidade de vida, pensemos nisso!

"[...] Felicidade não é ser, é estar".

O Dr. Pribram utiliza o modelo do holograma para descrever não somente o cérebro, mas o universo também.

Bárbara Ann Brennam

III

A Saúde e a Medicina do Espírito

A Saúde e a Medicina de Hoje

[...] A medicina contemporânea fragmentou-se, dividindo-se nas mais diversas e complexas especializações para os cuidados com o físico humano. Igualmente a medicina da mente bifurcou-se em psiquiatria e psicologia. Contudo, a medicina e a saúde do espírito continua intacta há milênios e dia virá do retorno à necessária convergência, onde a ciência, a filosofia e a religião serão uma só arte do bem comum, universal e eterno.

A. Villaca Torres.

Muitas evidências estão acontecendo nos centros médicos mundiais mais avançados, balizando-nos ao retorno às origens. A convergência de hipóteses começa a dar claros e precisos sinais de vida. A ciência, por meio da nova matemática computacional na área da modelagem molecular, tem hoje grande impacto na produção de substâncias sintetizadas em laboratório. É o estudo pormenorizado e aprofundado da matéria e da mente, aproximando-se da pura essência viva: "O espírito". Para melhor ilustrar o posicionamento nos louvamos no pensamento do estudioso e abnegado médico o Dr. José Lacerda de Azevedo, quando expõe de forma clara, com grande embasamento científico, seus interessantes comentários a respeito, no livro sobre Apometria, de sua feliz autoria, intitulado *Espírito e Matéria – Novos Horizontes para a Medicina*. A obra é estruturada em estudos, pesquisas em apometria e na realização de inúmeros trabalhos voluntários de auxílio ao próximo por mais de duas décadas de solidariedade, fraternidade e caridade, dentro de seu solene juramento profissional e no amor ao semelhante, senão, observemos o que disse o mestre:

> [...] Há, sem sombra de dúvidas, um notório desconhecimento do Homem-Espírito, não só por parte de investigadores e cientistas, como também de religiosos de todos os credos. Desconhecendo ou negando a realidade do espírito desencarnado, o modo como ele continua vivendo, seu habitat, problemas existenciais <u>e, sobretudo, seu relacionamento com os homens e os desequilíbrios</u> que provocam nestes, não há quem possa formular terapêutica eficaz. Todas as síndromes psicopatológicas descritas pela medicina (sobremaneira restritas, se vistas no contexto da patologia geral) são reais. Mas a etiologia delas, na maioria dos casos, é totalmente diferente da que descrevem os tratados. - **Disso resulta a óbvia necessidade de um estudo sistemático, aberto e minucioso**, deste velho problema médico. Urge, antes de mais nada, abolir preconceitos, tanto científicos como religiosos, <u>de modo a tratar fenômenos de patologia psíquica com uma asséptica objetividade</u>, racionalmente, sem misticismo, mesmo que se faça necessário admitir - como hipótese de trabalho - premissas e conceitos que tangenciam o campo que se estabeleceu como sendo religioso. (LACERDA, 1977, p. 104, destaques e grifos do autor).

Retroagindo nos exemplos de ontem, observemos em reflexão o conteúdo e a seriedade contidos na origem da palavra terapeuta, na sua mais pura concepção: origina-se do grego "Thérapeutaï", significando: cuidar, servir ou servidores de Deus, curandeiros.

Esse profundo conceito nos parece, salvo parcas exceções, estar sistematicamente perdendo o seu princípio, até mesmo a eficácia, porque hoje em dia, muitos priorizam o "Ter" e esquecem-se do "Ser" contidos no texto de seus juramentos, lindos na essência, porém relegados a planos menos destacados. Os terapeutas daqueles tempos formavam grupos de religiosos, sectários judeus contemporâneos do Cristo, estabelecidos principalmente em Alexandria (Cidade luz da antiguidade), no Egito. Tinham grande semelhança com os Essênios, dos quais professavam os princípios. Como aqueles, entregavam-se à prática de todas as virtudes. Sua alimentação era de extrema frugalidade, devotados ao celibato, à contemplação e à vida solitária. Formavam uma ordem religiosa, quase nada profissional.

Filon, filósofo judeu platônico de Alexandria, foi o primeiro a falar dos Terapeutas, considerando-os como seita do judaísmo. Eram cristãos por excelência. Da mesma forma os Essênios, amorosamente, formavam forte traço de união entre a medicina, a filosofia e a religião Crística. Embora antes de Cristo, magos, sacerdotes e curandeiros versados no auxílio ao próximo, cumpriam uma espécie de juramento solene, feito junto aos templos, escolas tidas como sagradas.

Mais tarde, o grande médico e alquimista do Século XVI Paracelso, cita no capítulo terceiro do *Segundo Livro Pagoyum* (segundo livro pagão), sobre as entidades mórbidas. Naquela época já explicava, como o alimento e o veneno podem ser alquimicamente a mesma coisa, disse:

> [...] O homem tem necessidade de comer e beber porque seu corpo, que é a morada de sua vida (hospitium jus vitae), precisa indiscutivelmente de bebida, e como! Isto significa que o homem é obrigado a absorver veneno, doenças e a própria morte. (PARACELSO, 1993, p. 78)

A bem da verdade, os enunciados alquímicos sempre foram de difícil compreensão, desde o seu apogeu junto à civilização Egípcia. A ciência chamada hermética sugere o caminho para o desenvolvimento da espiritualidade. Dessa forma podemos comprovar pelos manuais de laboratório, obras artísticas, tratados de filosofia, relatos de sonhos, enigmas expressos nas imagens, o profundo embasamento da mais pura tradição alquímica. Do texto anteriormente evidenciado, observa-se a história da arte secreta, ao mesmo tempo sagrada e própria da tradição hermética de hieróglifos. Utilizavam uma espécie de gramática codificada para construir a ideia e posteriormente embaralhá-la para afastar os leigos, aproximando apenas os cultores da tradição, pela linguagem dos pássaros ou "gaia da ciência". Por isso, ser filósofo alquímico é compreender essa linguagem. A alquimia também é chamada e conhecida como a "Arte de Hermes", deus grego comparado ao deus egípcio "Thot", a quem foi atribuído a invenção da escrita hieroglífica. Por esse meio, pôde a humanidade expressar-se por palavras e imagens e hoje acessar a leitura fantástica do ocorrido em todos os tempos.

O grande pesquisador da alquimia Jacques Van Lennep, referia-se em seu tempo a respeito das obras de arte de famosos pintores dos séculos XVI e XVII, e seus comentários nos transmitem estas impressões. Dizia, em outras palavras, que as configurações expressas nas telas ensejavam uma leitura hermética, com grandes significados para quem nelas estacionasse o seu olhar pois ao contemplá-las já estaria a percorrer os interessantes e convidativos caminhos da meditação. Concordamos, captar as energias de um quadro, fotografia ou de simples pintura de um coração, pensando na pessoa amada, nos acalma e equilibra.

A medicina praticada nos tempos de Paracelso buscava abranger o homem em sua integralidade, ou seja: **"O corpo, a mente e o espírito"**. Já naquela época tratava-se de posicionamento essencialmente holístico. Por isso, vemos exemplos nos mais diferentes relatos históricos, e não poderia ser de outra maneira. Na antiga medicina oriental, a chinesa especialmente, observa-se a preservação de sua tradição, pois até hoje, nas suas modalidades instrumentais e operacionais não se dissocia o espírito e a mente do corpo físico. Sabem eles, que a maioria das doenças têm a sua origem no espírito e na mente. Daí estar contida a modalidade preventiva por meio do silêncio, da contemplação e da meditação, bem como, a aplicabilidade do verdadeiro culto ao corpo físico, pelos exercícios rítmicos harmonizados com os movimentos da natureza, fatos estes, pouco conhecidos pela medicina ocidental.

Os chineses, à semelhança dos indianos, acreditam na existência de uma realidade última que é subjacente, unificadora de todas as coisas e fatos. Ela é denominada de Tao. Vem a ser o processo cósmico no qual se acham envolvidas todas as coisas. O mundo é visto como um fluxo contínuo em perene mudança.

A. Van Der Naillen, no seu livro intitulado *Nos Templos do Himalaya*, traduzido no ano de 1924, por Antonio Vidal, refere-se à existência da "atividade universal". Estrutura-se nas "vibrações sintônicas" construtivas ou destrutivas, harmônicas ou desarmônicas, numa inter-relação bio-cósmico-temporal, homem universo, e diz:

> [...] As vibrações procedidas de um pensamento profundo e sério, emanado de um cérebro bem equilibrado, calmo e moral, são construtivas e positivas em sua natureza têm, portanto, uma grande influência para o bem. [...] As vibrações destrutivas são aquelas que provocam os ruídos e os elementos perturbadores, tais como a discórdia, a cólera e as más paixões. No reino humano, animal e vegetal, são destrutivas da vida pela moléstia, porque resulta simplesmente da agregação enarmônica de moléculas, com polaridades invertidas, que estabelecendo correntes magnéticas

anormais, induzem as forças vitais a se desviarem de seu curso natural, trazendo por conseguinte as febres ou talvez a morte. (NAILLEN, 2003, p. 102, nosso grifo).

O presente conceito foi emitido no início do século XX, porquanto, não muito distante, mas a sintonia negativa induz, na orientação do autor à moléstia, isto nos transporta para os dias atuais aos impactos da "Pandemia" ou "Flagelo" que ora nos aflige. Nele notamos perfeitamente a inexistência da dissociação do homem com o todo, ou seja, corpo, mente, espírito inseridos harmonicamente nas vibrações universais: "O homem pulsando no todo, o todo pulsando no homem". Recentemente, com muito custo, buscou-se reconhecer a modalidade tratamental homeopática. Com isso nos encontramos diante de um feliz resgate do cognitivo humano. Necessário se fez o reconhecimento dos trabalhos de um iluminado de nosso tempo, o médico alemão "Samuel Hahnemann", nascido no ano de 1755, autor da célebre orientação aos dependentes, sabiamente se expressa citado por A. Villaca Torres (1999, p. 139), a saber:

"[...] O homem permanece vicioso, senão porque quer permanecer vicioso, mas aquele que quer se corrigir, sempre pode. De outra forma a lei do progresso não existiria para ninguém".

Hahnemann foi precursor da homeopatia, modalidade tratamental com pouco mais de 200 anos, se comparada à medicina chinesa com mais de cinco mil anos. A homeopatia é muito recente, porém está respaldada na reação orgânica de diminutas doses medicamentais "infinitesimais", obtidas por sucessivas diluições nos trabalhos de pura alquimia. O princípio também chamado de "quintessenciado" tem se mostrado como modalidade terapêutica de muita eficiência nos estados mórbidos.

Tanto a homeopatia como a medicina chinesa, veem o paciente como um todo o avaliando dentro da modalidade definida na atualidade como sendo uma atitude holística. Consideram para a aplicação tratamental o espírito e a mente ligados ao físico. Assim pensando, outro médico famoso criou o sistema tratamental denominados "Florais".

O Dr. Edward Bach, médico inglês, no ano de 1920, aproximadamente, aos 43 anos de idade, após estudar a composição química de três flores nativas do País de Gales, resolve aplicá-las junto aos seus pacientes. Após, identifica o princípio ativo de mais 35 espécies de plantas, que posteriormente formaram a modalidade terapêutica batizando-a com o seu nome. São conhecidos mundialmente como: "Florais de Bach". Para o Dr. Bach, os princípios ativos das plantas agem não só sobre o corpo, mas sobre a mente e os corpos sutis do assistido. Diante dessas citações, observamos a eficácia dos métodos de tratamento utilizados pelos nossos antepassados, vez que, não dispunham de tantos recursos como hoje dispomos. É o caso dos produtos sintéticos criados nos laboratórios, daí a necessidade do terapeuta de ontem, ser versado em todas as demais ciências, inclusive na própria física, alquimia, matemática etc.

Na tradição matemática, por exemplo, vemos que, desde a sua origem até os nossos dias, sempre esteve ligada com a solução de problemas práticos, de forma que o uso dos números e modelos matemáticos para descrever fenômenos da natureza, também não são novidades para nós.

Com o avanço da tecnologia, neste momento nos parece possível lidar melhor com a modelagem matemática e descobrir utilidades jamais pensadas. Queiramos ou não, todas as ações e reações humanas estão diretamente ligadas às leis que regem as ciências e o próprio universo (Lei Universal). Thales de Mileto, filósofo grego, e seus seguidores foram chamados de "hilozoístas" (termo designativo àqueles que pensam que a matéria é viva). Não viam nenhuma distinção entre o animado e o inanimado, ou seja, entre o espírito e a matéria. Teoria muito bem aceita neste terceiro milênio, já vislumbramos a sua veracidade. Nessa viagem sintética e rápida que estamos juntos realizando, chegamos na era da informática. Atualmente, com o auxílio de um computador, o terapeuta poderá examinar detalhadamente vários ângulos de uma fratura e em segundos apenas, por emissão de simples comando de voz, conseguirá fazer a investigação completa, tridimensional e holográfica do órgão que for solicitado.

Hoje dispomos de potentes computadores para a realização de difíceis cálculos e pesquisas a nos trazerem rapidamente resultados e soluções de complexos problemas. É o caso da alimentação de dados e informações pertinentes a objetos encontrados de outras épocas da história humana, bem como de civilizações extintas. A alta tecnologia a serviço da vida, aplicada em todos os segmentos da sociedade moderna, a fazer-nos compreender que não podemos mais existir sem o uso da eletrônica e da informática. Está presente na agricultura, na meteorologia principalmente, nas comunicações, na distribuição de energia elétrica, telefonia, segurança, nas transações comerciais e bancárias, no controle da distribuição de águas, até mesmo nas modalidades tratamentais na área da saúde, enfim... Para os antigos de 700 anos atrás, tais informações certamente seriam tidas como "magia" ou até mesmo como "bruxaria". Vemos que apenas sete séculos passados nos dão conta dos caminhos percorridos e a consequente velocidade da evolução humana. A tecnologia avançada da matemática computacional, apesar de recente, já se encontra aderida pela maioria dos cidadãos do globo.

Nos parece paradoxal, mas registros históricos nos informam que extintas civilizações já dispunham de conhecimento e tecnologia igual ou superior à existente na atualidade. Atlântida, Lemuriana, Azteca, Maia, Inca, Egípcia, foram povos possuidores de grandes conhecimentos sobre várias áreas. A civilização Maia, por exemplo, possuía um calendário muito mais preciso que o atual, o gregoriano, como explicar isso? Apesar de terem sido queimados a maioria de seus registros, restaram apenas três manuscritos maias, chamados de "códices ou códex", posteriormente conhecidos como: Códex Dresdensis (riquíssimo em tabelas astronômicas), de Paris (profecias) e de Madri (horóscopos orientativos aos sacerdotes). – A ciência atual ainda não atingiu aqueles níveis tecnológicos. As pirâmides Maias e Egípcias, por exemplo, para sua edificação, foram necessários profundos conhecimentos de engenharia e matemática. Do mesmo modo, para a mumificação de corpos, era o domínio de uma espécie de medicina avançada. Isto e tudo o mais nos faz concluir esse tema com a interessante pergunta: "Não estaremos, por exemplo presenciando o retorno das ciências convergindo às suas origens, o espírito?" – "Não resgataremos, quem sabe, conhecimentos esquecidos no tempo e no espaço"? – Vale a pena refletir sobre a questão!

O Amor, o Saber e o Labor em Convergência

> *[...] Amor puro não fere, não julga, não arrisca seu equilíbrio com defesas pessoais, não estimula a vaidade, é incompatível com o egoísmo e o orgulho. É justo, manso, paciente, fraternal, é Deus. O Amor é coragem, é sacrifício, é renúncia... O homem que trabalha sabe usufruir da recompensa de seu esforço. É indispensável que o ser humano tenha o sentimento de estar produzindo para a humanidade, para poder descansar merecidamente. A vida do homem se mede pela força de sua ocupação, seus objetivos, sua caridade.*
>
> Dr. Leocádio José Correia

Antigos ensinamentos trazidos da Grécia e da Índia nos falam dos ciclos "Yugas", ou das quatro idades e suas sucessividades. Os gregos conheciam as idades do ouro, da prata, do cobre e do ferro. Igualmente na Índia o classificavam, sendo esta última "Kali" idade do "ferro" ou idade "negra", supondo os orientais que a humanidade está saindo desse pesado ciclo.

Ele foi caracterizado pelo sofrimento das guerras, fome, doenças e tudo mais. Nesse momento, a humanidade "drena" seus defeitos por meio da dor e cresce para a nova etapa. Helena Blavatsky profetizara já no século XIX, sobre as ocorrências da idade "negra", os horrores das guerras mundiais do século XX, já se faziam presentes, bem como as pestes, doenças, sobretudo os 56 conflitos hoje ocorrendo no mundo, porém percebe-se a sua grande diminuição. Trevas dissipando, dando lugar ao aparecimento da iluminação cíclica, pela qual tantas vezes já passou a humanidade. O amor e o saber convergem para o bem de todos.

A profecia de Blavatsky começa a ser confirmada. Entramos na era 2000, com grande esperança. O medo do apocalipse já passou, o que nos faz compreender o merecimento da grande oportunidade de vivermos o novo ciclo (sem ocorrência apocalíptica) esperado. Concluída a etapa do "ferro", inicia-se a do "ouro". Visto sob a égide espiritual, o ouro é representado pelo trabalho convergindo para a "unidade". O forte sentimento de cooperação entre os povos nas ações humanitaristas é semeado em todas as direções. O supremo ideal foi aprendido pelo sofrimento por meio das muitas guerras. Em toda parte observa-se o interesse crescente para as questões espirituais e para a vida plena, bem como, o profundo respeito pelo corpo físico, donde se percebe os verdadeiros tesouros do espírito, propalados pelas escrituras e por muitos iluminados de tempos imemoriais.

Precisamos definitivamente enxergar o amor presente em todos os momentos da vida, por meio do pensamento, da expectativa edificante e do trabalho comunitário construtivo dos profissionais ativos, fundamentalmente daqueles trabalhadores na área da saúde. Como já nos referimos, tanto o amor quanto o saber, adquiridos pelo conhecimento, não são patrimônio exclusivo de poucos.

Não há que se pensar na formação de "castas", "grupos" ou "elites" detentoras do conhecimento ou de prerrogativas para a realização de determinados trabalhos. Contudo nos é perfeitamente compreensível, que para o exercício do trabalho digno, há a necessidade de preparo, estudos, pesquisas e de reconhecimento do aprendizado que a filosofia bíblica há muito nos revelou:

*"[...] Ninguém vive por si mesmo, e ninguém morre por si mesmo".
- Romanos 14:17*

É necessário sentirmos que eternamente precisamos nos relacionar. Nenhum ser pode ganhar apenas para si, exceto à custa de seus semelhantes.

A ciência começa a dar abertura e estuda com seriedade o poder dos remédios à base de plantas, uma vez que, segundo a OMS – Organização Mundial de Saúde, somente no ano de 1980, o mercado mundial de fitoterápicos e produtos naturais movimentou o equivalente a quinhentos milhões de dólares. Em momento pretérito, só a Europa em 2002, registrou a cifra de 500 "milhões" de dólares com ascensão em todos os lugares. Após a conscientização dos cientistas, a sabedoria popular respalda-se num bom fundamento. Dessa maneira, pesquisadores começam estudos mais aprofundados sobre o verdadeiro valor medicinal das plantas. No Brasil, existem vários cientistas desenvolvendo projetos a respeito, principalmente na Universidade Estadual de Campinas (Unicamp), famosa escola brasileira por seus feitos científicos.

Como no caso dos fitoterápicos, vários elementos considerados alternativos começam a dar mostras de suas potencialidades, por isso, destacamos como necessária a convergência do conhecimento oficial com o chamado alternativo, a trabalharem juntos pela melhoria da qualidade de vida de todos, o que já é uma realidade.

O caminho da "unidade", como vimos, começa a ser redescoberto pelo homem moderno, ou melhor, pela ciência de hoje. Com o desaparecimento das, "ontem, tão guardadas fronteiras territoriais" o mundo "globalizado", nada mais está a demonstrar que a universalidade do espírito. Assim, o princípio da "unidade" é conhecido e utilizado por físicos, espiritualistas, filósofos e estudiosos de maneira geral, há mais de cinco mil anos. Para estes, jamais existiram fronteiras territoriais, religiosas, culturais ou mesmo econômicas e sociais. Dessarte entendemos que: "Falamos de velhos conceitos com novas roupagens".

É o caso do princípio da unidade globalizante, que em função do binômio produção e consumo, coloca-se à disposição de consumidores do universo das compras "que não tem fronteiras", todos os tipos de produtos. Compradores e vendedores, mesmo em situações antagônicas, até em guerra, sempre serão amigos, parceiros e estarão na mesma pátria. Obedecem a leis idênticas, (oferta e procura, produção e consumo). Tudo dentro dos maiores interesses: comprar e vender, distribuir ou representar em todos os países. São milhares de computadores, telefones celulares, sofisticados sistemas eletrônicos, televisão a cabo, internet, tudo com moeda única plástica e digital, de forma super instantânea.

Aliás, essa questão de instantaneidade é o fato que caracteriza este século. Ficamos presentes, ligados a qualquer ocorrência ou fato havido no mundo, pela televisão, satélites, telefonia etc. E a ciência não está alheia ao fato. A física moderna vê o universo como uma grande rede interligada de relações, segundo as necessidades dos povos e seus consequentes interesses sociais, econômicos, religiosos etc.

A transformação a que nos referimos, acontece diuturnamente e de forma muito rápida. Quer nos parecer, esteja ocorrendo mais acentuadamente nas últimas cinco décadas, momento em que o homem moderno começa a compreender que o procedimento evolutivo só pode acontecer de dentro para fora e da individualidade do ser para a coletividade. Assim, pode compreender por que faz parte do todo.

Por intermédio da experiência adquirida (na dor ou no amor), começa, igualmente a vivenciar o conceito: "Somos os herdeiros de nós mesmos". Inseridos nas consciências estão instalados tribunais, nos quais somos os nossos próprios juízes. A única modalidade de conduta adequada perfeitamente aos princípios legais universais está contida "em todo o bem que se possa fazer ao próximo".

O amor, a compreensão, o conhecimento e o solidarismo convergindo num processo de união profunda entre criador e criação, renascendo para a Nova Era e para o novo tempo, no qual ciência, filosofia e religião estarão unidas para o benefício de todos, num momento de paz e felicidade!

A nova civilização começa a dar mostras neste alvorecer do novo tempo. O homem irmão, fraterno e solidário, respeita o semelhante e o meio no qual vive pelo profundo sentimento ecológico. Está tangendo a todos compulsoriamente à melhoria da qualidade de vida, à sua permanência e continuidade. Desenvolveu a técnica do "ecobalanço", a qual veio para causar verdadeira revolução junto ao conceito de "impacto ambiental". Norteia o modelo desenvolvimentista a ser adotado para a futura sociedade humana, que ontem obedecia apenas a um critério: a facilidade individual do lucro.

Hoje, na eminência de uma catástrofe ambiental de proporções inimagináveis, capaz de extirpar a vida na Terra, somos tangidos à reflexão. Esses fatos são eminentes haja vista as contaminações, camada de ozônio, efeito estufa, El Niño, La Niña, aquecimento global a castigarem diuturnamente a população mundial nesta década. Enchentes, tornados, maremotos, terremotos, já foram e serão muitos... cientistas denominaram outro fenômeno climático que se aproximou da Terra, o "La Mama". Este, trouxe violentas tempestades, principalmente para a América do Norte e seus efeitos serão sentidos nos próximos 30 anos. É necessário atentarmos para essas informações, preparando-nos adequadamente, para seus próximos eventos, ou seja, temos que criar "prontidão" para esses problemas climáticos. É a natureza devolvendo o que tem recebido...

Convivemos também com outros problemas ambientais, como a chuva ácida e a geração residual de lixo: sólidos, líquidos e gasosos. Fatos que preocupam a todos, principalmente os ecologistas "anjos da guarda" da preservação da vida no planeta. A poluição oriunda dos derivados de petróleo, por exemplo, está a ocorrer com muita frequência em vários lugares. O Brasil tem sido um dos campeões de poluição por vazamentos de petróleo, justamente pela empresa nacional a qual "deveria" dar o exemplo às demais do ramo. É o caso da "Refinaria Duque de Caxias, no Rio de Janeiro".

Será que seus administradores (que são funcionários do povo), já ouviram falar da certificação ISO 14.000? – Outras fontes poluitivas encontram-se nas dispersões das fábricas e dos veículos de locomoção, bem como nos terríveis "vazamentos" de oleodutos, navios, trens... Todos deixam em alerta cientistas e a população sobre os riscos trazidos pelo atual modelo de desenvolvimento industrial. O sistema preservacionista precisa ser aderido pelos poluidores, antes que seja tarde.

A indústria da reciclagem começa a dar mostras de sua extrema importância para o estabelecimento do equilíbrio e da qualidade de vida para todos. É o ecobalanço a nortear os meios de produção. Sua aplicação já é bem difundida na Europa, Estados Unidos e no Japão. No Brasil, começou a ser observado a partir desta última década com a Associação Brasileira das Indústrias de Cloreto de Polivinila, a desenvolver junto à Unicamp um trabalho pioneiro nessa área. "A International Organization for Standardization" – Organização Internacional para Normalização "ISO", prepara a sua série ISO 14.000, e outras, já aderidas por muitas empresas internacionais. Embora seja essa norma de adoção "por enquanto" voluntária, ensejará um tipo de rotulação para produtos ou atividades, e será a forte aliada dos ecologistas inseridos nas necessárias ações de conscientização mercadológica de modo geral. Neste instante, estamos sendo tangidos rapidamente para a nova consciência ambiental. Terá que ser rapidamente compreendida, assimilada e utilizada, sob pena de não o fazendo...

Dentro dos avanços tecnológicos vigentes, a ciência médica tem desenvolvido juntamente a outras áreas do conhecimento, importantes recursos para o atendimento dos humanos, aliando a tecnologia computacional às cirurgias de precisão e diagnósticos cada vez mais completos e perfeitos.

As doenças que antigamente causavam medo e pânico com grandes perdas para a humanidade, em vista dos altos níveis de mortalidade, hoje são rapidamente conhecidas, controladas quando não debeladas. É o caso da hanseníase, da tuberculose, do câncer, Aids etc. Aliás, continuamos a presenciar um fato interessante: "Não são as doenças e os males que mais provocam o óbito nos seres". Infelizmente são: "Acidentes de trânsito e assassinatos". – A informação é alarmante, mas temos que a conhecer: o Brasil é o campeão mundial de crimes por armas de fogo, com 40 mil mortes por ano, matando mais que a guerra da Bósnia. Morrem também muitos irmãos por balas perdidas, terrorismo, tráfico de drogas e conflitos bélicos. Esses dados são atualizados e nos ensejam o clamor às autoridades responsáveis para que medidas eficazes sejam aderidas, como, por exemplo, a não fabricação de armas de fogo no país. Será que os fabricantes atuais perderam a sua criatividade?

Onde andará a criatividade empresarial brasileira, que não consegue produzir armas não letais? – A arma não pode apenas paralisar, sem matar? – A eletrônica está aí para ser desenvolvida nessa segmentação. Até mesmo nos "desenhos animados" infantis, encontramos ideias interessantes que podem perfeitamente serem desenvolvidas. Que tal refletirmos a esse respeito?

Observamos ainda, a modalidade tratamental holística, passando a ser vista como um grande recurso. Muitos são os seus adeptos atualmente. Sabe-se que no caso do câncer e Aids, por exemplo, as questões do equilíbrio mental são fatos determinantes para a recuperação da saúde. O aparecimento do câncer transcende a vastidão dos tempos, há mais de 2000 anos, desde a observação de Galeno ligando a doença com personalidades melancólicas. Stevem Locke e Mady Hornig-Roham escreveram o livro intitulado *A Mente e Imunidade; Imunologia Comportamental*, no qual estabelecem a ligação da personalidade e o câncer. A depressão e a falta de esperança são fatos fundamentais para o aparecimento da doença. É o poder da mente no confronto com a doença.

A ciência até hoje não estabeleceu evidências de forma conclusiva de que o "estresse" seja um dos elementos causadores do câncer, mas não deixa de ser o grande fator predisponente de risco. Começa-se então a adoção desta interessante ideia:

"A poderosa força da cura está contida na adoção do sentir o amor, a consideração e o respeito por nós mesmos".

Esse é o atual caminho do guerreiro preparando-se para o bom combate, até mesmo no embate travado com os mais horríveis males que nos atingem. A sabedoria nos apresenta uma das armas mais poderosas de que dispomos, chama-se "humildade". Essa força mostra a sua eficácia ao estabelecer e vencer o combate contra o egoísmo, a vaidade, o egocentrismo e muitos outros sentimentos causadores das desarmonias humanas em todos os seus aspectos.

A humildade é uma força que desperta uma espécie de organização mental, planejando ações retificadoras extremamente necessárias ao restabelecimento da saúde, da harmonia e da paz. Por ela, a pureza de coração se faz clara como o farol a nos guiar na escuridão para o caminho da cura. A organização da mente para o bom combate é atitude imprescindível. O ser humano nas dificuldades ao aderir o desespero, a desesperança e o ódio, perde a serenidade, atrai por "imantação ressonante" o caos e facilmente conhece o caminho da derrota.

A mente controla certamente o corpo físico, porquanto se o fizer respaldada no sentimento de amor, encontrará profunda vontade de viver e o "respeito pela vida", atingindo obrigatoriamente o caminho da cura. O que vem a ser a ligação profunda de solidarismo para conosco mesmos. Por isso, pensar e sentir o amor nos momentos de dificuldade é extremamente necessário... Diante de nós, está depositada a chave para abrirmos a porta do saber e para o conhecimento da grande fórmula da convergência trinaria do "Amor e do Labor com o Saber!".

O Solidarismo

> *[...] Na hora da caridade, não reflitas apenas naquilo que os irmãos necessitados devem fazer! [...] Considera igualmente aquilo que lhes não foi possível fazer ainda! [...] Coteja as tuas oportunidades com as deles. Quantos atravessaram a infância sem a refeição de horário certo e quantos se desenvolveram, carregando moléstias ocultas! Quantos suspiram em vão a riqueza do alfabeto, desde cedo escravizados a tarefas de sacrifício e quantos outros cresceram em antros de sombra, sob as hipnoses da viciação e do crime [...] Quantos desejaram ser bons e foram arrastados à delinquência no instante justo em que o anseio de retidão lhes aflorava na consciência e quantos foram colhidos de chofre nos processos obsessivos que os impeliram a resvaladouros fatais!*
>
> *Emmanuel*

O primeiro sentido de solidarismo a ser trabalhado no homem está estruturado na conquista de seu equilíbrio interior. Esse é um dos grandes passos para a obtenção e o conhecimento da saúde integral, o qual de há muito já nos foi ensinado, dentro da máxima Socrática: é o princípio básico do "Conhece-te a ti mesmo". Para tanto, preliminarmente devemos conhecer, compreender, controlar e finalmente evitar a geração de:

"Pensamentos tóxicos, sentimentos tóxicos, alimentos tóxicos e relacionamentos tóxicos".

Não podemos ser ou fazer o solidarismo com os outros, se não somos solidários para conosco mesmos, pois não dispomos apenas do corpo físico. Contamos com complexa estrutura fisiológica e muito mais complexa ainda, a estrutura psíquica e espiritual, numa teia de intermináveis ligações. Podem ser representadas por milhares de tênues fios condutores que se parecem com os fios de fibras óticas, porém, invisivelmente existem e realizam diversas ligações, conduzindo energias aos diferentes e diversos campos.

O corpo físico humano visto sob o aspecto espiritual é revestido de camadas que formam o campo energético denominado de "Campo de Energia Humana" (CEH) ou campo áurico. Tais camadas estão ligadas a outras estruturas e são tidas como centros captadores e irradiadores de forças. Denominados há milênios pelos orientais, de

"Chakras". Estes, igualmente se encontram ligados com os chamados veículos de manifestação do espírito, conhecidos como "níveis sutis". Tais mecanismos estão todos intimamente interligados, devidamente monitorados e controlados por uma usina geradora de alta precisão e potência, conhecida como "Campo Mental" (CM). É o ponto de ligação entre o espírito e a matéria, o visível e o invisível, laborando nestes dois sistemas em perfeita harmonia.

Daí, temos a necessidade de compreender o importante papel desempenhado pela mente humana, seu poder e sua força, até mesmo para a manutenção da saúde do corpo físico. A ciência moderna já tem conhecimento de que: "A saúde do físico começa pela mente", em função da emissão de bons pensamentos antitóxicos.

Os próprios conceitos de há muito nos ensinam: "Os iguais se atraem e os diferentes se repelem", ou seja, pensamentos bons somente podem atrair sentimentos e resultados bons, e pensamentos maus, resultados negativos, até mesmo para a nossa saúde.

Diante desse simples entendimento de "frequências mentais" e da consequente "ressonância" é possível compreender a sua importância para o equilíbrio de nossas vidas e para esse fato é necessário estarmos sempre atentos a esta orientação:

"Na doença mais grave, o ato de cura é o pleno despertar para o poder de nossa própria mente".

Sócrates há muitos séculos antes de Cristo, já sabia que o controle do corpo e da mente é fundamental para o equilíbrio e o desenvolvimento da própria vida, por isso, o seu conselho... Procedendo dessa maneira estaremos trabalhando efetivamente para a obtenção da nossa desejada harmonia espiritual, mental e física, auferindo o bom funcionamento do sistema imunológico, que certamente conduzirá o corpo ao estado virtual da invulnerabilidade. Ao aderirmos conscientemente a esse princípio, já estaremos administrando a primeira modalidade de solidarismo, "o respeito e atenção continuada por nós mesmos". Aquilo que necessitamos fazer, ninguém poderá ou fará por nós, assim, entendemos que:

"A saúde integral não se pode adquirir pela compra ou simples permuta de um ato negocial e sim pelo trabalho continuado, consciente e respeitoso, eis a mais importante conquista do homem".

Não nos esqueçamos de que a vida moderna se encontra em situação diametralmente oposta pelo sedentarismo. Na voraz corrida contra o tempo, cada vez mais dormimos menos querendo aumentar nossos lucros. De modo que, somente alimentamos os medos naquela interminável "roda viva", que sempre termina no "stress", depressões, dependências, inseguranças, mais medos e morte. O conhecimento e o consequente estudo do sistema imunológico tem nos demonstrado sistematicamente a urgente necessidade de obtermos o essencial equilíbrio para a saúde estável, duradoura e feliz. Por isso, a duras penas aprendemos a lição na escola da vida. Ela geralmente nos é ministrada pelas "dores e sofrimentos". Esses ensinamentos chegam até nós por vários caminhos, ou seja, pelo lado físico, à vista dos alarmes que precedem as doenças, pelo lado psíquico, por intermédio dos medos e stress. Finalmente, pelo lado espiritual, "nos umbrais", pode-se perceber uma desarmonia geral ocorrendo em quaisquer momentos, demonstrando a confusão quase generalizada, geralmente de grandes proporções.

Aí está uma boa explicação para a crescente procura das terapias holísticas, tais como: meditação, contemplação, medicina oriental (devido às inúmeras modalidades terapêuticas de comprovada eficácia), também, hidroterapia, cromoterapia, musicoterapia e tantas outras. Nada mais são, que consideráveis condutores do equilíbrio físico, emocional e, sobretudo, espiritual. Sabemos que atitudes emocionais tóxicas podem nos levar a males físicos de grandes proporções.

Como medida de controle, é necessário fazermos uma análise profunda para identificarmos a causa ou as causas dos males que estão a nos afligir. Desse modo dedicado, estudando a doença e todo o ambiente que nos cerca, conheceremos e dominaremos o espaço estruturado finito. Esse ato chama-se "prontidão". – Ocupando bem o nosso espaço com harmonia e dedicação, jamais os males nos alcançarão, momento em que passamos o enunciado: "Energia conhecida é energia controlada". – O solidarismo para conosco, implica a constante busca da felicidade, e felicidade não é ser, e sim estar na maioria do tempo de que dispusermos.

O estar feliz implica necessariamente em administrarmos determinadas ações para chegarmos pelo "reflexo" a essa anelada sensação. É necessário criarmos pela ação edificante, o "eco" de nossos atos, para que ele nos alcance no feliz retorno a qualquer momento de nossas vidas. Esse efeito, a ressonância vibratória, tem o condão de atuar em nós como importante fato equilibrador de situações.

Mas como é possível criar esta situação? – A resposta é muito simples: "O solidarismo com tudo e com todos ao seu redor". – Ações edificantes, criando reações de felicidade. Essa fórmula todos conhecemos, porém esquecida por muitos, causa de inúmeras preocupações e sofrimentos. A máxima Crística está a nossa frente há mais de dois mil anos, e nem por isso conseguimos compreendê-la e assumi-la verdadeiramente: "Amar ao próximo como a ti mesmo".

Um dos grandes exemplos deixados para a humanidade, de solidarismo e amor ao próximo, nos foi proporcionado pelo "Poverello de Assisi", como era conhecido o missionário Francisco de Assis, que nos deixou as seguintes orientações pertinentes ao solidarismo:

> [...] Quero meus filhos, que voltem todos para seus postos de trabalho renovados em Cristo [...] Analisem os pensamentos, antes que eles se transformem em palavras, porque o que sai da boca pode macular o coração, se faltar a vigilância. A palavra é força poderosa nos lábios disciplinados pelo evangelho... A boa ação que devem praticar todos os dias é o ato divino do trabalho de qualquer espécie, digno de ser considerado uma prece. [...] Não esperem sem esforço o maná do céu; busquem-no atendendo o 'buscai e achareis' de Jesus. Não esperem que as portas se abram por milagre: batam, atendendo o 'batei e abrir-se-vos-á' do Mestre... Computem a humildade com a sabedoria, o amor com a razão, que vencerão todos os obstáculos e alcançarão todos os ideais que a fraternidade bafejar, e o Amor esplender-se-á como guia. (MAIA, 1985, p. 274)

Dessa profunda orientação de amor, depreende-se que nos vários segmentos laborais da humanidade o solidarismo deverá reinar, norteando quaisquer espécies de realizações e estas, quando no exercício do bem comum, devem ser consideradas como uma "oração". E a ela devemos somar a humildade com a sabedoria, o amor com a razão, e assim conseguirmos cumprir nossas tarefas como guias para a humanidade da nova geração que começa a despontar.

O amor ao próximo implica nos desprendermos das questões materiais do "Ter", e nos espelhemos nos bons exemplos de tantos iluminados que por aqui passaram. Sabemos ser complicado o agir no "Ser". É uma questão difícil, porém, jamais impossível. Basta simplesmente enxergarmos os milhares de exemplos que se encontram ao nosso redor, lembrando-se da figura do "buscador". Que veja quem tiver olhos de ver...

O planeta acaba de ser promovido da etapa de "expiação", para o momento de "regeneração". Desse modo a palavra "Solidarismo" passa, neste momento, a ter profunda importância para todos. Essa marca de comportamento ou atitude pode-se encontrar com muito mais frequência junto às pessoas mais pobres de bens materiais, exatamente para lhes oportunizar pelos exemplos, a demonstração de suas eternas "riquezas" contidas em seus corações. O sábio ditado cristão nos tem ensinado:

"[...] Quem chama Deus de Pai, precisa sentir e chamar o próximo de irmão".

Queremos nos referir à perenidade dessas riquezas, vez que estas formam o imenso monte patrimonial o qual se mantém conosco "após a morte do corpo físico". Essas ações de agora em diante deverão ser as grandes balizadoras das realizações de todos.

Outro sentido do solidarismo está contido numa grande energia benéfica a invadir os seres, que de repente são compelidos pelo sentimento de amor e de dedicação integral ao irmão mais próximo. Muitos são os exemplos havidos de irmãos caridosos, aos quais foram por nós citados no capítulo anterior desta obra, sob o título *Amor, voluntarismo do buscador*, em que citamos os feitos de Irmã Dulce, Irmã Tereza, e de muitos outros buscadores anônimos, que muitas vezes esconderam seus nomes verdadeiros para não constrangerem seus irmãos sofredores. Daí, uma das grandes demonstrações de Madre Teresa, edificando suas casas de socorro junto às moradias precárias dos necessitados junto a favelas, com as mesmas características.

Citações mais remotas de solidarismo, até mesmo as mais recentes, nos levam a compreender o elo de ligação existente no princípio dualístico de passado e presente, para sentirmos a impossibilidade de dissociar, ou diferenciar ações praticadas num tempo e noutro.

No decorrer desta obra, temos nos referido sobre a necessidade do retorno às origens para podermos compreender o seu curso no presente e no futuro. Por isso, estudar a respeito poderá ser um bom motivo a nos trazer, quem sabe grande satisfação! O grande estadista mundial nos disse:

"[...] Quanto mais para trás pudermos olhar, tanto mais para frente seremos capazes de ver". - Sir Winston Churchill.

"Nenhum homem deve aceitar a doença sem reagir. Só assim será saudável, de dentro para fora." - Leocádio José Correia.

O Grande Retorno às Origens

[...] O universo é uma unidade que compreende tudo o que existe. Esta unidade pode ser considerada sob três aspectos: estático, dinâmico e mecânico.

Pietro Ubaldi - A Grande Síntese

Voltar às origens é uma das mais sábias atitudes humanas. Pode ser considerada como o exercício da verdadeira magia para transmutar, melhorar, reparar ou modificar situações. O fato de recordarmos de ações ou reações já vividas é um importante exercício para reativarmos poderosos mecanismos mentais, acionando formas armazenadas cuidadosamente em nossas bibliotecas, por meio de preciosas vivências auferidas ao longo dos tempos. Os postulados bíblicos nos ensejam a reflexão sobre o contido na parábola de Isaias, no versículo 41:23, quando se referiu há mais de 25 séculos:

"[...] Para ver o futuro, deveremos olhar para trás".

Como vemos, as experiências são tidas como referenciais a nortearem com sabedoria futuras ações, de modo que ao retornarmos no tempo estaremos "agrupando energias" de um cenário passado que ficou em nossas mentes, para utilização em novas experiências materializadas nas ações presentes ou futuras que, por certo, causarão efeitos benéficos e interessantes.

O processo é muito simples, todos o utilizamos com frequência e naturalidade, de forma instantânea. Quando por uma vontade qualquer, pelo pensamento acionarmos lembranças de nossa infância, nesse retorno, nos encontramos em busca de referenciais energéticos com os quais sempre conseguimos nos harmonizar. Tiramos da lembrança de cenas alegres, puras e sinceras, "um tipo de energia" que nos equilibra. Mesmo quando nos encontramos na idade avançada, a lembrança da infância, do carinho e do amparo dos queridos genitores, como num passe de mágica, nos enseja a ficarmos calmos, alegres e tranquilos pela nova experimentação daqueles quadros mentais bonitos e preciosos para os nossos corações. É o retorno às origens a nos ensinar a gostosa experiência dum eterno renascer.

Por incrível que pareça: "É justamente nas imagens velhas que vamos auferir novas energias". Nelas sempre colocamos novas roupagens, melhorando-as, descobrindo novas nuanças, matizes... cores... sons e imagens. Elas têm o poder de funcionar de modo constante "recarregando" às vezes nossas tão cansadas baterias. Muito bem, esse campo de energia está presente no nível astral, também conhecido como quarta dimensão. O campo astral é acessado por todas as criaturas humanas. Ali também se encontram outras formas de energias, que naturalmente estão à nossa disposição. Diz o Dr. Lacerda nesse sentido:

> [...] Dentro de nós, no escaninho de nossa consciência cósmica, guardamos poderes divinos que dormem latentes. É preciso que os despertemos, conscientizando-nos dessa fabulosa e **natural** realidade, consequência da presença divina em nós, em nossa vida. **Somos uma sagrada fonte de infinitas energias**, elas são **inerentes** ao nosso ser, fazem parte de nossa **essência**. Toda essa caminhada evolutiva se faz em direção a essa fonte – para que a alcancemos, liberando e usando essas energias. (LACERDA, 1997, p. 207)

Observemos que a presente orientação nos baliza para a compreensão da necessidade real que todos possuímos de "retornar às origens". Já não é sem tempo tal conscientização. Ao nos referirmos a este retorno, estamos demonstrando a modalidade de "sintonização" entre a matéria e o espírito, na terceira e quarta dimensões e assim por diante. Aliás, esoteristas, espiritualistas, sensitivos e estudiosos de modo geral, têm reiteradamente se manifestado a respeito da "promoção" da consciência coletiva terrena da terceira para a quarta dimensão, ou seja, estamos nos sutilizando. Nesse sentido vemos que o desenvolvimento humano necessariamente passa pelo caminho da evolução espiritual, acompanhando os desígnios da própria lei do progresso.

Tanto o corpo físico vem passando por modificações (mais sutilizado), quanto o espírito (mais bem compreendido). De modo que ambos deverão chegar ao refinamento original. Todos temos um encontro marcado com a iluminação, sintonizando a própria "Essência Divina", com a anelada compreensão de nossa destinação cósmica. Todos estamos trilhando o caminho da purificação até chegar à completa desmaterialização, tomando a compleição apenas da energia. Por isso a importância de compreendermos as manifestações energéticas do pensamento e das lembranças. Vejamos:

> [...]se o pensamento é energia radiante – onda em propagação – tem que ser regido pelas mesmas leis a que está sujeita a energia eletromagnética. Sabemos que uma onda eletromagnética é composto por dois feixes energéticos de fluxo conjugado (daí a denominação de eletro e magnética); estes feixes (ou ondas, ou fluxos) energéticos entrecruzando-se em dois planos com ângulo

> de 90°, conservam o mesmo eixo de propagação. Logo a energia mental tem vetor de fluxo, o pensamento tem direção e um ponto de aplicação – que é o objeto do pensamento. Este fluxo age sobre a energia cósmica livre, plasmando-a. (LACERDA, 1997, p. 69, grifos nossos).

Para comprovarmos essa experiência interessante, basta simplesmente nos concentrarmos nas cenas alegres, bonitas, agradáveis ou até mesmo cômicas da infância e em poucos instantes estaremos novamente dentro daqueles momentos, revivendo-os com tamanha energia. A imagem daquela cena nos parece estar mais viva do que nunca, como se tivesse ocorrida há poucos minutos.

É possível "aqui e agora", sentir a força mental contida naquelas imagens impressas no passado, a causar poderosos efeitos no presente, com tanta nitidez e vivacidade. Mais uma vez, comprovamos a antiga filosofia que nos foi transmitida: "Vós sois deuses". Igualmente também o fizeram, filósofos e alquimistas, atuais cientistas ao desenvolverem uma fórmula, um estudo ou uma pesquisa, retornando ao seu nascedouro, tantas quantas necessárias forem as vezes até chegarem à obra-prima ou à finalização do estudo, dentro da conclusividade ou obra acabada... perfeita.

Tal como na alquimia, para podermos sentir a segurança nas coisas que fazemos, dentro do desenvolvimento da prática ordenada e constante, teremos que conhecer a essência da ação, seu nascedouro, retornando às origens de todos os fatos: do homem na Terra, do berço, da nascente das águas, do fogo, do ar, das tradições, usos e costumes, da história, das ciências enfim... é desvendar pelo conhecimento em prática contínua os mistérios que nos cercam.

Antes citamos o nascedouro da filosofia pura, a qual se encontra em perfeita sincronia com as filosofias contidas nas profecias bíblicas: Búdicas e Crísticas, por isso a necessidade de termos que retornar às origens. Encontramos nas citações Socráticas e Platônicas provas contundentes deste retroagir cognitivo. Na doutrina do grande filósofo, nos deparamos primeiramente que:

> "As Grandes Verdades São Eternas". – Depois nos diz o filósofo: "Os homens que viveram sobre a Terra, se reencontram depois da morte e se reconhecem", e, no seu enunciado de número XIX nos diz: "Se os médicos fracassam na maioria das doenças, é que tratam o corpo sem a alma, e que, o todo não estando em bom estado, é impossível que a parte se porte bem".

Vemos nos comentários da obra contemplada com a tradução de Salvador Gentile e revisão de Elias Barbosa do título original *L'evangile Selon Le Spiritisme - O Evangelho Segundo o Espiritismo*, composto no Instituto de Difusão Espírita, ratificando numa perfeita harmonia, fatos transmitidos pela história sobre esse grande filósofo que a humanidade conheceu, assim, relembremos:

> Foi por haver professado esses princípios que Sócrates primeiramente foi ridicularizado, depois acusado de impiedade, e condenado a beber cicuta; tanto isso é certo, que as grandes verdades novas, levantaram contra si os interesses e os preconceitos que o machucam, não podem se estabelecer sem luta e sem fazer mártires. (KARDEC, 1978, p. 39)

Isto posto, vemos que a evolução humana sempre esteve estruturada no seu nascedouro. Esta tem sua trajetória certa, clara e definida, que com o passar do tempo, esse registro apenas evolui pelo trabalho contínuo na busca da perfeição, pois cada vez que é lembrado, é trabalhado para melhor (a imagem lembrada é retocada). Trata-se de um fato ocorrido sendo continuamente "trabalhado" ou polido pelo esforço mental do homem, iniciando na pedra bruta até o atingimento pela evolução do cristal mais puro. Pois, "Toda vez que retornamos às lembranças, **sempre as trabalharemos para melhor**". O quadro mental a cada recordação fica sendo mais bem trabalhado nas formas, cores, luzes, vibrações etc. Dessa forma, estaremos pela repetição, fazendo a lapidação da animação. **"Como a repetição não gera igualdade"**, sempre estaremos fazendo progresso. - É precisamente nesta trilha, que ora caminha a humanidade. Por isso, vamos analisar em reflexão o posicionamento filosófico do não menos importante astrônomo, físico e escritor italiano Galileu Galilei, sentindo que, para o verdadeiro retorno às origens, o homem deve passar necessariamente pelo conhecimento da sua natureza estrutural e igualmente da natureza que nos cerca, senão vejamos:

"[...] Quando uma pessoa descobre a verdade sobre algo, vê que tudo foi demonstrado e explicado, laboriosamente é demonstrado pela Natureza tão abertamente e claramente que nada poderia ser mais singelo ou óbvio". - Galileu Galilei.

Diante disso, podemos compreender que somos a sagrada fonte de infinitas energias, bastando apenas que, conscientes, retornemos às origens e nos demos conta do imensurável poder que o Pai colocou em nossas mãos, para que fizéssemos naturalmente um bom e profícuo uso!

A Medicina do III Milênio

[...] O medo pode manter-nos acordado a noite toda, mas a fé sempre é um bom travesseiro.

Philip Gulley

A medicina do III milênio deverá nortear-se pelo profundo solidarismo do Espírito, vivenciado dentro do grande aprendizado. Não somente pela dor, a qual passou o "Grande Médico" da humanidade, mas para fazer com que a maior parte dos profissionais dessa área comece a compreender o verdadeiro sentido de seus juramentos, e de suas importantes missões a cumprir nesse ciclo do ouro interior que começaremos a vivenciar. Aliás, pelo que notamos, a medicina do terceiro milênio, já começa a adotar com sabedoria os pressupostos da filosofia e da fé. As observações da compreensão do amor, da fraternidade e da caridade, igualmente estão presentes nas suas atitudes. De modo que alguns setores esboçam incursões cognitivas e sensoriais junto à excepcional trilha da biomedicina espiritual. Apesar desse caminho ser conhecido e difundido há milênios, até o momento está relegado a um plano secundário. Nos encontramos por assim dizer na hora da rearrumação do sonho... da casa e da vida!

No entanto, na estrutura holística, já se pode observar o vertiginoso crescer da demanda de ávidos estudiosos e pesquisadores dessa segmentação cognitiva. Nesta hora, milhares de terapeutas espalhados pelo mundo estão a aplicar a medicina espiritual com excepcionais resultados em contínua constatação.

Observa-se que tanto a medicina convencional como a espiritual estão seguindo paralelamente o seu curso com forte tendência a convergirem ações dentro do solidarismo crescente para o bem de todos. Profissionais de ambas as áreas de há muito laboram harmonicamente, principalmente nos países do primeiro mundo e nos mais espiritualizados, com resultados... excelentes.

Aliás, não entendemos por que no Brasil não se utiliza com mais intensidade, conjuntamente, a medicina convencional com a espiritual, como nos exemplos anteriormente citados.

Apenas para conhecimento, na Atlântida, há mais de 10 mil anos, já eram conhecidas pelo uso dos cristais, técnicas que hoje conhecemos por holografia, bem como processos patológicos mostrados pelos antigos magos da "Fraternidade Branca". Estudavam os fatores que provocavam enfermidades. Angústias assimiladas de causas desconhecidas eram chamadas de fator beta (ß), tido como acúmulos de energias pesadas (faixas chamadas barônticas), entre os diversos segmentos do corpo espiritual. Por isso é bom termos sempre nas mentes este questionamento:

"[...] Por acaso não desejamos principalmente para nós e para os nossos semelhantes a cura, o bem-estar e a longevidade?" – Todos queremos e também compreendemos, que até o médico precisa de médico, isto é natural, lógico e humano! – Sabemos que os "comprimidos" de amor, compreensão, respeito e carinho são bastante eficazes para a cura de inúmeros males, levando-nos à vida mais saudável e longa.

O mundo contemporâneo vive de resultados, números, estatísticas etc., todos estão a demonstrar que os pacientes estão cada vez mais encontrando satisfação no atendimento espiritual. Novas provas a cada dia estão mostrando e reforçando reiteradamente a velha crença.

Com esses resultados, comprovamos a grande máxima que nos legou o maior filósofo de todos os tempos: "Amar ao próximo como a si mesmo". – O que nos dizem os cientistas de hoje, a respeito da cura dos males pela oração e pela fé? – Qual a significação da palavra Eteriatria para os cientistas da saúde? – O que é Dialimetria? – É bom observamos os romeiros brasileiros jornadeando em vários países, em lugares santos na busca de solução para seus males, e quais são os resultados? – Quantas graças, tidas como curas milagrosas, são conseguidas diariamente no Brasil?

Convém observarmos o surgimento de grandes concentrações religiosas com "Shows" revestidos de cantos, músicas e danças sacras. E o que dizem seus milhares de seguidores? – Vale a pena fazermos uma boa e séria reflexão a respeito. Esses resultados precisam ser quantificados, estudados, pesquisados, aprofundados e divulgados, pois a ciência não acredita nos milagres, isto porque, não crê em curas sobrenaturais, o que é correto.

Em nosso entender, realmente não existem milagres, tampouco curas sobrenaturais. Tudo na natureza tem explicação e nada ocorre sem a vontade do Pai. Todos somos regidos por leis, basta-nos conhecê-las e estudá-las.

Para ilustrar o nosso posicionamento de há muito estudado, hoje compreendido por respeitados profissionais, cientistas e instituições espirituais do mundo inteiro, vemos no excelente artigo de Malcolm McConnell, exposto numa das revistas mais lidas, Reader's Digest, mês de março de 1999, sob o interessante título:

"A fé pode favorecer a cura" hoje já é comprovável!

Notamos a todo o momento surgirem novas provas para reforçar a velha crença, isto não é maravilhoso? – Muitos médicos e conceituadas instituições científicas pronunciaram-se a respeito. Entre elas citamos: Faculdade de Medicina de Dartmouth, Universidade de Yale, os eméritos professores: Dr. Herbert Benson da Faculdade de Medicina de Harvard. – Dr. Dale A. Matthews Prof. adjunto de Medicina em Georgetown, – Dr. Thomas A. Corson da Faculdade de Medicina Johns Hopkins. Na matéria levada ao ar pela Rede Globo de Televisão no programa Fantástico, demonstrou-se a pesquisa realizada pelo cientista Dr. William Harris do Hospital São Lucas de Kansas City, Estados Unidos. No período de um ano, mais de 900 pacientes que apresentaram problemas cardíacos foram acompanhados, e concluiu-se que 11%, ao receberem os benefícios da oração, tiveram sensíveis melhoras e saíram mais rapidamente do hospital. Acreditam os pesquisadores "numa força sobrenatural", desconhecida, que poderia ser a causa dos animadores resultados.

Por intermédio dessas interessantes matérias, comprovamos os criteriosos trabalhos mencionados daqueles e de outros inúmeros cientistas de nosso tempo, que continuamos nos redescobrindo. Estamos renascendo, assim resgatando o que de há muito nos foi ensinado sobre a necessidade da preservação e da harmonia "intra e extra corpore". Pois, se somos o todo, dele inquestionavelmente fazemos parte.

Dessa forma sem extremismos, embasados nos critérios técnicos e morais se faz necessário que o dogma vigente que dá respaldo ao cognitivo científico, consiga ter coragem, respeito e amor pelo próximo, vindo a iniciar novas ações para o verdadeiro conhecimento das "energias espirituais". Elas são conhecidas há muitos séculos na Terra, desde civilizações antigas, passando pelas sociedades secretas, hoje tidas por místicas, esotéricas e espiritualistas.

Vejamos também, o destaque contido naquela interessante matéria jornalística, supramencionada, como já nos foi ensinado pelo Cristo: quem tem olhos de ver...

"Orações repetitivas desaceleram os batimentos cardíacos e baixam a pressão, sem necessidade de medicamento ou cirurgia".

Por oportuno, lembro, que em nosso último livro, intitulado *Abençoadas Horas Tristes,* abrimos por insistente intuição um capítulo a respeito da força da prece sobre todas as coisas e houvemos por bem denominá-lo de: **"Poderosas forças da oração, um eficiente remédio natural".**

Nele abordamos também, a teoria da poderosa e ultraveloz "energia" emanada por meio dos pensamentos e palavras. Para nós, aquele importante título não teve a pretensão de adentrar no mérito religioso ou científico, apenas discorremos sobre alguns, entre outros, efeitos benéficos da oração.

O fato efetivamente interessante, é que conhecemos as energias provindas da oração, suas aplicações e seus efeitos. Disso não temos dúvidas, porém, como já nos referimos, é imperioso que a ciência e os demais cientistas "acordem" para essa importante questão. Pela sua consentida adoção, quantos sofrimentos poderiam ser reduzidos? – Será que só pensamos em abreviar a dor quando nós somos os sofredores? – Nesta hora, já não será muito tarde?

Na introdução daquele capítulo, apresentamos de imediato o grande exemplo de harmonia universal, bem como da importante profecia, contida nas palavras do autor de *A Grande Síntese*, Pietro Ubaldi (1984c):

"O mineral se orienta, a planta sente, o animal percebe, o homem raciocina e o super-homem conhece por intuição".

Tudo nos faz mostrar que a medicina espiritual começa a se fazer presente em nossos dias. Foi com satisfação que nos deparamos com o inteligente texto jornalístico da *Revista Veja* de 18/09/2019, assinado pela jornalista Letícia Passos, versando sobre a orientação da Sociedade Brasileira de Cardiologia, intitulada **Espiritualidade e Consciência**, que assim expõe o presente artigo:

> [...] Nos últimos anos, inúmeros têm mostrado que **a espiritualidade traz benefícios para a saúde física e mental,** ajudando a prevenir uma série de doenças, como pressão alta, depressão e doenças cardiovasculares. Pois agora a Sociedade Brasileira de Cardiologia (SBC), uma das entidades mais sérias do país, **criou uma diretriz inédita sobre o assunto, recomendando que a espiritualidade** seria abordada no atendimento aos pacientes. O texto, que foi incluído nas Diretrizes de Prevenção da SBC, **orienta cardiologistas - e profissionais da saúde em geral** - sobre a melhor forma de abordar questões de caráter espiritual durante a consulta. [...] explica Roberto Esporcatte, presidente do **grupo de Estudos em Espiritualidade e Medicina Cardiovascular** (Gemca). A espiritualidade é uma ques-

> tão essencial para a maioria das pessoas; cerca de 80% da população mundial está ligada a alguma religião ou acredita em um poder superior. [...] (destaques do autor).

Como vemos, esses resultados se respaldam em estudos e pesquisas recentes a nos dar seguras referências sobre a medicina que reinará neste milênio que estamos a adentrar. Igualmente, nos encontramos diante desta e de inúmeras outras comprovações de que, as linhas paralelas da ciência e da religião começam a convergir até sua união definitiva para o bem comum. É um fato que todos desejamos ver acontecer.

Entre outras orientações veiculadas nos comentários daquela interessante revista, complementamos, ainda, com o que segue:

> [...] Estudo de 2016 publicado no JAMA Internacional Medicine mostrou, por exemplo, que pessoas religiosas vivem mais. Enquanto isso, uma pesquisa realizada pela Universidade de Harvard, nos Estados Unidos, mostrou que jovens religiosos ou com maior grau de espiritualidade têm melhor saúde na vida adulta. Outro trabalho, realizado pela Mayo Clinic, prestigiada clínica americana, conclui que o envolvimento religioso e a espiritualidade promovem maior resiliência (capacidade de lidar com problemas), melhor qualidade de vida (**mesmo durante doenças terminais**), maior longevidade e **menores índices de depressão**, ansiedade e **suicídio**. Além disso, estudo publicado na revista PLOS One revelou que **frequentar um culto** ou cerimônia religiosa frequentemente **está associado a mortalidade reduzida** e menores níveis de stress. Ou seja, para quem tem alguma religião ou forte censo de espiritualidade mantê-lo ativo, inclusive durante o atendimento médico, traz inúmeros benefícios para a saúde. Por isso, **não hesite em falar sobre isso com seu médico**, se sentir essa necessidade. [...]. (destaques do autor).

Concluindo, encontramos em destaque o seguinte subtítulo:

*"Alcançar a tranquilidade emocional através de meios espirituais poderia ser a **mais completa experiência de cura**".*

É interessante refletirmos sobre as informações que acabamos de receber. Consideremos ainda a expansão vertiginosa dos fabricantes de medicamentos e o mercantilismo existente no mundo, obrigando a busca de remédios e tratamentos alternativos. Momento em que a

O MAGO, O MONGE E O MÉDICO

fé, a meditação e a oração são os principais fatores. Sabe-se que a procura por essa modalidade terapêutica não para de crescer.

Sabemos ainda que a ciência não acredita em milagres, tampouco nas curas sobrenaturais, apesar de ter conhecimento de inúmeras ocorrências. Somos de opinião que realmente não existem milagres, tudo no universo obedece a leis específicas. Nós, um tanto ignorantes, é que não conhecemos princípios e leis que regem os fatos, por isso os rejeitamos. Tampouco existe o sobrenatural. Todos os fenômenos são naturais e passíveis de serem repetidos.

Temos visto "curandeiros", tidos como paranormais, demonstrando habilidades para curar grande variedade de males em aparente violação às leis biológicas, vez que naquelas "operações" se dispensam os básicos cuidados de assepsia, de local, do agente, de instrumentos, enfim... bem como, igualmente dispensa-se a anestesia.

Dentro das probabilidades, pode-se até compreender o poder energético do curador destinado ao paciente. Uma força magnética desconhecida, tal como Mesmer sugeriu a existência de um magnetismo animal. No entanto desde as curas milagrosas praticadas por Jesus e por seus discípulos, somos testemunhas da aplicação de um tipo de energia radiante.

Inserido no binômio "energia & cura" fomos encontrar num trabalho de vanguarda, digno deste novo milênio que, não só pode explicar os fenômenos tidos como paranormais, como poderá ser eficiente instrumento para o atingimento do equilíbrio, da harmonia e da cura de tantas enfermidades físicas, psíquicas e espirituais. Estas últimas já com resultados concretos e animadores. É tempo de prestarmos mais a atenção aos resultados e deixarmos de lado insipientes questionamentos de uns poucos extremistas contumazes.

Esse trabalho foi denominado de Dialimetria, termo originário do grego "Dialyo" – quer dizer (dissolver, dissociar), acrescido da terminação "metria" – referindo-se a (medida). O nome foi concebido pelo médico e pesquisador Dr. José Lacerda de Azevedo, após muitos anos de estudos espirituais e materiais em Apometria e suas leis, junto ao Hospital Espírita de Porto Alegre, no Estado do Rio Grande do Sul.

Nos parece estarmos diante de uma inovadora proposta para a "medicina do terceiro milênio", vez que, o seu criador que bem demonstrou nas 13 leis da Apometria e, com propriedade, expõe sobre a dialimetria:

> [...] Poderíamos definir a dialimetria, como uma forma de tratamento médico, que conjuga energia magnética **de origem mental** (talvez em forma de força vital), com energia de alta frequência vibratória proveniente da imensidão cósmica, convenientemente modeladas e projetadas pela mente do operador sobre o paciente [...] Para bem compreender em que consiste a dialimetria, basta considerar os estados da matéria. [...] Em estado natural por exemplo, a água é líquida: moléculas afastadas umas das outras e permitindo extrema mutabilidade de forma. [...] Se congelada, solidifica-se: moléculas justapostas. Mas evaporada por ação do calor, transforma-se em gás; as moléculas se afastaram tanto que a água perdeu a forma. [...] A mesma coisa acontece na dialimetria. O extremo afastamento molecular leva qualquer corpo sólido **ao completo desaparecimento**. Este 'milagre' já foi inúmeras vezes realizado, no século passado, por médiuns de "efeitos físicos". (LACERDA, 1997, p. 199, destaques nossos).

Diz o cientista: "Com essa técnica vislumbramos novos horizontes para a Medicina". É verdade, não discordamos daquela afirmação, somos testemunhas da aplicação da dialimetria, por exemplo, em inúmeros casos de tratamento espiritual (corpo etérico), com resultados que efetivamente comprovam alto nível de recuperabilidade de espíritos feridos, lesados, enfermos, estropiados e sofredores de toda a sorte, isto em segundos após a sua aplicabilidade.

A presente informação não é a única de que dispomos. Há muito tempo, todos somos cientes da necessidade urgente de conhecermos e estudarmos o espírito e suas consequentes manifestações. Desejamos realmente, prestar nosso auxílio, por esse humilde comentário, que objetiva divulgar a técnica para que efetivamente profissionais das áreas terapêuticas fiquem sensibilizados com o manancial de pesquisas existentes neste campo, e partam para a investigação científica desta, que poderá ser a proposta para o terceiro milênio. Essa nova técnica está a balizar o vasto campo, até então praticamente desconhecido pela ciência médica: "O corpo etérico", sua constituição, propriedades, fisiologia e inter-relações com os corpos físico, astral e outros.

Lembremos o princípio Socrático do "Conhece-te a ti mesmo". Devemos apenas estudar o nosso próprio espírito, nada mais, apesar de conhecermos mais ou menos o corpo físico. Daí, podemos compreender por que a prática apométrica está se revestindo de novas conotações, face aos trabalhos e pesquisas anteriormente revelados. Abre-se, desse modo, um novo caminho para a física e para a medicina espiritual pelo tratamento racional embasado na sua ciência. A medicina do futuro chegará, acredito ter aceitabilidade pacífica da medicina espiritual. Sabemos perfeitamente que grande parte das doenças têm a sua origem no espírito, via de consequência, tratando-o, certamente obteremos eficazes resultados junto ao corpo físico.

Por isso, mister se faz o urgente conhecimento, até a obtenção da desejada conscientização sobre as questões espirituais e suas respectivas manifestações. Não estamos falando de ficção. Nos referimos a um trabalho sério, gratuito e voluntário de amor ao próximo. Como antes dissemos: "As leis que regem a matéria poderão ser igualmente aplicadas para o espírito", logo, compreendendo esse fato, estaremos diante de um importante passo para o futuro. A ligação energética entre a matéria e o espírito se faz por meio de diversos campos disponíveis na natureza. Para tanto, pode-se utilizar a sutileza dos cristais.

Hoje estamos evoluindo, já dispomos de conhecimento mais avançado sobre os cristais, mas, em nosso entender, ainda não atingimos o domínio tecnológico, como o obtido na Atlântida pelos bastões de luz, por exemplo. Contudo, dada a sua relevância a cristalografia atual, apresenta alto teor energético-vibracional e, por ser de padrão tridimensional oferece uma própria e perfeita estrutura geométrica.

Um exemplo da evolução neste campo vê-se no artigo publicado em 2017, na revista *Nature Scientific Reports*, vol. 7, expondo a inovação sobre a potencialidade do cristal, descoberta pela Universidade Estadual de Washington, a qual:

> [...] descobriu por acaso um aumento de 400 vezes na condutividade elétrica de um cristal simplesmente **expondo-o à luz**, o que abriu caminho para a criação de memórias holográficas 3D, com os dados gravados e lidos no interior do cristal usando-se apenas um feixe de laser. [...] Isto cria um novo tipo de eletrônica onde você pode definir um circuito opticamente e então apagá-lo e definir um novo. O legal é que ele é reconfigurável. Ele é também transparente, disse o professor Matt McCluskey, acrescentando que essa "**eletrônica invisível**" poderá ser incorporada em qualquer coisa, como em janelas, por exemplo. (Destaques do autor).

Encontramos cristais em relógios, computadores, televisores, telefones sem fio, *smartphones* e instrumentos de diagnose médica, pela emissão de ondas invisíveis, no Campo da Energia Universal (CEU). Os cristais são usados para geração de ondas ultrassônicas, nomeadas de transdutoras ou conversoras energéticas (energia elétrica em mecânica e vice-versa). Porém, para que tudo isso ocorra, usa-se o cristal como transdutor, que estruturam o fenômeno conhecido como efeito piezoelétrico.

O uso de cristais na medicina chinesa se faz presente em várias terapias visando à cura. Trata-se de uma tradição de quase 5.000 anos. Na acupuntura, por exemplo, o cristal é utilizado nas pontas das agulhas há muito tempo.

Outra tradição milenar com o uso de cristais está na Índia, pela medicina *ayurvedica*. Termo originado do sânscrito que significa *veda* (ciência) e *ayur* (da vida), também, um dos mais antigos do mundo, o qual, até hoje continua a fazer parte da medicina oficial da Índia. Essa tradição considera os cristais minerais importantes para a metafísica e a cura de transtornos emocionais. Assim, percebe-se nessas tradições o culto à natureza, à vida, à matéria e, por fim, ao espírito conforme entendemos. Dessarte, revisitamos Lacerda (1997), que assim expõe: **"O Espiritismo mostra que a maioria das enfermidades, psíquicas e físicas, são do Espírito; exigem, portanto, tratamento espiritual - com técnicas específicas"**. (LACERDA, 1997, p. 30).

Complementarmente, diz Fioravanti, em sua obra *A Cura pelos Fluidos* (1999), uma coleção espírita que versa sobre o uso dos cristais, o que segue, com propriedade:

> [...] os fluidos aqui apresentados estão agrupados em **três grandes grupos**: os energéticos, os vibrantes e os divinos. O leitor poderá conhecer como atuam os cristais, **as trocas energéticas**, o toque físico, **os raios de luz**, as ondas sonoras, os aromas, **entre outros fluidos**. [...] Os fluidos universais **são matéria sutil e etérea**. Eles contêm a **energia divina**, que tudo permeia. (FIORAVANTI, 1999, p. 3, destaques do autor).

Percebe-se a tranquila aplicação por estas técnicas da medicina espiritual, a qual, como se sabe, antes da atual medicina, já era milenarmente aplicada, aliás, sendo a única forma de tratar as doenças humanas, as pandemias e os flagelos como os que hoje vivenciamos.

Cristais, modelos holográficos, uso da cibernética, engenharia biomédica... avanços tecnológicos, tudo nos parece andar paralelamente para, logo ali, formarem a grande e verdadeira união do: "espírito e matéria", consubstanciando-se na medicina do terceiro milênio.

Recentemente, tomamos conhecimento que cientistas americanos estão realizando em New York, novas experiências desenvolvendo potentes sensores, que objetivam criar uma espécie de visão artificial aos deficientes visuais. Trata-se de equipamento desenvolvido pela cibernética a fazer com que o cego consiga enxergar. Percebe objetos como "focos de luz", registrados por microcâmeras, transferidos ao computador, e este por sua vez, aciona sensores por meio de eletrodos implantados na superfície cerebral do indivíduo deficiente.

Continuamos a testemunhar a velocidade do desenvolvimento tecnológico. Nos referimos no início desta obra, sobre os "implantes" de *"chips"* pela espiritualidade em seres encarnados. Estariam eles mais avançados que nós? – Várias obras de autores famosos nos informam que a tecnologia médica, informada por psicofonia, utilizada pelos espíritos bondosos é muito mais avançada que a nossa!

Bárbara Ann Brennam na sua magnífica obra intitulada *Mãos de Luz – Um Guia para Cura*, à vista do campo de Energia Humana, faz interessante e esclarecedor comentário sobre a ciência holográfica, a medicina do futuro, que começa a ser desenvolvida:

> [...] O Dr. Pribram utiliza o modelo do holograma para descrever não somente o cérebro, mas o universo também. Diz ele que o cérebro emprega um processo holográfico para absorver um domínio holográfico que transcende o tempo e o espaço. Os parapsicólogos têm procurado a energia capaz de transmitir a telepatia, a psicocinese e a cura. Do ponto de vista do universo holográfico, esses eventos emergem de frequências que transcendem o tempo e o espaço; não precisam ser transmitidos. Potencialmente simultâneos, estão em toda parte. (BRENNAM, 1997, p.53)

O terceiro milênio será caracterizado pela visão modelar holística que começa a despontar junto à humanidade, olhando o ser como um todo, isto é: "Corpo, mente e espírito". Essa visão não estaria a nos balizar o pleno exercício da medicina denominada de integral?

Diante de todas as informações, só nos resta assumir conscientemente a existência espiritual, como energia emanada do âmago de qualquer matéria, a qual poderá ser densa ou sutil. O homem sempre dispôs dos cinco sentidos para a sua sobrevivência na Terra (visão, audição, olfação, gustação e táctil). A cada período evolutivo, um ou outro desses sentidos era mais utilizado que os demais, conforme a agressividade do teatro ambiental. Isso vem ocorrendo desde os mais remotos períodos evolutivos pelos quais passou o homem das cavernas, até o homem espacial. A percepção por meio dos sentidos a cada momento da história vem determinando uma espécie de "calibragem" para cada sentido por intermédio da ação temporal e pela repetição continuada.

Como vemos, essas sensações formam a base referencial norteadora dos estímulos humanos dentro do parâmetro dimensional, no qual vivemos, ou seja, dentro da terceira dimensão. Sabemos que o principal aspecto das manifestações tridimensionais, configura-se pela: "Extensão, largura e altura". Com esse enunciado podemos até mesmo entender a evolução humana, tal como o "processo da água em contínua decantação" até um dia atingir a pura essência.

Teoricamente iniciamos a vida com o Big Bang, junto à máxima densidade já vivenciada pelo planeta. Durante todo o período vital percorrido pela humanidade, vimos "decantando" pelas ocorrências temporais, como num processo de "polimento" natural, perfeitamente planejado, coordenado e comandado pelas "energias" em contínuos e perfeitos "movimentos", pois sem energia não há movimento.

O posicionamento Zen vem nos demonstrando há muitos milênios, a modalidade de utilização de variadas técnicas para transcender o que muitos cientistas de hoje, definem como pensamento linear, que é o típico posicionamento do mundo tridimensional.

Atentemos para esses movimentos existentes, tanto no plano material como no plano espiritual, sempre evoluindo, ou seja, seguindo a "Lei Universal do Progresso" – aqui, como referência, devemos adotar a feliz concepção de Lavoisier:

"[...] Na natureza nada se perde, tudo se transforma".

Nesse exemplo de densidade e sutileza observa-se junto aos estados inertes da matéria que corriqueiramente vivenciamos pela experiência, vejamos: a pedra (sólido) é mais densa que a água (líquido), esta por sua vez é mais densa que os gases (gasoso), que por sua vez, são mais densos que nossos pensamentos e lembranças (sutil). Nas mais simples demonstrações, um tanto grosseiras, percebemos onde está situado o plano sutil, morada do espírito a que tanto nos referimos.

A ordem tridimensional por nós conhecida tem sido ultimamente muito questionada por matemáticos, físicos, espiritualistas e cientistas de maneira geral. Todos convergem para a necessidade da grande busca cognitiva, para o perfeito conhecimento e controle do que existe na Quarta, Quinta, Sexta e Sétima dimensões, das quais pouco ou quase nada sabemos.

Participamos há mais de um século e meio das comunicações com o plano espiritual, tendo em vista milhares de trabalhos científicos, técnicos e empíricos espalhados por todos os continentes. Não podemos negar "cientificamente" a tradição esotérica, mística e religiosa da existência do espírito e de suas consequentes manifestações. Vários são os relatos dos orientais, datados há mais de cinco mil anos, sobre a prática constante e continuada, pertinentes à medicina, biologia e à conduta humana de maneira geral perante as leis universais. Muitos de nós, até o presente, encontram-se na "mesmice" da incredulidade, de braços cruzados, sentados sob conceitos inacabados, frutos de uma velha omissão científica.

É hora de convergir conhecimentos para a evolução e o bem de todos, em busca do mundo melhor (quem sabe um lugar perdido), para avançarmos com mais segurança e retornar às origens. Já não seria um bom começo?

Esoteristas, místicos e espiritualistas têm nos informado sobre a teoria da evolução do planeta, que diante desse "burilamento" temporal pelo qual passamos, já estaríamos preparados para galgarmos mais um patamar na escala evolutiva da Terra. Em meritória promoção subimos de nível, da terceira para a quarta dimensão. Trata-se de uma teoria assaz interessante, complexa e enigmática, chegando a extrapolar os limites da compreensão humana, fugindo daquilo que conhecemos como racional (para os humanos, o racional é o que pode ser cientificamente explicado, medido e pesado dentro dos conceitos vigentes).

Doutro lado é necessário atentarmos sobre as informações disponíveis a respeito das demais dimensões existentes junto ao espaço finito e infinito. Elas podem estar relacionadas com os diversos estados da matéria. Há ainda o princípio setenário dos Hindus, místicos, orientais e espiritualistas.

Esse questionamento não estaria a nos mostrar um dos caminhos para o conhecimento racional dos meios necessários para as técnicas terapêuticas holísticas? – Eventualmente, a medicina do terceiro milênio, passando pela engenharia biomédica, ou mesmo pelos conceitos holográficos, não poderia adentrar ao conhecimento da medicina do espírito?

Com esses conceitos, teoricamente podemos nos inserir no mesmo princípio da questão dimensional setenária dos veículos de manifestação do espírito. Estudos a respeito foram elaborados pelo médico Dr. José Lacerda de Azevedo, o qual denominou de conhecimento apométrico, corpos materiais e espirituais, assim ordenados:

"[...] Somático, duplo etérico, corpo astral, mental inferior, mental superior, corpo búdico, e corpo átmico". (LACERDA, 1977, p. 15)

Como sabemos grande quantidade de doenças "refletidas" no corpo físico têm sua origem no plano etérico (plano sutil, quarta dimensão ou início do campo de manifestação do espírito), e dali passam para o corpo somático, momento em que aparecem como disfunção vital.

Deveria a presente questão merecer por parte de cientistas, médicos, psicólogos, estudiosos e pesquisadores, cuidadosa atenção, pois abre campos interessantes para a investigação, até o momento não muito conhecidos. É o que esperamos da ciência médica para o terceiro milênio: "Maior conhecimento sobre a medicina do espírito".

Cientistas e teosofistas, estes últimos, apesar de um tanto isolados das escolas dominantes, demonstraram claramente a trilha que deverá ser perquirida pela futura medicina. Todos, a seu modo, em muito contribuíram para com as pesquisas relativas a esse interessante campo que começamos a estudar.

William Crookes, em seus estudos do "radiante" ou quarto estado radiativo, Helena Blavatsky, na sua obra *A doutrina secreta* referindo-se à grande respiração universal e Vera Stanley Alder falam da não existência da separação ou isolamento entre observador e objeto observado. Annie Bessant, grande teosofista, no seu livro intitulado *Um Estudo Sobre a Consciência,* vem nos informar sobre as glândulas pineal e pituitária (hipófise), que nos ligam por estímulos sensoriais às manifestações, hoje, explicadas pela medicina Espiritual:

> [...] o corpo pituitário torna-se o órgão físico para a clarividência astral e posteriormente mental. [...] é através desse órgão que o conhecimento obtido pela visão astral se transmite ao cérebro, também se deve a ele a vivificação dos pontos de contato entre o sistema simpático e o corpo astral, origem da continuidade de consciência entre os planos astral e físico. A glândula pineal se liga a um dos chakras no corpo astral, e, por meio desta, ao corpo mental, agindo como órgão físico para a transmissão do pensamento de um cérebro a outro. Na transmissão um pensamento pode ser projetado de uma a outra mente, utilizando-se matéria mental como meio, ou ser enviado ao cérebro físico graças à glândula pineal e, via éter físico à glândula pineal e, via éter físico à glândula pineal de outro cérebro e, portanto à consciência receptora. (BESSANT, 1955, p. 129, grifos nossos).

Revisitando a exposição da autora, pode-se perceber que já na década dos anos cinquenta estudos e pesquisas se faziam presentes, para explicar a conexão entre o polissistema material com o polissistema espiritual exaustivamente estudado por cientistas representantes da Psicologia Transpessoal.

Há mais de cinco mil anos, os Hindus já trabalhavam com a energia espiritual a qual chamavam de "Prana". No terceiro milênio a.C., os Chineses sabiam da existência da energia vital, a qual denominaram de "Ch'i" e nela está inserido o princípio dualístico do "Yin e do Yang". A cabala teosófica mística, no ano 538 a.C., a denominou de "Luz Astral". Pitágoras, 300 a.C., sustentava que uma luz produzia benéficos efeitos no organismo humano ocasionando curas de diversos males. No antigo testamento, inúmeras foram as menções sobre variadas técnicas e muito mais, porquanto existe, igualmente, vasta tradição científica a respeito. Ignorar esses conhecimentos passa a ser além de um procedimento omissivo, um grande prejuízo para a própria evolução individual do ser e concomitantemente para o bem de todos.

A medicina deste terceiro milênio, se Deus quiser, estará certamente respaldada na mais pura tradição científica com relação à existência da energia espiritual. Exemplos mais recentes da história humana têm chegado até nós por meio de Pitágoras, dos eruditos Boirac e Liebeault, de Paracelso, do matemático Helmont, de Mesmer, do médico William Kilner, dos Dr. George de La Warr, de Ruth Drown, de Valorie Hunt, entre inúmeros outros buscadores, que diuturnamente estão recebendo grandes luzes intuitivas em favor do necessário esclarecimento e consequente desenvolvimento da humanidade.

É o que podemos constatar, por exemplo, nos comentários da cientista Bárbara Ann Brennan em sua obra *Mãos de Luz*, ao referir-se às importantes pesquisas realizadas por dedicados estudiosos. Entre estes, destaca-se o trabalho da Dr.ª Hunt sobre o estudo do campo de energia neuromuscular estrutural e dos enfoques emocionais trazendo à luz interessantes comprovações científicas referentes às vibrações cromáticas emitidas pelas camadas áuricas humanas.

Milhares são os exemplos que estão a demonstrar o caminho a ser perquirido pela nova medicina, a qual será por todos os profissionais aderida. Caracterizar-se-á verdadeiramente pela medicina da solidariedade, da fraternidade e do verdadeiro amor ao próximo. Estamos chegando... Graças a Deus!

"A felicidade está à disposição de cada um, é fruto do autoconhecimento, do governo de si mesmo."

Leocádio José Correia.

A Medicina Espiritual e a Psicologia Transpessoal – nosso artigo publicado em 2019, vale refletir!

"Opportuno Tempore"

A Medicina Espiritual e a Psicologia Transpessoal

A TÍTULO DE RESUMO

Entendemos por oportuna e relevante a inserção neste livro de síntese de um artigo científico de nossa lavra, escrito no curso de pós-graduação em Psicologia Transpessoal no ano de 2019, a seguir exposto. Assim, buscou-se evidenciar que a Psicologia Transpessoal, com base em mais de uma centena de estudos científicos deu sustentação ao nascimento da quarta força da Psicologia no mundo. Ancorou seus estudos na configuração estrutural do "Estado Alterado de Consciência" – (EAC). Contudo, nas mais diversas pesquisas organizadas por inúmeros estudiosos, não se consegue observar robustez em tais investigações, quando se trata do elo relacional existente, entre a Psicologia Transpessoal, a Saúde e a Espiritualidade. Por isso, este capítulo, em especial, busca contribuir com a ampliação dos atuais referenciais teóricos para reforçar a legitimação científica, sobre a ligação existente entre elas. Assim, procura-se evidenciar, neste trabalho, modos e meios de conexão entre elas. As partes teórica e investigativa se fundamentam, neste estudo, pela coleta de dados, evidências científicas, indicação de fontes, além de pesquisas em livros, artigos especializados e demais trabalhos acadêmicos e respectivos estudos. Desse modo, espera-se trazer mais luz ao tema, assim como evidências à importante ligação existente entre o polissistema material (ciência vigente) e o polissistema espiritual (ciência e leis Universais).

1. INTRODUÇÃO

A Psicologia Transpessoal, ao longo dos anos, vem estruturando um campo de estudos sobre o "Estado Alterado de Consciência", "Estados Superiores da Consciência", "Estados Modificados de Consciência" ou outras iguais denominações dadas aos mesmos processos mentais pelos estudiosos da quarta Força da Psicologia. Existem incontáveis publicações de pesquisas estruturadas por diversos lidadores dessa ciência emergente, sobre as alterações dos estados da consciência humana, porém não se observa maior vigor em tais produções, quando se trata do elo relacional existente entre a Psicologia Transpessoal, a Saúde e, sobretudo com a Espiritualidade, vez que apenas as religiões espiritistas e a parapsicologia de Mesmer, Rhine e Richet conheceram, estudaram e, hoje, adotam pelo que nomeiam de ciência espiritual a sensação anímica, a movimentação da energia animal, a sensibilidade, a sensitividade e/ou a mediunidade. Porém entende-se a este estudo como um dever da ciência transpessoal aprofundar tais pesquisas e referenciais científicos para que se chegue ao efetivo e duradouro reconhecimento de que a sensação energética Espiritual, seja irrestritamente aceita como um dos fundamentos básicos estruturantes da Psicologia Transpessoal, vez que tais alterações só podem ocorrer depois de completada a conexão do meio material com o meio espiritual, fato constatado e consolidado em todas as eras da humanidade e hoje, por vasta literatura Transpessoal, em que se evidencia a existência de nomeados estados alterados de consciência – (EAC).

Não estão ao acaso as inúmeras menções de (EAC) constantes, até no atual referencial mundial da Saúde, do versado *Manual Diagnóstico e Estatístico de Transtornos Mentais*, conhecido como DSM – desde a publicação do DSM-IV. Hoje, estamos no DSM-V o qual, também constata e qualifica os Estados Alterados de Consciência, como "Alterações de Consciência", fato que pouco o diferencia, dos também nomeados em saúde mental, de amnésia dissociativa, ou mesmo, Transtorno Dissociativo de Identidade, ali, também disposto. Mas, este, apesar de constatado, difere um pouco do preconizado pela Psicologia Transpessoal nos pressupostos estruturados no Estado Alterado de Consciência – (EAC), o que não o invalida, vez que, aquele manual fala aos lidadores da saúde física humana, assim, veja-se:

> Alterações na consciência "podem" incluir despersona-
> lização, uma sensação de distanciamento de si mesmo
> (p.ex., percepção de que as coisas estão em câmera
> lenta, ver coisas ofuscadas, não perceber eventos que
> normalmente registraria). Alguns indivíduos também
> relatam incapacidade de recordar algum aspecto impor-
> tante do evento traumático que foi presumidamente
> registrado. "Esse sintoma deve-se a amnésia dissocia-
> tiva", e não a lesão craniana, por álcool ou drogas.
> (DSM-V, 2014, p. 324, grifos do autor).

Percebe-se, existir entre a ciência vigente (expresso, desde o DSM-IV) e a Psicologia Transpessoal, uma "pequena" compatibilidade relacional entre ambas, e muito maior, com as questões relativas à Saúde Material, que por sua vez, estão ligadas ao que aqui nomeamos de Saúde Espiritual. Está explícito naquele Manual que o sintoma por ele dito "Alterações de Consciência" deve-se a uma espécie de amnésia dissociativa, como o demonstrado anteriormente, constatado, reconhecido e mundialmente divulgado.

Contudo, Antonio Houaiss (2009), dicionarista globalmente acre-ditado, define a "possessão", um pouco diferente do expresso no atual Manual – DSM-V (2014, p. 333), o qual expõe em características diagnósticas, "uma experiência de possessão", diferente de o citado a seguir por Houaiss: Possessão: "Manifestação (de Ser Espiritual) no corpo e/ou no espírito de uma pessoa." (HOUAISS, 2009, p. 1531).

O termo exposto, pelo dicionarista: "Manifestação de Ser Espiri-tual", é diferente de "amnésia dissociativa", ficando assim, a simbo-logia distante da menção Espiritual e, por conseguinte, da Psicologia Transpessoal de Wilber e Grof, os quais em suas publicações, dizem:

> O espírito nunca é um objeto, nem a realidade espi-
> ritual é uma realidade objetiva. No chamado mundo
> objetivo não existe tal natureza, coisa, ou realidade
> objetiva como o espírito. Daí a facilidade com que se
> nega a realidade do espírito. Deus é espírito porque
> não é objeto, porque é Espírito. Na objetivação não
> há realidades primordiais, senão símbolos (WILBER,
> 1977, p. 67, grifos do autor).

Percebe-se inexistir na citação, amnésia dissociativa, numa viva ligação com a Espiritualidade. Contudo o que se pode constatar no destaque exposto a seguir é a profundidade, a clareza e a objetivi-dade científica experiencial de Wilber. Ainda, Grof, outro lidador da ciência, reitera e ratifica tal a assertiva, corroborando com Wilber, demonstrando de modo a não restarem dúvidas a conceituação, do que é uma manifestação espiritual, muito semelhante ao que nos ensina ser, um Estado Alterado de Consciência, veja-se:

> Algumas vezes, o indivíduo não percebe uma entidade desencarnada individual, mas todo um domínio astral com várias aparições fantasmagóricas. A descrição, feita por Raymond Moody, do 'domínio dos espíritos confusos', pode ser mencionada como um exemplo disto (Moody, 1977). Numa forma mais complexa deste fenômeno, a pessoa entra realmente num estado de transe e parece ser tomada por uma entidade ou forma de energia estranha. Este tipo de acontecimento 'tem uma semelhança' impressionante com transes mediúnicos que ocorrem em sessões espíritas (GROF,1997, p. 55, grifos do autor).

Em complemento, observe-se que, desde 1994, o Manual Diagnóstico e Estatístico de Transtornos Mentais DSM-IV, até o vigente DSM-V, 2014, ou seja, nos últimos 20 anos, estes manuais vêm caracterizando subtipos para o Transtorno Dissociativo. Isso porque em 1994, a amnésia dissociativa era descrita como: fuga dissociativa, transtorno dissociativo de identidade e transtorno de despersonalização.

Já em 2015, mantém-se no Manual, o termo amnésia dissociativa, mas pede a especificação "se" (com fuga dissociativa) e, acrescenta ao transtorno de despersonalização a (desrealização). E, ao transtorno dissociativo acresce "se" (especificado ou não especificado), ou seja, alterou os termos originais, tornando-os, a nosso ver, mais confusos e pouco explicativos para a própria ciência mecanicista.

Para corroborar ao evidenciado anteriormente, veja-se o entender dos psiquiatras Negro Jr. *et al.*, em seu artigo publicado no Jornal Brasileiro de Psiquiatria, sobre Transtornos Dissociativos existentes desde o manual anterior, DSM-IV, em que estes se declaram confusos com a descrição contraditória da classificação do sintoma no Manual e, acentuam a dificuldade interpretativa existente, em face de sua complexidade, exposta naquele referencial mundial e, assim, expõem seus comentários, a saber:

> A compreensão da experiência dissociativa e das "origens" dos transtornos dissociativos 'é difícil" devido à complexidade da questão'. As 'contradições' da classificação são decorrentes das dificuldades de se construir uma teoria da mente abrangente, que unifique neurobiologia e psicodinâmica. [...] O estudo dos fenômenos dissociativos e transtornos mentais associados

> à dissociação é um dos grandes desafios da psiquiatria (NEGRO JR. *et al.*, 2018 p. 1,2, grifos do autor).

Ao exposto, sem a nitidez necessária, nos resta compreender a partir do eficiente respaldo existente, na clareza da interpretação, apresentada pela quarta força da Psicologia, apesar de ainda estar em desenvolvimento. Pode-se, neste momento, observar a sapiência contida no dizer do cientista e Psicólogo Transpessoal Stanislav Grof, o qual nos apresenta com concisão, duas situações, em que se identificam Estados Incomuns de Consciência ou Alterados de Consciência (EAC), de modo esclarecedor, simples, compreensível e necessário ao pensamento em desenvolvimento, a saber:

> Devo mencionar neste contexto duas situações em que estados incomuns de consciência ocorrem nas circunstâncias da vida cotidiana de forma não induzida. Refiro-me a episódios de experiências incomuns que algumas pessoas vivenciam espontaneamente, por razões desconhecidas. Estes casos são vistos habitualmente pela psiquiatria tradicional como problemas médicos manifestações de doenças de etiologia misteriosa. A segunda categoria de estados incomuns de consciência não induzidos são as experiências de quase morte que são relatadas por aproximadamente 40% dos indivíduos que enfrentam situações de ameaça à vida (Moody, 1975; Ring, 1980 e 1984, Sabom, 1982) (GROF, 1997, p. 7).

Pelo elucidativo destaque de Grof pode-se efetivamente constatar a conexão com a espiritualidade com certa facilidade, tanto nesse, quanto em outros inúmeros exemplos apresentados pelo autor em suas obras, fato ratificado, por tantos outros cientistas, pesquisadores e estudiosos dessa área, em vários trabalhos estruturados, tais como: pela holografia de Grof, cartografia humana de Assagioli, nas novas linguagens holísticas e antologia do êxtase de Weil, na psicologia do ser de Maslow, no Espectro da Consciência de Wilber etc.: desde a década de 1970, fazem-se inúmeras publicações com respeitáveis tiragens, algumas reeditadas, outras esgotadas sobre o assunto. Nesse aspecto, vale mais uma vez demonstrar a conexão existente entre a Psicologia Transpessoal, a Saúde Psíquica e a Espiritualidade. Apesar disso, tal conexão continua em parte ignorada e não citada por acentuada parcela da ciência mecanicista vigente, por não admitirem o elo existente, entre os dois polissistemas, o material e o Espiritual, intimamente ligados de modo a não restarem dúvidas, pela Psicologia Transpessoal.

2. A SAÚDE SOB O ASPECTO MATERIAL

Para a saúde física, o que se pode concluir, por meio de estudos, pesquisas, ensaios e publicações acreditadas, que ela não está dissociada da Espiritualidade, como de fato vem se observando em centenas produções científicas. Entre estas, cita-se o importante trabalho de Silva *et al.*, (2013), no qual se aborda claramente a influência da Espiritualidade na Prática Clínica, principalmente, na área da Psicologia, em que se aborda a Saúde Mental. Observa-se importante estrutura a partir de uma Revisão Sistemática em base de dados de publicações respeitadas e conhecidas nos meios científicos, tais como: ScieLO, Medline e Lilac.

Nesses instrumentos de publicações acreditadas pela ciência foram encontrados e catalogados, nada menos, que 522 artigos, sendo a maior produção havida no ano de 2007, ou seja, 40% do total das pesquisas, porém citam os autores que a mais baixa produção de artigos está naqueles de língua portuguesa e, comenta nesse importante trabalho:

> Os artigos tratam do uso da espiritualidade como técnica de abordagem da saúde mental na prática clínica, da relação entre espiritualidade e saúde mental, da posição temática 'saúde mental e espiritualidade' no cenário mundial e, por fim, de instrumentos de avaliação (LEITE *et al.*, 2013, p. 1, grifos do autor).

Percebe-se, no exposto pelos autores, que as amostras estatísticas citadas têm mais respaldo no cenário mundial, que no Brasil, e por isso, a importância de motivar as produções nacionais e de língua portuguesa. Contudo em artigo publicado em maio de 2019, pela Sociedade Brasileira de Cardiologia, sob o título "Diretriz de Prevenção Espiritualidade e Saúde" da lavra de Avezum Jr. Álvaro *et al.*, que assim, também nos ensinam:

> A espiritualidade historicamente era considerada um processo que se desdobrava dentro de um contexto religioso, com instituições destinadas a facilitar a espiritualização do praticante. Só recentemente a espiritualidade tem sido separada da religião como uma construção distinta, em parte devido ao afastamento de autoridade das instituições religiosas na vida social moderna e a ênfase crescente do individualismo nas culturas ocidentais (AVEZUM, 2019, p. 2, grifos do autor).

Vale ainda citar alguns dos atuais expoentes da Psiquiatria e da Psicologia: Saad, Masiero, Battistella, (2001), Powell, Shahabi, Thoresen, (2003), citados por Silva, (2013), explicam a diferença anteriormente citada, por muito tempo desconhecida, existente entre "Religiosidade" e "Espiritualidade", mais uma vez exposta, por outro autor, para que não restem dúvidas ao esclarecido, senão, veja-se por outras palavras de mesmo sentido:

> Embora as palavras espiritualidade e religiosidade sejam muitas vezes usadas como sinônimos, convém esclarecer que as duas, embora relacionadas, possuem significados diferentes. Enquanto a religiosidade refere-se a uma sistematização de culto e de doutrina compartilhados por um grupo a espiritualidade não está necessariamente ligada a uma crença, um ser superior ou a princípios religiosos.

Mais adiante, Almeida, Oda e Dalgallarondo, (2007), os quais, também citados por Silva, (2013), numa evolução histórica, assim manifestaram-se:

> Durante o século XIX e na primeira metade do século XX, a religiosidade e espiritualidade eram vistas como exercendo uma influência negativa sobre a saúde, sobretudo a saúde mental. No cenário emergiam as práticas espíritas e muito se falava acerca dos fenômenos de transe e possessão, além das práticas mediúnicas em geral (SILVA, 2013, grifos do autor).

Revisitando as citações supra, depreende-se que os termos religiosidade e espiritualidade, atualmente são aceitos como termos de significados diferentes, ou seja, falar de religião é um culto ou doutrina empírica de grupos e de pessoas. Enquanto ao falar-se de espiritualidade entende-se como parte que "começa a ser utilizada e dominada pela ciência, já em fase de aprofundamento".

Peres, (2009, p. 6), diz em seu trabalho que:

> Faz-se necessário o reconhecimento por parte dos profissionais de que a espiritualidade é um componente importante da personalidade e da saúde; esclarece os conceitos de religiosidade e espiritualidade junto aos profissionais; inclui a espiritualidade como recurso de saúde na formação dos novos profissionais; adapta e valida escalas de espiritualidade [...].

Percebe-se a preocupação dos autores de modo geral para a necessidade de se reconhecer a espiritualidade como componente

Antonio Villaca Torres

importante da personalidade e da saúde, como um modo exploratório da dimensão pessoal da experiência humana.

Apesar dos esforços, vê-se que tais publicações, ainda, são alvo de pequena acreditação científica, fatos que foram marcados pelo empirismo, requerendo-se de estudiosos, sobretudo das áreas da Psicologia Transpessoal, da Psiquiatria, Neurociência e da Física Quântica sob a ótica da energia, um grande movimento, no sentido de aprofundar, ainda mais ensaios, estudos e pesquisas científicas.

A despeito de se dispor de respeitável material pertinente ao fato, entende-se ser necessário estabelecer-se, mais e mais, referenciais científicos compreensíveis e acreditáveis, distintos das doutrinas religiosas espiritualistas. Desse modo, as áreas da saúde podem apoiar com maior propriedade a hipótese de seus diagnósticos diferenciais, também, pelo ganho de tempo e qualidade, para uma melhor e precisa identificação energético-sintomatológica. Assim, todos ganharemos!

Vale registrar a interessante técnica do professor Grof, a qual enseja o reconhecimento de um respeitável movimento, em estruturação mundial, para essa nova ciência, a Psicologia Transpessoal, em acelerado desenvolvimento. Inúmeras ações representadas por: estudos, pesquisas e produções científicas, estão descobrindo e, sobretudo constatando, campos do polissistema do Espírito, até então desconhecidos, inexplorados. Esse respeitável autor, em seu trabalho, respalda essa assertiva ao comentar sobre o Estado Holotrópico de Consciência, uma forma de energia em movimento, no tempo linear e no espaço tridimensional a qual verdadeiramente consubstancia-se num Estado Alterado de Consciência – (EAC), conforme o que segue:

> [...] a variedade holotrópica envolve a experiência de si mesmo com um <u>campo de consciência potencialmente ilimitado</u>, que tem acesso a todos os aspectos da realidade <u>sem a intermediação dos sentidos</u>. Holotrópico é traduzido literalmente como a busca da totalidade ou <u>como movimento para a totalidade</u> (do grego holos=todo e trepein=em direção a). As experiências neste estado mental oferecem muitas alternativas interessantes ao mundo newtoniano da matéria, <u>com tempo linear e espaço tridimensional</u> (GROF, 1997, p. 110, grifos do autor).

Assim como Jung, Assagioli, Grof, Frankl, Wilber, Maslow, Weil, Rogers, Huxley, Goldstein, Capra, Goswani, Chopra, Osho, Taniguchi, Murphy, Troward, Echart e muitos outros, foram registradas e reconhecidas suas participações na área da Psicologia Transpessoal, por meio de estudos, pesquisas e trabalhos científicos para o fortalecimento e crescimento da quarta Força da Psicologia, e de suas efetivas conexões com a Espiritualidade.

Devemos reconhecer que a ciência espiritualista há milênios vem apresentando registros e constatações inequívocas de manifestações a respeito do Estado Alterado de Consciência – (EAC), assim como, descortinando inúmeros véus, para as descobertas dos arcanos do Espírito, para o desenvolvimento humano e evidenciando o conhecimento sobre a conexão que hoje mencionamos existir entre a Psicologia Transpessoal, a Saúde e a Espiritualidade.

Contudo a ciência ocidental, diferentemente da oriental, sobre esse elo com o espírito, ainda teima em não reconhecer os fatos abundantemente apresentados, assim como não se dá ao trabalho de reunir incontestável referencial alusivo aos resultados das abordagens transpessoais e sua real conexão com a Espiritualidade, para ampliar o paradigma dessa área, o qual se compreende como legitimamente científico, vez que a ciência espiritual está anos-luz à frente da ciência material.

Veja-se como exemplo, na Física de Goswani e Rocha Filho, em que estes fazem a conexão entre o saber científico padrão com as observações e proposições Transpessoais. No Brasil, o estudo dos estados alterados de consciência, estruturados pela Psicologia Transpessoal, também recebem reconhecimento, ressonância e respeito, nos Movimentos Espíritas e Espiritualistas.

Em milhares de obras de caráter mediúnico, em livros da série *Psicológica Transpessoal*, ditadas pelo espírito de Joanna de Ângelis e psicografadas por Divaldo Franco, assim como as de André Luiz, psicografadas por Chico Xavier. Já se constata, há décadas, a relação da Psicologia Transpessoal com a Psicologia Analítica de Carl Gustav Jung e Fritjof Capra, a construção de um diálogo produtivo com a física quântica de Capra, na busca da compreensão dos fenômenos que ultrapassam o conceito da física clássica, dos princípios energéticos e temporais, estudados em linhas de pesquisa diferenciadas da física, da Psicologia, da Psiquiatria e agora, do Espiritismo. Jung, cientista, psiquiatra, pai da Psicologia Transpessoal, foi um dos grandes impulsionadores dessa abordagem, na teoria do Inconsciente Coletivo, apresenta em sua obra, um segundo sistema psíquico da pessoa, assim afirmando:

> O inconsciente coletivo é uma parte da psique que pode distinguir-se de um inconsciente pessoal pelo fato de que não deve sua existência à <u>experiência pessoal</u>,

> não sendo, portanto, uma aquisição pessoal. Enquanto o inconsciente pessoal é constituído essencialmente de conteúdos que já foram conscientes e no entanto desapareceram da consciência por terem sido esquecidos ou reprimidos, os conteúdos do inconsciente coletivo nunca estiveram na consciência e, portanto, não foram adquiridos individualmente, mas devem sua existência apenas à hereditariedade. Enquanto o inconsciente pessoal consiste em sua maior parte de complexos, o conteúdo do inconsciente coletivo é constituído essencialmente de arquétipos (JUNG, 2000, p. 50, grifos do autor).

Com os muitos estudos realizados por Jung, o qual sustentou essa teoria, pôde ele ser considerado um dos maiores contribuintes da área da Psicologia Transpessoal. Como o já exposto, reitera-se que se juntaram a ele, muitos outros psicólogos como: Abraham Maslow, William James e Roberto Assagioli, entre outros, também deram a sua contribuição para aperfeiçoar essa área.

A Psicologia Transpessoal ao referir-se a uma "pequena" parte da consciência o Ego, pelos ensinamentos de Fechner, (1850) diz que: "Toda a realidade tem uma natureza psíquica. Assim, toda a matéria tem algum nível de consciência, seja uma planta ou uma pedra" (FECHNER, 1850, s/p, grifos do autor).

Grof, (1997, p. 36), no mesmo diapasão, diz:

> [...] este tipo de experiência não deixa dúvidas na pessoa que a vive de que o fenômeno da vida não pode ser explicado pela ciência mecanicista, e de que ele prova a existência da inteligência cósmica criativa.

Cientistas da modernidade têm frequentemente apresentado seus posicionamentos pertinentes ao (EAC), às vezes com nomes assemelhados, porém de mesmo sentido estrutural, validando, dessa forma, o entendimento do autor deste trabalho, ou seja, como ilustres representantes da ciência vigente. Apresentam ao público seus níveis de compreensão reconhecendo os trabalhos publicados pelos estudiosos da Psicologia Transpessoal, fortalecendo, assim, as correntes científicas que lutam pelo efetivo engrandecimento dessa quarta Força da Psicologia.

Vale observar o que nos diz Capra, (1982), nascido em Viena, Áustria, em 1939, físico, teórico e escritor, diretor do centro de educação e ecologia de Berkeley, Califórnia, o qual expõe a sua posição mundialmente acreditada, a saber:

> [...] No nível transpessoal, finalmente, o objetivo da terapia é ajudar os pacientes a integrar suas <u>experiências transpessoais</u> com suas formas ordinárias de consciência no processo de <u>crescimento interior</u> e <u>desenvolvimento espiritual</u>. Os modelos conceituais que se ocupam do domínio transpessoal incluem a <u>psicologia analítica de Jung</u>, a psicologia do ser, de <u>Maslow</u>, e a psicossíntese de <u>Assagioli</u>. Na extremidade profunda do domínio transpessoal da consciência, a que <u>Wilber</u> chama o nível do Espírito, os objetivos da terapia transpessoal <u>fundem-se com os da prática espiritual</u> (CAPRA, 1982 p. 361, grifos do autor).

Ao revisitarmos o conteúdo constante da obra de Capra constatamos que ele está referendando pesquisadores e cientistas antes mencionados, assim como, ratificando com o seu saber científico a estreita conexão entre a Psicologia Transpessoal, a Saúde e a Espiritualidade, tema deste trabalho. Por essa razão, podemos perceber que num futuro muito próximo a comunicação transpessoal entre o polissistema material e o espiritual, além de ser fato científico comum, trará muito ganhos imensuráveis à humanidade. Quem viver, verá!

Percebe-se, pelo aventado, que o assentado nos Manuais Diagnósticos e Estatísticos de Transtornos Mentais (DSM's) estão absolutamente em conformidade com o discurso científico mecanicista vigente estruturado também na Psicologia Transpessoal, ou seja, de acordo com o que tem feito a ciência nos últimos 400 anos, em que a "obsessão" conhecida pelos cientistas, apenas se respalda pela medição e quantificação, porém começa a reconhecer acertadamente o que comprova a Psicologia Transpessoal, nas questões por ele estruturada pertinentes da alma e do Espírito.

Contudo, Maslow, Grof, Wilber e outros, continuam avançando, constatando e comprovando ao Orbe que a conexão entre Psicologia Transpessoal, a Saúde e a Espiritualidade existem. Reiteramos a manifestação antes citada da Associação Brasileira de Cardiologia, confirmando o ora alegado, sobre a importância e o sentido espiritual junto ao processo terapêutico. Trata-se portanto de uma sintonia, a qual, cada vez mais se demonstra, constata e comprova de modo a se extinguirem quaisquer dúvidas.

Torres (1999) expõe em seu trabalho, em uma inserção de modo simples, de fácil entendimento, sobre a sintonia vibratória, suas conexões por estímulos de memória e sobretudo, seus resultados, assim, veja-se:

> Nesta mesma frequência de onda, igualmente, estabelece-se o processo de retroalimentação, ou seja, como ocorre nas frequências de rádio, 'curvas altas e curvas baixas', altas positivas, baixas negativas. Depende, portanto, de nosso estado de espírito, para vibrarmos numa ou noutra frequência, a escolha é somente nossa, a decisão também, e os resultados [...] (TORRES, 1999, p. 100, grifos do autor).

Portanto sintonizar uma frequência de onda, seja qual for seu diapasão, nos parece demasiado simples. Fazemos com o automatismo característico de nossa estrutura momentânea, emocional cognitivo--comportamental, comum em nossos dias. Contudo é preciso observar o devido Estado de Consciência, se em vigília, dormindo ou em alguma alteração por indução vibratória interna (pensamento próprio estruturado), externa (conexão espiritual, positiva ou negativa) ou medicamentosa, vez que, em tais mudanças de "estado", podemos fazê-las, até sem sentir, ou seja, automaticamente (por uma crença central estruturada), fato bastante comum aos seres humanos. Contudo é preciso que saibamos (com prontidão), fazer a devida escolha consciente e ponderada, para que a "posteriori" não venhamos a nos arrepender! – Por prontidão, podemos entender quando temos o domínio do espaço estruturado finito, ou seja, dominamos o espaço que conhecemos, interagimos e movimentamos até de modo automático. Assim, quando conhecemos, dominamos, sentimos segurança, não temos medo e estamos tranquilos!

Weil, (2018), em sua obra, procura evidenciar alguns testemunhos por si auferidos ao longo de sua jornada vital de Psicólogo, pesquisador e escritor, foi ele, um dos precursores da Psicologia Transpessoal. Ao referir-se sobre o Estado Alterado de Consciência, traz, em seu vasto trabalho, constatações interessantes de que esse "Estado" é possível, pois, como diz, sempre existiu, e ainda comenta sobre a possibilidade real de aumentar tais comprovações, na medida em que fomos nos aproximando do terceiro milênio.

Hoje, já estamos no início deste terceiro milênio, citado por Weil em seu livro nos idos de 1993, há 25 anos, portanto, ao final do segundo milênio. Diz o autor que o homem hodierno, o que mais precisará será do estado de sabedoria e do estado de amor. Comenta, sobre a "neurose do paraíso perdido", a qual, em sua opinião é oriunda da separação de um véu, nomeado "véu de Ísis", o qual é o responsável pelo estado de vigília no estado Transpessoal e assim, discorre o mestre, com sapiência:

> Quando algum dia, no terceiro milênio, se indagar qual tenha sido a mais importante descoberta do século XX, a resposta não será, sem dúvida, a energia atômica, nem os universos paralelos, mas sim o estado transpessoal da consciência, ou consciência cósmica. Essa descoberta constitui hoje o ponto de encontro e de convergência da física moderna e da psicologia, encontro bastante inesperado quando se tem em mente a distância aparente entre essas duas disciplinas; não obstante, os estados místicos e as perspectivas das grandes tradições espirituais da humanidade atraíram a atenção de numerosos físicos modernos (WEIL, 2018, p. 9, grifos do autor).

Weil, ao referir-se ao Estado Transpessoal de Consciência, ou Consciência Cósmica, apresenta o fato de modo conciso e compreensível para o profissional da psicologia, da psiquiatria e de outras áreas, ou mesmo para o leitor comum. Assim, é interessante pesquisar os grandes impactos passados pela humanidade e compará-los, pois neste momento, passamos por um grande impacto pela Pandemia do Coronavírus. Sabe-se que todos são inesperados, porém de resultados há muito tempo previstos, no tempo e espaço. Sabe-se que grandes impactos produzem traumas que induzem a ações mitigatórias e redutivas de tais prejuízos, pois as crises auxiliam na purificação humana. Por isso, nestes momentos tendemos a buscar auxílio no espiritual, na consciência cósmica e imediatamente, pela dor ou pelo amor no estado alterado de consciência, almejamos a solução e, geralmente a encontramos. Nesta hora, a conexão com a Espiritualidade, para a garantia da saúde de todos é fundamental, as ações compassivas entre os polissistemas se ampliam sem fronteiras. Daí pode-se perceber com imediatismo e clareza o pedir e o receber compassivo, a efetiva ação Espiritual pela estrutura operante da Psicologia Transpessoal, ligando os dois mundos. Pela dor ou pelo amor, aprendemos e acabamos saindo do problema (Transcendemos), excedemos os limites normais, ligamo-nos ao plano espiritual, a Deus, ficamos mais experientes, seguros e, aí sim, com o efetivo domínio do espaço estruturado finito, ou seja, com prontidão!

Pelos supra expostos motivos percebe-se como é necessária a produção de trabalhos com base científica para esses exemplos, formalizando e estruturando um constructo, em que cada vez mais se demonstre a efetiva conexão entre a Psicologia Transpessoal, a Saúde e a Espiritualidade, vez que, pelos conhecimentos estruturados e, em desenvolvimento publicados por estudiosos e pesquisadores dessa quarta Força da Psicologia. Pode-se observar o vigor existente no foco cognitivo de seus lidadores a demonstrar excelentes resultados, pertinentes a saúde física, psíquica e espiritual dos seres humanos. A Psicologia Transpessoal se alicerça no transcender e, nos ensina o dicionarista Houaiss, (2009, p. 866), o que segue:

> [...] transcender é o que <u>transcende a natureza física das coisas, metafísico</u>. Excede os limites normais, superior, sublime. Portanto, para alguns autores como Weil, transcender é uma experiência de cume, a qual inclui sentimentos <u>de êxtase e de comunhão com a natureza</u>.

Tudo o que excede a natureza física, ou metafísica, liga-se ao plano Espiritual à totalidade, a Deus. Para Saldanha (2006, p. 109) o princípio de transcendência dá a este trabalho o respaldo necessário à estrutura de seu tema, senão veja-se:

> O prefixo 'trans', como já esclarecemos anteriormente, significa 'através de' e 'muito além de', assim, o que denominamos de '<u>princípio da transcendência</u>' indicaria um impulso em direção ao <u>despertar espiritual</u> que perpassa a humanidade do ser, a própria <u>pulsão de vida, morte e para além delas</u>. O 'princípio da transcendência' <u>envolve a natureza psicológica</u>, descrita por Freud, ampliada por Maslow e por Weil.

Como se observa, as citações contidas nos trabalhos acadêmicos cuidam de interligar o conhecimento já estruturado por inúmeros estudiosos, com produções científicas importantes sobre a Psicologia Transpessoal, focando numa espécie de despertar com o Espiritual. Não há, portanto, como ignorar a conexão existente entre essa ciência e a Espiritualidade. Em outro artigo da lavra de Levy, (2018), o qual estrutura em sua produção literária, uma interface do binômio saúde-espiritualidade no contexto hospitalar, ou seja, a aplicação da Psicologia Transpessoal no atendimento terapêutico tem sido interessante em face de seus resultados. Este trabalho teve o objetivo de verificar se o corpo teórico da Psicologia Transpessoal contribui para a ampliação do conhecimento sobre as relações entre saúde e espiritualidade no contexto hospitalar.

Esse interessante tema, o qual igualmente corrobora com o objetivo deste trabalho, nos enseja a transcrever a conclusão a que chegou Levi em seu estudo, senão veja-se:

> Conclusão: Frente à pesquisa bibliográfica realizada <u>sobre a abordagem da espiritualidade</u> no campo das Ciências da Saúde e a <u>comparação</u> desta fundamentação

> teórica <u>com a abordagem apresentada pela psicologia transpessoal,</u> observou-se que os fundamentos teóricos dessa escola psicológica <u>agregam conhecimentos</u> suficientes <u>para fundamentar</u> e servir de interface no binômio <u>saúde-espiritualidade</u>. Observou-se, ainda, que a metodologia terapêutica proposta pela transpessoal <u>pode ampliar</u> o nível de <u>resiliência</u> e <u>reduzir a dor psicológica e espiritual no contexto hospitalar</u> (LEVY, 2018 p. 2, grifo do autor).

Assim, pode-se perceber com clareza, que, quando há sintonia com a Espiritualidade no *"setting"* terapêutico, na área de saúde, como disse o autor, agrega-se conhecimento para fundamentar uma espécie de conexão existente no binômio "saúde-espiritualidade" e ainda diz, que a proposta elaborada pela Psicologia Transpessoal amplia a resiliência do paciente, reduzindo a dor psíquica e espiritual no contexto hospitalar, fato por muitas vezes constatado.

Não por acaso, pode-se encontrar na obra de Jung, vários relatos pertinentes a Transpessoalidade e a conexão com o Espírito. Em um exemplo de seu acolhimento a um paciente em seu *"setting"* terapêutico. Jung relata sua atenção a um paciente megalomaníaco o qual mantinha consigo uma atitude simpática, gostava de si, por ser a única pessoa a ouvir suas ideias com interesse. Menciona dois exemplos do sintoma do paciente. Na mesma obra, ele demonstra outra modalidade de conexão com o estágio prévio arquetípico e instintivo da consciência, no caso de um recém-nascido, eis os exemplos:

> É <u>necessário provar</u> agora que nesses dois casos particulares <u>não se trata</u> apenas de coincidência meramente causal. Devemos mostrar, portanto que <u>a ideia de um tubo de vento em conexão com Deus</u>. [...] Devido ao medo geral, de que no decorrer da vida <u>se perca a conexão com o estágio prévio arquetípico da consciência,</u> instituiu-se, há muito tempo, o costume de dar <u>ao recém-nascido</u>, além de seus pais carnais, dois padrinhos de batismo, isto é, um godfather e uma godmother, como são chamados em inglês, cuja <u>incumbência principal é cuidar do bem-estar espiritual do batizado</u>. Eles representam o par divino, que aparece no nascimento anunciando o tema do "duplo nascimento" (JUNG, 2000, p. 60-75, grifos do autor).

O texto de Jung diz ser necessário provar que a conexão não é uma coincidência meramente causal, mas sugere mostrar a ideia de um tubo de vento em conexão com Deus, ou seja, o transcender da natureza física para a espiritual. No outro exemplo Jung refere-se à intenção de cuidar do bem-estar espiritual do batizado, igualmente, pelo sentimento, atinge-se a um Estado Alterado de Consciência e se estrutura um acolhimento atencional ao acolhido.

Diante dos exemplos expostos pode-se observar a partir do Estado Alterado de Consciência a efetiva existência de uma estreita conexão entre a Psicologia Transpessoal, a Saúde e a Espiritualidade, haja vista os vários estudos de casos concretos relatados por inúmeros cientistas evidenciados neste trabalho, assim como, dos demais estudiosos e pesquisadores da atualidade.

A Psicologia Transpessoal, reconhecida como a mais recente abordagem da ciência psicológica, representa a quarta força do movimento que teve origem com Freud pela psicanálise. Reconhecida pela ciência como a primeira força marcada pelo determinismo psicogenético, pelas pulsões em constante conflito, com a estrutura id, ego e superego, como formadoras de personalidade. A segunda força, tida pelo Behaviorismo de Watson, com determinismo ambiental de 1913. A terceira força, humanista de Maslow, marcada pelo auto determinismo de 1940, geradora de diferentes psicologias que partilham da mesma visão de um ser humano livre e responsável. A quarta força complementa a terceira caracterizada pela Psicologia Transpessoal, estruturada por Maslow, Jung, Grof, Wilber e outros citados.

A quarta força é uma abordagem, ainda em desenvolvimento, com forte conotação para este terceiro milênio que vivenciamos, visto que, pode-se entender que o campo da consciência humana é potencialmente ilimitado, sem intermediação dos sentidos, ou seja, somente por meio dos Estados Alterados de Consciência, os humanos se conectam com o "Todo", ou seja, a parte e o todo unidos. Assim, estabelecendo a ligação entre o polissistema material, plano onde vive o homem e o polissistema espiritual, nomeado fluído cósmico universal, plano onde se encontram os espíritos, vez que, o que antes pertencia ao domínio da religião e do mito, está cada vez mais, tornando-se consenso na ciência. Pois tudo o que consta no universo está profundamente relacionado com tudo o que nele vive. Há uma íntima interdependência entre tudo e todos no universo.

3. À GUISA DE CONCLUSÃO

Os Estados Alterados de Consciência – (EAC's) são desafios constantes ao conhecimento científico materialista. Existem, há milênios, referenciais e constatações que provocaram profundo impacto naqueles que os vivenciaram, ofertados em todas as civilizações e eras pelas crenças e religiões. Hoje, pelos princípios epistemológicos da ciência Transpessoal a serem largamente ampliados pelos desenhos da ciência vigente, sem perder o rigor científico e o senso crítico.

Simão, (2018), sobre o terapeuta Transpessoal diz:

> O terapeuta dentro desta nova abordagem é apenas um facilitador que acompanha e orienta amorosamente o desenvolvimento, a equilibração, a harmonia e o equilíbrio psico-espiritual de seus pacientes. (SIMÃO, 2018, p. 10).

Percebe-se com clareza, nesse e em outros tantos artigos, estudos e livros, a conexão firme, segura e indiscutível da Psicologia Transpessoal, com a Saúde e com a Espiritualidade, não há, portanto, como ignorá-la. Entende-se, que é preciso a ciência materialista, dentro do rigor científico e senso crítico, apenas, validar as constatações havidas em todos os tempos, hoje ratificadas por cientistas e pela ciência Transpessoal.

Toda a realidade tem uma natureza psíquica. Assim, toda a matéria tem algum nível de consciência, seja uma planta ou uma pedra.

Fechner, 1850

Considerações Finais

Quem quiser ser feliz deve aprender o exercício
permanente da paciência.

Leocádio José Correia

Quero acreditar que todo o escritor neófito como eu, ao chegar na conclusão de sua obra, "sente que apenas está começando" e ainda muito tem por fazer, num eterno sentimento do "vir a ser". Um projeto acabado para o editor, que continua inacabado para o autor, sempre preocupado em atualizá-lo, pois como "buscador" conhece a dinâmica da vida, melhorando-o continuamente, como faziam os alquimistas ao seguirem seu grande lema alquímico.

O escritor, ao realizar sua leitura de mundo, transforma-se no buscador, transporta-se em projeção, qual viagem espacial, para consultar a recônditos pensamentos, junto aos seus mentores espirituais, seu anjo de guarda, seus bondosos inspiradores e consultores, sobre o enigma que começa justamente no final de sua obra. Pergunta-se o perguntado o que vem a ser o fim? – Será que nele, nesta obra consegui chegar? – Não estarei inserido apenas num novo começar? – Ou simplesmente me encontro no ponto intermediário entre o Alfa e o Ômega?

Após questionar-se, concebe por intuição que o fim não existe, até mesmo para uma composição literária, que "apenas condensa cuidadosamente energias" num parâmetro espacial a ser usado pelo leitor como alavancas impulsionadoras de seus sonhos, transformando-as em novas energias mentais, as quais certamente manterão suas vibrações enquanto existirem sob consulta. Cumprindo a sua função sagrada pela eternidade, serão todos considerados autores aqueles que compreenderem profundamente os objetivos que estruturam essa composição.

O escritor sabe e sente que a obra é viva, nascida, concebida entremeio aos galopes para refrear o ímpeto mágico, que faz brotar a qualquer hora do dia ou da noite, ribombando em açoite mental, com velocidade estonteante. Intuições, ideias e sentimentos que precisam de imediato ficar registrados. Caso contrário, jamais poderão ser absorvidos, sentidos e elaborados pelos demais, num sentido temporal, transcendente... juramental. Registros e mais registros que depois necessitam das intermináveis horas para classificação e burilamento da ideia. Tal como o polimento necessário ao brilhante. É assim que nasce um livro, como tudo na vida nasce compromissado com o bem, para o amor e jamais para de crescer... multiplicando opiniões, sentimentos e vontades, não pára nunca! – Assim, nossa orientação:

"O escritor é o tabelião, testemunha e para-raios dos fatos, pois recebe a carga da chispa violenta e a transmuta fragmentada em sínteses pacíficas e orientativas".

Escriba de seu tempo, a registrar comentando processos e procedimentos sociais, apontando coisas e fatos que precisam ser reparados, fazendo a ponte entre o que vê e o que precisa ser feito, monitorando o seu mais próximo para o melhor exercício da vida, auxiliando, corrigindo, transformando... enfim.

O mesmo ocorre com vibrações tiradas de um acorde musical pelas treinadas mãos de seu compositor, fazendo nascer para o audível a sonoridade silenciosa existente na contextualização de um plano estruturado nas dimensões mais sutis. A obra criativa do poeta gravando nas letras mortas a exalar energias vivas, em folha branca criando continuamente a esperança, ante a observação do leitor atento. Eis a nossa humilde experiência!

"O poeta é o mago das palavras, pois conhece pelo exercício constante da benigna intuição que: a saudade não mata, ajuda a gente a viver!".

Nas sinuosas curvas existentes na escultura modelada, nas hábeis mãos amorosas do artista que, como ninguém, sabe processar em mágicos toques e retoques a concluir sua obra. Demonstra o profundo amor à preservação da leitura de seu mundo. Compreende perfeitamente o elo existente entre criação e criador. Como os demais sensitivos e artistas, vive tangendo às sagradas leis da harmonia universal, decodificando-as ao sabor de seus silentes observadores anônimos.

Na dinâmica temporal passaram-se séculos e milênios, os registros escritos ficaram como balizadores do presente, sustentadores de futuras ações criativas, em que o elo inspirador repousa exatamente na tríplice ligação: autor, cenário e leitor. Para este escritor, o sucesso literário repousa no bem que se possa fazer ao leitor, irmão e semelhante, e não nas marcas auferidas por tiragens cada vez maiores em edições subsequentes. – Sejam felizes... o amor vem chegando enquanto a dor vai passando... Pensem nisso!

Ainda nos veremos, aqui ou ali, se Deus quiser!

Referências

ALTUS, Mutus Liber. **O Livro Mudo da Alquimia**. Ensaio introdutório, comentários e notas de José Jorge de Carvalho. São Paulo: Attar Editorial, 1702.

AMERICAN PSYCHIATRIC ASSOCIATION. **Diagnostic and Statistical Manual of Mental Disorders**. Fourth Edition (DSM-IV). Washington: American Psychiatric Press, 1994.

ARMOND, Edgard. **Os Exilados da Capela**. São Paulo: Editora Lake, 1995.

AVEZUM Jr., Álvaro *et al*. **Diretriz de prevenção espiritualidade e saúde**. Sociedade Brasileira de Cardiologia, Grupo de estudos em espiritualidade e medicina cardiovascular – GEMCA. Rio de Janeiro, 2019.

BALADO-GONZALES, José Luís. **Madre Teresa de Calcutá** – Cristo nos subúrbios. 3. ed. São Paulo: Edições Paulinas, 1976.

BESSANT, Annie. **Um Estudo Sobre a Consciência**. São Paulo: Editora Pensamento, 1955.

BLAVATSKI, Helena. **A Voz do Silêncio**. Los Angeles: Editora Theosophy Company, 1987.

BRENNAN, Bárbara Ann. **Mãos de Luz** – Um Guia para a Cura através do Campo de Energia Humana. São Paulo: Ed. Pensamento, 1997.

CAMPOS, Cláudia Camargo de. **Ciganos e Suas Tradições**. São Paulo: Madras Editora, 1999.

CAPRA, Fritjof. **O ponto de mutação** – A ciência, a sociedade e a cultura emergente. São Paulo: Editora Cultrix, 1982.

CAPRA, Fritjof. **O Tao da Física** – Um paralelo entre a Física Moderna e o Misticismo Oriental. 3. ed. São Paulo: Editora Cultrix, 1983.

CARNAC, Pierre. **A Atlântida de Cristóvão Colombo** – DIFEL. São Paulo: Difusão Editorial, 1978.

CAVIGLIA, Alberto. **Dom Bosco** – uma visão histórica. São Paulo: Ed. Salesiana Dom Bosco, 1987.

CHOPRA, Deepak. **O Caminho do Mago.** Rio de Janeiro: Editora Rocco, 1996.

COSTA, Edilson da. **Guia para trabalhos acadêmicos.** 5. ed. Curitiba: Editora Infante, 2017.

COSTA, Vítor Ronaldo. **Apometria** – Novos Horizontes da Medicina Espiritual. 1. ed. São Paulo: Casa Editora O Clarim, 1997.

CRUZ, Maury Rodrigues da. **No Cenário da Vida.** Obra mediúnica pelo espírito de Leocádio José Correia – SBEE – Sociedade Brasileira de Estudos Espíritas. 1. ed. Curitiba, 1993.

DÄNIKEN. Erich Von. **O dia em que os deuses chegaram** – 11 de agosto de 3114 A.C. Círculo do Livro S.A. São Paulo: Companhia Melhoramentos, 1986.

DRAKE, Raymond W. **Deuses e Astronautas Através da História.** Rio de Janeiro: Editora Record, 1975.

DROSNIN, Michael. **O Código da Bíblia** – As Profecias Ocultas no Antigo – Testamento. São Paulo: Editora Cultrix, 1997.

FRANCO, Divaldo Pereira. **O ser consciente.** Livro psicografado, ditado pelo Espírito de Joanna de Ângelis. Brasília; São Paulo: Editoria Leal, 1995.

FRANCO, Divaldo. **Nos Bastidores da Obsessão.** Brasília: FEB, 1990.

FRAZÃO, Marcia. **Revelações de uma Bruxa.** 6. ed. Rio de Janeiro: Ed. Bertrand Brasil, 1994.

GROF, Stanislav. **Aventura da autodescoberta,** 1997. Disponível em: https://www.skoob.com.br/livro/pdf/a-aventura-da autodescoberta/livro.../edicao:2950. Acesso em: 23 abr. 2018.

HOUAISS, Antonio. **Dicionário da Língua Portuguesa.** Com a nova ortografia. 1. ed. Rio de Janeiro, 2009.

HUXLEY, Aldous. **Admirável Mundo Novo.** 5. ed. Tradução de Vidal de Oliveira e Lino Vallandro. Porto Alegre: Editora Globo, 1979.

JOHNSON, Robert A. **A Chave do Reino Interior "Inner Wokl".** Tradução Filma Gelli. São Paulo: Editora Mercuryo, 1989.

JUNG, Carl Gustav. **Os arquétipos e o inconsciente coletivo**. 2. ed. Rio de Janeiro: Editora Vozes, 2000.

KARDEC, Allan. **O Evangelho Segundo do Espiritismo**. 185. ed. São Paulo: Instituto de Difusão Espírita, 1978.

KARDEC, Allan. O Livro dos Médiuns. 1. ed. Tradução de José Herculano Pires. São Paulo: Federação Espírita, Estado de São Paulo, 1984.

KOLODY, Helena. **Ontem Agora** – Poemas Inéditos. Curitiba: Secretaria de Estado da Cultura, 1991.

KORTE, Gustavo. **O Roteiro Mágico de Pitágoras** – Na Viagem em Busca Da Linguagem Perdida. São Paulo: Editora Fundação Peirópolis, 1999.

LACERDA, José de Azevedo. **Energia e Espírito**. 2. ed. Porto Alegre: Editora Gráfica e Editora Comunicação Impressa, 1955.

LACERDA, José de Azevedo. **Espírito e Matéria** – Novos Horizontes Para a Medicina. Porto Alegra: Editora Pallotti, 1997.

LEITE, Imelidiane Silva *et al*. A Influência da espiritualidade na prática clínica em saúde mental. **Revista Brasileira de Ciências da Saúde**, Pernambuco, v. 17, n. 2, p. 189-196, 2013.

LENNEP, Jacques Van. **Arte y Alquimia**: Estudio de la Iconografia y de Sus Influencias. Madrid: Editora Nacional, 1978.

LEVI, Eliphas. **Os Paradoxos da Sabedoria Oculta**. Sociedade das ciências Antigas, Alphonse-Louis Constant, retrato de capa por um de seus amigos, 1836.

LEVY, Clayton. **A psicologia Transpessoal como interface do binômio saúde-espiritualidade no contexto hospitalar**. Disponível em: https://ipec-transpessoal.com.br/a-psicologia-transpessoal-como-interface-do-binomio-saude-espiritualidade-no-contexto-hospitalar/. Acesso em: 26 dez. 2018.

MAES, Ercílio. **Mensagens do Astral**. São Paulo: Editora Freitas Bastos, 1969.

MAIA, João Nunes. **Francisco de Assis**. Obra psicografada pelo Espírito Miramez. 9. ed. Belo Horizonte: Editora Espírita Cristã Fonte Viva, 1985.

MATHERSON, Richard. **Em Algum Lugar do Passado**. São Paulo: Ed. Abril Cultural, 1983.

MCCONNELL, Malcolm. A Fé Pode Favorecer a Cura – Novas provas reforçam uma velha crença. **Revista Reader's Digest; Seleções**, 57º ano em português, mar., 1999.

MILLER-FÜLÖP, René. **Os Anjos Que Abalaram o Mundo**. 9. ed. Rio de Janeiro: Livraria José Olympio Editora, 1987.

MINICUCCI, Agostinho. **Os Bruxos do Morro Maldito e os Filhos de Sumé**. São Paulo: Editora Morais, 1992.

MIRANDA, Hermínio C. **Diálogo Com As Sombras**. Rio de Janeiro: FEB, 1999.

NAILLEN, Van Der. **Nos Templos do Himalaya**. Empresa Typographica. São Paulo: Editora "O Pensamento", 2003.

NEGRO JUNIOR, Paulo J.; NEGRO, Paula Paladino; LOUZA, Mário Rodrigues. **Dissociação e transtornos dissociativos:** modelos teóricos. Disponível em: http://www.scielo.br/scielo.php?script=sci_arttext&pid=S1516-4446199900040014#back. Acesso em: 22 dez. 2018.

PAPUS. **Tratado de Ciências Ocultas** – A Magia, A Cabala, Os Espíritos, A Pedra Filosofal, A Maçonaria. São Paulo: Editora Três, 1973.

PARACELSO. **Opera Omnia**. Título Original, notas biográficas e tradução de Antonio Carlos Braga. São Paulo: Ed. Três, 1973.

PAUWELS, Louis *et al*. **O Despertar dos Mágicos** – Introdução ao Realismo Fantástico. 26. ed. Rio de Janeiro: Ed. Bertrand Brasil, 1996.

PEREIRA, Yvone. **O drama da Bretanha** – Obra mediúnica ditada pelo espírito Charles. Federação Espírita Brasileira. Rio de Janeiro: Deptº. Editorial, 1993.

PERES, Júlio Fernando Prieto. **Espiritualidade & Saúde Mental**. Zen Review. São Paulo: Segmento forma editores, distribuição à classe médica, 2009.

PIETRONI, Patrick. **Viver Holístico**. São Paulo: Summus Editorial, 1988.

REDFIELD, James. **O Segredo de Shambhala** – Em Busca da Décima Primeira Visão. Rio de Janeiro: Editora Objetiva, 2000.

REVEL, Jean-Françoiis; RICARD, Mattieu. **O Monge e o Filósofo** – O Budismo hoje. São Paulo: Editora Mandarim, 1998.

REVISTA VEJA ABRIL. **Orientação inédita pertence à nova diretriz da Sociedade Brasileira de Cardiologia (SBC)**. Jornalista Letícia Passos, matéria publicada em 18/09/2019. Disponível em: https://veja.abril.com.br/saude/espiritualidade-deve-ser-assunto-nas-consultas-diz-novo-documento-medico/ Acesso em: 10 ago. 2020.

SALDANHA, Vera Peceguini. **Didática transpessoal:** perspectivas inovadoras para uma educação integral. 2006. Tese (Psicologia Transpessoal). Unicamp. São Paulo, 2006

SCANDIUZZI, L. C. **A Morte de Um Mago**. São Paulo: Nexo Editorial, 1999.

SEGAL, Erich. **Uma História de Amor**. São Paulo: Editora Abril Cultural, 1984.

SIMÃO, Manoel J. Pereira. **Psicologia transpessoal e a espiritualidade**. Disponível em: http://www.saocamilo-sp.br/pdf/mundo_saude/79/508a519.pdf. Acesso: 29 dez. 2018.

TARADE, Guy. As Crônicas dos Mundos Paralelos. Rio de Janeiro: Difusão Editorial, 1978.

TORRES, A. Villaca. **Abençoadas Horas Tristes**. Curitiba: Print Form Fotolitos e Editora, 1999.

UBALDI, Pietro. **A Descida dos Ideais**. Tradução de Manoel Emydio da Silva. São Paulo: Editado pela Fundação Pietro Ubaldi, 1984a.

UBALDI, Pietro. **A Grande Batalha**. 3. ed. Tradução de Carlos Torres Pastorino. Rio de Janeiro, 1984b.

UBALDI, Pietro. **A Grande Síntese**. 3. ed. Tradução Carlos Torres Pastorino. São Paulo: Editado pela Fundação Pietro Ubaldi, 1984c.

UBALDI, Pietro. **As Noúres** – Técnicas e Recepção das Correntes de Pensamento. 3. ed. Tradução de Clóvis Tavares. Rio de Janeiro, 1984d.

UBALDI, Pietro. **Grandes Mensagens** – 1ª Trilogia. Tradução de Clovis Tavares. São Paulo: Editora Lake, 1952.

VAN PRAAGH, James. **Em busca da Espiritualidade**. Rio de Janeiro: Editora Sextante, 1999.

WALDRIGUES, Augusto. **História do Monge João Maria**. Curitiba: Editora Lítero Técnica, 1985.

WEIL, Pierre. **Antologia do Êxtase.** Disponível em: https://pierreweil. pro.br/1/Livros/Portugues/.../Antologia%20do%20extase.pdf. Acesso em: 20 set. 2018.

WEIL, Pierre. **Organizações e Tecnologias para o Terceiro Milênio** – A Nova Cultura Organizacional Holística. 4. ed. Rio de Janeiro: Editora Rosa dos Tempos, 1995.

WEISS, Brian. **Meditando com Brian Weiss:** a busca do equilíbrio, da cura e da espiritualidade. Rio de Janeiro: Ed. Salamandra, 1988.

WILBER, Ken. **O espectro da Consciência**. São Paulo: Ed. Cultrix, 1977.

XAVIER, Francisco Cândido. **Brasil Coração do Mundo Pátria do Evangelho**. Obra mediúnica pelo espírito de Humberto do Campos. 22. ed. Rio de Janeiro: Deptº. Editorial, 1996.

XAVIER, Francisco Cândido. **No mundo maior**. Livro psicografado, ditado pelo Espírito de André Luiz.

XAVIER, Francisco Cândido. **Nosso Lar** – Obra mediúnica pelo espírito André Luiz. 47. ed. Brasília: Federação Espírita Brasileira, 1997.

Glossário

1- **AGHARTA** – Termo designativo de origem Budista refere-se a um Paraíso ou Mundo Subterrâneo, significando também um império em que os budistas tradicionais acreditam fervorosamente. Creem alguns que neste mundo, existem milhões de habitantes distribuídos por muitas cidades coordenadas por um comando supremo localizado na cidade chamada de Shamballah, que seria a capital desse Império subterrâneo e nele vive o seu rei. Acredita-se que nesse mundo havia uma passagem composta de túneis e cavernas ligando ao Tibete, idênticos aos túneis misteriosos e fascinantes cavernas encontrados no Brasil.

2- **ÁGUA** – Vamos observar a extrema importância que tem a água para a continuidade da vida no planeta. Ela é a seiva fundamental para a continuidade das espécies, símbolo energético da natureza, da fertilidade, da pureza, da sabedoria, da graça e da virtude. É luz, é palavra, é o verbo gerador, transmissor e transmutador da existência humana. Nenhuma água é igual a outra. Tecnicamente tem a propriedade de hidratar o organismo e repor energias. Importante para combater alergias e doenças crônicas, desde os tempos mais remotos têm sido para o homem fonte energética, bálsamo restaurador e recuperador. Seu conteúdo é processado em milhares de anos na conformidade com o tipo de configuração e composição rochosa, bem como de seu nível radioativo e de temperatura. Nas indicações de inúmeras literaturas hidroterápicas, observamos que cada tipo de água tem a sua própria especificação e recomendação, senão vejamos: Ácida – indicada para regularizar o pH da pele. Alcalina – indicada para hidratar a pele e diminuir a acidez estomacal. Bicabornatada Sódica – indicada para problemas estomacais de modo geral, úlceras gastroduodenais, hepatite e diabetes. Brometada – indicada para epilepsia, para os desequilíbrios emocionais, histeria, além de ser tranquilizante. Cálcica – indicada para dermatoses, problemas brônquicos, asma, colite, raquitismo e auxilia na recuperação de fraturas. Carbogasosa – indicada para a digestão, diurética, para estimular o apetite, auxilia no controle da hipertensão arterial. Carbônica – indicada para controlar o apetite e como hidratante da pele. Fluoretada – indicada para fortalecer ossos e dentes. Iodetada – indicada para inflamações faringianas e problemas de tireoide. Ferruginosa – indicada para combater alergias, acne, anemia e estimula o apetite. Magnesiana – indicada para os problemas intestinais e fígado. Oligomineral radioativa – indicada para intoxicações hepáticas, ácido úrico, inflamações renais e alergias. Radioativa – indicada para a digestão, calmante, laxante, cálculos renais e gordura no sangue. Sulfatada – indicada como antitóxico e anti-inflamatório. Sulfatada Sódica – indicada para as colites, prisão de ventre e fígado. Sulfurosa – indicada para artrites, dermatoses e problemas reumáticos.

3- **ALEXANDRIA** – Uma das sete maravilhas do mundo, considerada a cidade luz e capital do mundo antigo, berço de filósofos, de santos, de hereges e de papas. Fundada por Alexandre, o Grande, rei da Macedônia, se nomeou chefe dos gregos e depois de derrotar os Persas, alcançou o lado oeste do delta do Nilo. Ali fundou a "Alexandria do Egito". Procurava unir-se à história dos faraós. Edificou o Farol de Alexandria por inspiração de seu mestre Aristóteles. cidade em que nasceu Cleópatra em 69 a.C. e suicidou-se no ano 30 a.C. ao perceber a derrota ante os exércitos romanos de Otávio. Ela tornou-se um mito para o século XX como mulher fatal e até mesmo um símbolo sexual. Alexandria, a Cidade luz da Antiguidade, grande metrópole que ultrapassou os limites geográficos e históricos, pois se tornou o coração do império helenístico. Foi um verdadeiro centro de estudos com a mais famosa biblioteca da época, reuniu perto de 700.000 obras, todas queimadas. A cidade e a cultura foram arrasadas quando da invasão pelos árabes.

4- **AMAZONAS** – Pela mitologia grega, agrupamento de mulheres guerreiras que teriam habitado a região do Ponto (Ásia menor), às margens do rio Termodonte. Uma de suas rainhas, Hipólita, foi vencida por Hércules. Exerciam a prática do culto negro. Também, termo dado às índias guerreiras as quais teriam sido encontradas pelos colonizadores na América do Sul. Outros pesquisadores informam que as amazonas teriam habitado as bordas do mar Negro e enviavam os filhos homens aos pais. As filhas eram treinadas para a guerra, tinham o hábito de queimar o seio direito para facilitar o uso do arco, caçavam e montavam com maestria. Eram belíssimas, porém impiedosas com os inimigos. Doutro lado, foram realizadas descobertas arqueológicas nas proximidades da cidade russa de Pokrovka, onde se encontrou tumbas com ossadas femininas ao lado de armamentos, provando que uma tribo de lutadoras habitou aquela região há seis séculos antes do nascimento de Cristo, muito embora suas características físicas fossem diferentes das amazonas. Ali, foram encontradas 147 tumbas. Acredita-se que as mulheres guerreiras de estrutura óssea larga e de cabeças alongadas e

O Mago, o Monge e o Médico

corpo bastante musculoso, faziam parte das tribos sauromatas, nômades que conquistaram as estepes da Eurásia no começo da idade do ferro. Há indícios apontando que os sauromatas migraram na direção oeste, provavelmente até a região da Europa Ocidental, e foram encontradas linhagens até na Mongólia e Cazaquistão. Descobertas arqueológicas mostraram que descendentes desse povo chegaram a lutar durante o Império Romano.

5- **APOMETRIA** – São palavras oriundas do Grego que significam: "Apo" além de, e "metron" medida. Apometria foi o nome escolhido pelo seu pesquisador para designar o processo de "desdobramento" do corpo astral ou mental, também chamado de "Bilocação", "Projeção Astral" ou "Viagem Astral". É a separação do corpo astral (ou mental) do corpo físico. É um processo que apenas difere do processo mediúnico espírita por ter suas reações de maneira inversa, pois no processo clássico os médicos do astral vêm até o paciente. Na apometria o paciente é levado até os Hospitais da Astralidade, porém todo o seu embasamento, estrutura, acompanhamento e aplicações técnicas são profundamente respaldados na doutrina espírita e consequentemente no evangelho de Jesus. Dessa forma é trabalho voluntário, fraterno e de caridade, cujas ações, realizações e trabalhos têm que ser fraternos em prol do próximo e **"jamais poderão ser cobrados"** a título de terapia holística, desdobramento anímico ou regressão a vidas passadas utilizando-se da apometria que é o desdobramento de fato. Infelizmente muitos irmãos, visando o "Ter", estão a transgredir a orientação espiritual não "dando de graça o que de graça recebem". A definição do nome Apometria foi dada pelo médico Dr. José Lacerda de Azevedo, após conhecer os trabalhos de Luiz Rodrigues estudioso, também pesquisador da "Hipometria" como chamava essa técnica no seu nascedouro.

6- **ARMAGEDDON** – Designação encontrada tanto na filosofia bíblica, quanto nos relatos e orientações premonitivas dos magos, videntes, adivinhos e filósofos da antiguidade e refere-se diretamente ao Apocalipse oriundo do grande conflito que haverá entre o bem e o mal. Esse conflito, também se encontra descrito nos famosos *Manuscritos do Mar Morto*. Foi considerada a maior descoberta arqueológica de todos os tempos, encontrados em 11 cavernas entre 1947 e 1956, na região de Qumran, costa noroeste do Mar Morto. Esses manuscritos foram gravados sobre pele de carneiro. Trata-se da relíquia religiosa mais convincente encontrada pelo homem. Sua idade foi determinada pelo método do carbono 14. Entre os rolos do Mar Morto, figuram entre outros textos a "Guerra dos Filhos da Luz, Contra os Filhos das Trevas".

7- **ARQUEPADIA** – Termo originado do Grego que significa: "Épados" – magia e "archaios" – antigos. Trata-se de campo de indução magnética de ordem física e mecânica, idêntico ao funcionamento de um imã que pelas leis físicas permanece inalterado e vibra eternamente. É a síndrome psicopatológica que resulta da magia originada num passado remoto, mas atuando ainda no presente. Um eficiente antídoto para desintegrar essa indução magnética está contido nas poderosas ondas vibratórias do pensamento quando em oração profunda e sentida. Finalmente alguns cientistas de nosso tempo vêm classificando este campo indutivo de "Campo-Morfogenético" que é uma matriz invisível conforme afirma Rupert Sheldrake no seu livro *A New Science of Life*.

8- **ARQUÉTIPO** – Conceito platoniano para a demonstração e compreensão das formas ideais ou formas mais sutis. Pode-se, igualmente entender como padrões preexistentes oriundos de uma mente Superior ou Divina, a determinar nova forma que o mundo material passará a existir. Jung conceitua arquétipos psicológicos como modalidades padronizadas e características que preexistem na psique coletiva da humanidade, denominando-os de modelos iniciais. Determinou também, a existência arquetípica pelos símbolos oníricos, pela correspondência de imagens mitológicas da antiguidade, pelas gravuras, artes, esculturas, religiões etc.: Em Grego "arche" significa primeiro e "Typos" – marca, modelo... Ainda, o termo "arquétipo" quer referir-se à "Imagem Divina" (Imago Dei) existente no homem. Irinaeus disse: "O Criador do mundo não formou estas coisas diretamente de si mesmo, mas as copiou de arquétipos exteriores".

9- **ASTROMANCIA** – É a arte de adivinhar por intermédio dos astros. Trata-se de uma antiga prática ligada à Astrologia, que é a arte de predizer os acontecimentos pela observação dos astros. Os Magos que igualmente eram profetas. Dotados dos conhecimentos de Astrologia e de Alquimia, entre outros.

10- **ATANOR** – Termo usado pelos alquimistas para denominar o forno alquímico, em que a matéria-prima era tratada até converter-se na pedra filosofal. Forno usado pelos alquimistas para derreter os metais em transmutação, o atanor é comparado ao útero em que se aquece o ovo filosófico. É também o microcosmo, símbolo central de todo o imaginário alquímico, da transformação ou da transmutação.

11- ATLÂNTIDA – Várias são as lendas, bem como informações búdico-isotéricas e de antigas sociedades secretas sobre a existência desta civilização existente no Atlântico, de dimensões continentais, a qual teria submergido a aproximadamente 11.500 anos a.C., pela ocorrência de um grande cataclismo (apocalipse) provocado por um possível conflito nuclear descrito por Raymond Bernard no seu livro a *Terra Oca*. Muitas são as teorias de sua existência. A principal delas é que existem remanescentes desta avançada civilização vivendo num mundo conhecido dos Hindus (Ramaiana), Tibetanos e demais povos orientais sob o nome de "Agharta" e que essa raça é perfeita e original chamada de "Hiperbóreos" ou a raça dos deuses. Outra teoria tenta provar que o centro principal da colonização Atlante tenha sido na América do Sul, principalmente no Brasil. Nesse país estão os maiores portais de entrada para o centro da Terra, pelas cavernas, túneis e galerias subterrâneas, muitas delas sendo descobertas agora no ano 2000. O mais famoso destes túneis é a "Estrada dos Incas", rota ou trilha subterrânea que se estende por milhares de quilômetros ao sul de Lima, no Peru, passando por Cuzco, Tiahuanaco e Três Picos, rumando para o deserto Atacama, com uma bifurcação para Arica no Chile, o qual foi visitado por Madame Blavatsky. Segundo a lenda, no Brasil, existem outras ramificações daqueles túneis, a mais famosa encontra-se nas Montanhas do Roncador, a nordeste de Mato Grosso.

12- BASTÃO DE LUZ CURADORA DOS ATLANTES – Esse bastão também foi conhecido como bastão cromático. Tinha a função precípua de combinar matizes energéticos visíveis (materiais) e invisíveis (emanados pelo pensamento). Com isso podemos perceber o desenvolvimento havido na época, de uma forma de controle, manipulação e desenvolvimento energético mental, emocional e de radiação cromática capaz de equilibrar tudo ao redor do ser, provocando a transmutação. Pode-se também entender a modalidade aplicativa da Lei das Interinfluenciações. O bastão era o extraordinário instrumento utilizado para curas, por intermédio do "reequilíbrio" físico, mental e espiritual. Emitia intensa quantidade energética, que poderia ser dirigida a curta, média e longa distância, sem estarem adstritas às configurações de tempo, espaço e peso. Os Atlantes, por exemplo, utilizavam os cristais com grande sucesso, pois combinavam a luz, a cor, o som e a energia das formas do pensamento, que eram canalizadas para benefício de todos. Atualmente a utilização dos cristais vem aumentando dia a dia em todo o mundo, principalmente para o alinhamento dos chakras, limpezas energéticas, meditações, abertura de canais telepáticos, curas e contatos suprafísicos.

13- BIG BANG – Muitas são as conclusões para o estabelecimento da teoria da criação do mundo, o conhecido Big Bang, todavia, a ciência não consegue explicar como "o tudo surgiu do nada". A tese aceita nos meios científicos de que há mais de 15 bilhões de anos aconteceu o poderoso relâmpago seguido de um estampido de proporções inimagináveis às escalas humanas, que "poderia" ter criado a matéria "densa", a energia e o próprio tempo e após surgiram as partículas elementares, as cadeias atômicas etc. O grande estrondo ocorrido no que conhecemos por "espaço", pode ser captado por potentes radiotelescópios e supostamente estão a demonstrar que o universo é resultante de uma espécie de Big Bang. A partir daí não parou de crescer, "se faz em energia e se desfaz em energia", sempre na contínua modificação, "transmutação". Entendem os estudiosos que três foram as condições lógicas para justificar a tese do Big Bang quais sejam: a dinâmica, o conteúdo material e a emissão do céu atual. A expansão cósmica não parou jamais.

14- BUDA – Sábio ou iluminado, também conhecido como Gautama ou Çáquia-Múni. Foi o fundador do Budismo, personalidade histórica, filho do chefe da tribo çáquias e criador de uma nova religião que se opôs ao bramanismo no século V, antes de Cristo. Considerava que o sofrimento é resultante das paixões. O Budismo passou da Índia para a China. No século II e no século VI de nossa era, passou para o Japão.

15- BUDDHI – Faixa atemporal. Zona espiritual ou campo no qual se situa uma das formas de manifestação do espírito. Trata-se de um dos veículos de manifestação do espírito localizado num campo ou dimensão denominada de "Tríade Divina", constituída do "Eu Crístico". Nessa tríade inserem-se os corpos astral, mental inferior, mental superior, búdico ou buddhi e átmico. No campo búdico, situado em nível superior onde as vibrações são "quintessenciadas" (quinta essência, ou plano celestial, ali, reina a Paz Celestial, o bem-estar, a alegria e a felicidade), e lá, não existe mais tempo. O presente, o passado e o futuro desaparecem, para só existir o eterno presente.

16- **BUG** – O termo "bug" (inseto em inglês), surgiu em 1945, precisamente na Universidade de Harvard EUA., quando uma simples mariposa causou uma falha no computador batizado com o nome de Mark II, gerando erros no processamento de dados. A mariposa morta dentro do equipamento causou verdadeiro caos. Contudo na virada do século em que estamos 1999 para 2000, o maior temor era que os computadores não reconhecessem o "00" do ano 2000 e voltassem para o ano 1900, o que causaria um novo, porém grande, bug implantado sem prever pelos programadores da década de 60. Informam os técnicos, que o perigo ainda não passou. Poderá haver muitas dores de cabeça no ano 2001 e 2002, pois a mariposa do Mark II, ainda pode fazer muitos estragos na atual rede mundial de computadores atingindo todos os segmentos da sociedade humana. O bug do milênio, ou bug 2.000 incomodou muito àqueles que pensam ser simplesmente mortais. Acabando a vida do corpo físico, tudo se acaba. Ledo engano! – Por isso, não podemos esquecer a contagem regressiva que antecedeu a passagem do ano 1999, onde a grande catástrofe mundial, mais uma vez, estava presente junto a nós, principalmente nas telecomunicações, aviação, energia, água, bancos, hardwares, softwares, hospitais, segurança, salvamento, questões jurídicas impactantes sobre empresas e cidadãos e muito mais...

17- **ÇÁQUIAS** – Termo que designa a antiga tribo oriental "tribo dos çáquias", tendo como chefe há mais de cinco séculos antes de Cristo, o Pai de Gautama conhecido como Buda.

18- **CALENDÁRIO CRISTÃO** – O Calendário Cristão tem o seu início com o nascimento de Jesus, porém outros calendários existem, gerando uma grande controvérsia em nossos dias. A maneira de contar o tempo diferencia-se de povo para povo. Judeus, por exemplo, já passaram do ano de 5759, o calendário babilônico contemplava o ano com 354 dias. Teólogos e estudiosos da Bíblia concordam que o marco zero não corresponde com precisão ao ano do nascimento de Jesus. Isso porque, antes de Dionísio (o pequeno monge que recebeu do papa a tarefa para fazer os cálculos para o estabelecimento do calendário cristão, podendo ter cometido um equívoco de seis anos), usava-se a data da fundação de Roma para contar os anos. Porém se o equívoco existe, sua correção será praticamente impossível. O calendário maia, por exemplo, teve seu início entre o ano 3.000 e 8.000 a.C.

19- CAVERNAS – Como vemos na história, elas nos contam do passado e nos mostram o futuro. Do passado temos interessantes informações que nos foram transmitidas pelo homem das cavernas pelos traços e gravuras feitos em suas lajes. Do futuro, dispomos de preciosas informações no presente a nos mostrar importantes caminhos que podemos perquirir junto às cavernas. Entre tantas informações de arqueólogos, geólogos, espeleólogos, geógrafos e historiadores, houvemos por bem nesta obra, registrar, um fato interessante para conhecimento e futuras pesquisas, senão vejamos: "Em várias obras literárias temos a menção sobre a possibilidade de formas de vida no centro da Terra", sendo, entre outras, as cavernas suas principais entradas. É o que encontramos na obra de Raymond Bernard intitulada a *Terra Oca – A descoberta de um Mundo Oculto* na sua 11ª edição de 1995, sendo a versão brasileira publicada pela Record – Rio de Janeiro, traduzida por Homero Diniz Freitas. Nela citam a descoberta histórica no ano de 1947, do contra-almirante Richard E. Byrd, de novas áreas da Terra desconhecida dentro das concavidades polares além dos polos norte e sul. Em dezembro de 1929, fez um voo de 2.730 quilômetros "além" do Polo Norte, "dentro da abertura polar". Cita que a teoria da Terra Oca foi formulada por William Reed em 1906, e depois por Marshall B. Gardner em 1920. Amadeo Giannini escreve um livro a respeito em 1959, e no mesmo ano Ray Palmer edita a revista Flying Saucers ampliando essa teoria. Em 1908, o Livro *The Smoky God* descreve a viagem extraordinária de Olaf Jansen ao interior da Terra. Agharta é o nome Budista para o mundo subterrâneo. Ali podem existir túneis ligando as cavernas existentes no Brasil, no Oriente e no Tibete.

20- CISTERCIENSES – Ordem monástica instituída no dia 23/03/1098, oriunda da ordem de São Bento existente desde o século IV. Foi fundada por três monges denominados Humberto, Alderico e Estevão, que se respaldavam nas ideias de solidão e de separação do mundo. Criaram seus mosteiros com suas próprias mãos, preferencialmente junto às matas. Aceitaram a regra de São Bento, porque queriam vivê-la dentro da maior fidelidade possível e acharam que a pobreza do monge se manifestava no trabalho manual. Instituíram também a *Carta da Caridade* e com essa postura dedicada a Deus, espalharam-se pelo mundo.

21- CLARIVIDÊNCIA – É a visualização de um quadro fluídico ou vidência de outra região espacial material ou espiritual, a distância duma ação ou um fato realizando-se como se estivesse no momento presente. A clarividência é o atributo dos sensitivos, também conhecidos como médiuns espíritas. Muito usada e conhecida até os nossos dias, ela pode anteceder o que conhecemos como profecia. Insere-se no campo do psiquismo sendo estruturada dentro do trinômio: "Tempo, Espaço e Magnitude". Nos informa o Dr. Lacerda:

> [...] o vidente atinge as faixas superiores de consciência – a faixa Buddhi, onde, principalmente ali, o tempo deixa de existir. Por situar-se junto aos registros Akásicos ou acásicos, quem atingir essas zonas espirituais vê o que desejar, tanto do presente como do passado, inclusive os fatos futuros situados pouco além do presente. Esse é o segredo da profecia... No entanto as leis fundamentais que coordenam esses três fatores (tempo, espaço e magnitude) associam-se a outras leis secundárias que podem modificar, variar o fenômeno ou até impedir que se realize.

22- **COESÃO** – É a propriedade que têm os corpos pela manutenção estável de sua forma, desde que não sujeitos à ação de forças deformantes. Resulta das forças atrativas entre moléculas, átomos ou íons constituintes da matéria.

23- **CRISOL** – Também conhecido como cadinho ou forno de ferro fundido para a transformação dos metais, mas há o sentido figurativo e significa aquilo que serve para experimentar e patentear as boas qualidades de alguém ou de alguma coisa; a tentação é o crisol dos espíritos honestos.

24- **CRUZ GAMADA** – Conhecida como "suástica" era formada de quatro gamas, com os braços virados para a direita. Foi adotada pelo nazismo no ano de 1920. Para os Cristãos foi a negação pura e simples do Evangelho, bem como a demonstração de uma intensa batalha entre o bem e o mal.

25- **DIALIMETRIA** – Define o médico Dr. Lacerda:

> "[...] é uma forma de tratamento médico que conjuga energia magnética de origem mental (talvez em forma de força vital), com energia de alta frequência vibratória proveniente da imensidão cósmica. O poder da energia cósmica é infinito, mas fica na prática limitado pelo poder mental do operador. Quando o potencial deste, puder alcançar frequência vibratória suficiente para vencer a força da coesão intermolecular, esta

> ficará momentaneamente diminuída [...] para bem compreender em que consiste a dialimetria, basta considerar os estados da matéria. No estado natural, por exemplo, a água é líquida: moléculas afastadas umas das outras permitem extrema mutabilidade de forma. Se congelada solidifica-se: moléculas justapostas. Mas, se evaporada pela ação do calor, transforma-se em gás; as moléculas se afastaram tanto, que a água perde a forma. O mesmo acontece com a dialimetria. O extremo afastamento molecular leva qualquer corpo sólido ao completo desaparecimento."

Este "milagre" já foi inúmeras vezes realizado no século passado, por médiuns de efeitos físicos. Dentre os que se tornaram célebres, destacaram-se sobremodo: Daniel Douglas Home, Eusápia Paladino, Florence Cook e Madame D'Espérance. Esta última chegou ao ponto de sofrer dissolução, parcial e momentânea de seu próprio corpo físico, perante o cientista Alexandre Aksakof.

26- **EFEITO DOPPLER** – Nome dado pelo seu descobridor o físico austríaco Christian Doppler, que estudou a variação da altura de percepção do som quando a fonte se desloca em relação ao observador. Quer nos mostrar a correlação existente entre as medidas de espaço e tempo, os quais não são absolutos, propiciando a observação por raciocínio lógico da realidade do mundo espiritual. As equações materiais desse universo infinitesimal podem nos permitir que avaliemos os parâmetros do universo espiritual, por meio de teorias matemáticas. O Efeito Doppler, por exemplo, pode nos oferecer uma prova do relativismo da equação básica dos parâmetros do espaço e tempo.

27- **ENCANTAMENTO** – Ação de encantar, de enfeitiçar por meio de supostas operações mágicas, coisa maravilhosa de sedução irresistível, aparecimento ou desaparecimento de pessoas ou coisas por encanto, causar satisfação, agradar profundamente. O encanto, uma espécie de fascínio, é resultante de ações combinadas para movimentar energias grosseiras ou sutis destinadas a pessoas ou coisas. Atribuições de magos, profetas, bruxos, feiticeiros, alquimistas e atuais cientistas por seus admiráveis feitos. Exemplo a designação fantasiosa do "quark" pelos cientistas foi representada pela letra "c" que significa "charme" ou como se pensou um "encanto". O mesmo ocorre com inúmeros pacientes que se sentem fascinados pelos seus médicos, atribuindo-lhes a posição de seus confessores, orientadores, consultores etc.

28- ENERGIA – Desde o filósofo Heráclito o "Primum movens" (primeiro, está o movimento), começamos a entender a causa como um campo energético que aciona o movimento. A energia no campo científico existe nas mais diversas formas, conforme os mais diversos campos em que pode se manifestar por meio das energias: cinética, térmica, luminosa, química, sonora, nuclear, elétrica, magnética, gravitacional e assim por diante. Segundo o pesquisador Dr. José Lacerda de Azevedo, nos demonstra:

> [...] Existem ainda outras formas de energias, conhecidas como quintessenciadas, tais como a do pensamento, da vontade, do espírito e suas características específicas. A matéria pode se transformar na energia livre, ou condensar-se em matéria sólida. A célebre equação de Einstein $W=mC^2$ define esta transformação. Por ela, sabemos que um grama de massa material acumula a fantástica energia de 25.000.000 de KW/h (Quilowatt-hora). As formas de energia variam constantemente e podem ser aplicadas sobre todos os objetos materiais existentes no planeta, da mesma forma que sobre os objetos imateriais de existência ontológica comprovada - Os Espíritos – variando apenas as dimensões matemáticas compatíveis. Dessa forma, podemos aplicar energia sobre os espíritos com resultados surpreendentes, necessitando unicamente que essa energia esteja centrada nos parâmetros desses espíritos. Não teríamos resultado algum se déssemos um tiro com arma de fogo sobre um espírito. Por exemplo, o projétil que é objeto material, encontra-se na dimensão física e mesmo que esteja animado de intensa energia cinética, **jamais poderá lesar o ser imaterial.** No entanto, '**a energia do pensamento e da vontade o irá atingir em cheio**' a entidade espiritual, como vemos diariamente (nossos destaques).

29- ENERGIAS DELETÉRIAS – Termo utilizado espiritualmente para definir formas densas de energia, ou seja, energias pesadas, criadas e movimentadas "negativamente". Segundo sensitivos, videntes, parapsicólogos, cromoterapeutas, médiuns e Kirliógrafos, estas energias são facilmente detectadas, pois da análise do campo áurico ou campo de energia humana (CEH) das pessoas, ou de seus pertences, observa-se a coloração escura ao seu redor, com forte odor muito característico, que dizem até ser o "odor pegajoso". Energias que podem estar junto às pessoas, como também nos lugares onde ocorreram crimes, práticas criminosas, imorais, ou toda a espécie de maldades. Esses lugares frequentemente conhecemos como lugares pesados, insuportáveis por estarem revestidos ou encobertos com energias deletérias.

30- **ENERGIA DO PENSAMENTO** – Por esse tipo de energia criamos "formas-pensamento" "Ideoplastia". São emoções, moldadas a partir dos níveis do sentimento humano. Estão ligadas diretamente ao nível experiencial e sintônico de cada ser, podendo ser acionadas por um campo energético em Estado Alterado de Consciência – (EAC), via sentimentos positivos ou negativos, por isso, antes mesmo das ações físicas o ser humano já criou mentalmente as formas. Willian Butler, no seu livro *How to Raed The Aura*, explica que as formas de pensamento ganham energia por intermédio dos pensamentos semiconscientes habituais do indivíduo e dos sentimentos correlatos. O Dr. Lacerda no seu livro *Espírito e Matéria* diz: "[...] é sabido que o pensamento pode agir diretamente sobre a matéria densa, sem o concurso psico-motor que lhe serve normalmente de ponte". – Segundo Descartes, o pensamento é atributo essencial do espírito, e, estendido à matéria, é o processo mediante o qual a alma toma consciência dela mesma, constituindo a base de nossa vida mental.

31- **ESPELHOS DE BATTAH** – Também conhecidos como espelhos mágicos do Himalaia. Esses espelhos de forma côncava, após serem cobertos com uma substância asfáltica, chamada paranaftalina, que era aquecida no indispensável fogo sagrado provocador da ebulição e da purificação. Já era o processo alquímico oriundo da remota tribo "Garaoonahs". Conta a lenda que esses espelhos continham propriedades mágicas para mostrar ao seu consulente imagens de vidas passadas ou de vidas futuras. Eram demonstrações da alquimia praticada pela tradição nos mosteiros orientais.

32- **ESPÍRITOS DA NATUREZA** – São impropriamente chamados de ele-mentais, segundo José Lacerda de Azevedo, conhecidos como: gnomos, silfos, salamandras, ondinas, sereias e fadas.

33- **ETERIATRIA** – Segundo nos explica o médico Dr. José Lacerda de Azevedo, Eteriatria é a denominação dada para a medicina do corpo etérico. Significa dimensão energética (corpo etérico).

34- **EXEGETA** – Mesmo que exegese, refere-se à interpretação, explica-ção ou comentários (gramaticais, históricos, jurídicos etc.) de textos principalmente da Bíblia. A "hermenêutica", quase tem o mesmo signi-ficado, refere-se a quem interpreta ou quem explica. Na hermenêutica jurídica, assim estão encerrados todos os princípios e regras que devam ser judiciosamente utilizados para a interpretação do texto legal.

35- **EXILADOS DA CAPELA** – Título da obra literária de Edgar Armond que narra a relocação de milhares de espíritos rebeldes, provindos de Capela, planeta inserido na constelação de Cocheiro. Pelo cataclismo ocorrido naquele orbe, esses espíritos, há milênios atrás, foram conduzidos a um planeta com vibração compatível às suas, ou seja, um mundo de vida inferior, no caso a Terra, para o devido cumprimento da lei do progresso, via processo reencarnatório. Atualmente, na espiritualidade isso já está ocorrendo com espíritos rebeldes, que não querem abraçar a oportunidade da regeneração pelo amor e pelo trabalho fraterno edificante. Esses espíritos já estão sendo conduzidos a um novo planeta, 3.200 vezes maior que a Terra, e estaria se aproximando devido ao seu nível vibratório inferior. Atraindo como ímã energias densas para higienizar a Terra. Por isso, muitos espíritos de luz referem-se ao "Planeta Higienizador".

36- **EXUS** – Tidos por alguns, como espíritos malignos atuando junto a obsidiados (principalmente sobre os dependentes de toda a sorte). São obsessores (vingadores) que bombardeiam diuturnamente suas vítimas com energias pesadas as quais dominam bem. Diz, José de Azevedo Lacerda, *"in memoriam"* – ex-médico do Hospital Espírita de Porto Alegre, em seu livro *Espírito e Matéria*: "Os exus são espíritos inferiores de criaturas humanas, muito degradados espiritualmente. Geralmente são seres de aparência horrível, bastante deformada. Peludos, desgrenhados, unhas grandes e sujas, vestem molambos imundos; quase sempre aparecem com guardiães de malefícios... estes pobres seres são, via de regra, escravos de magos negros ou régulos das trevas. São 'obrigados' a agir contra encarnados, para não sofrerem castigos impiedosos. Podemos informar que 60% deles desejam sair do estado em que se encontram. Uma vez elevada a sua frequência vibratória e feita a limpeza de seus corpos astrais, respiram aliviados, e ao passarem para o lado do bem, contribuem ativamente para a desintegração de amuletos, feitiços ou encantos, Contudo, a maioria dos Exus, trabalham no Bem. Em todas as classes espirituais ou materiais há o livre arbítrio, por isso, nos cumpre a defesa de nossos irmãos Exus".

37-**FATOR BETA (ß)** – Considerado nos trabalhos espirituais de apometria como energia barôntica (provém de baros-peso, em grego), oriundo da estrutura humana, e consequentemente de baixa frequência, pesada, densa, de baixo padrão vibratório, fruto dos pensamentos negativos dos homens, também conhecido como energias deletérias com vetor (ß), vetor espúrio. Fruto de pensamentos altamente negativos, essa energia pode ser observada pelos sensitivos, médiuns ou por aparelhos denominados de Kirliangráficos.

38- GALILEU GALILEI – Físico e astrônomo do ano de 1600. Um dos fundadores do método experimental. Descobridor da lei do isocronismo das pequenas oscilações do pêndulo, das leis da queda dos corpos (1602), enunciou o princípio da inércia e a lei da composição das velocidades. Construiu um dos primeiros microscópios e, no ano de 1609, a luneta que traz seu nome, descobrindo, desse modo, as oscilações aparentes da Lua. Defensor do sistema do mundo proposto por Copérnico, que a corte de Roma denunciou como herético. Galileu foi intimado a não mais o professar, e a isso aparentemente submeteu-se. Porém, de volta a Florença, publica em 1632 todas as provas da verdade do sistema. Em 1633, foi obrigado a abjurar suas crenças perante os **fatídicos tribunais da inquisição.**

39- HOLOGRAFIA – No ano de 1971, o cientista Dennis Garbor recebe o Prêmio Nobel por ter construído o primeiro holograma, que consiste na técnica holográfica ou técnica de fotografia implementada sem o uso de lentes. Baseia-se ou estrutura-se nas propriedades vibratórias das ondas luminosas. Dessas interferências de ondas surgem sobre uma chapa figuras ou imagens denominadas hologramas. Quando se coloca o holograma ou o registro da fotografia num laser ou num raio de luz coerente, o padrão original de ondas se regenera numa imagem tridimensional, em que cada pedaço do holograma é a exata representação do todo, podendo reconstituir a imagem inteira. Teorias da física nos dizem que o universo parece ser uma teia dinâmica de modelos inseparáveis de energia, que une observador e observado de modo essencial, ou seja, fazemos parte do todo e ao mesmo tempo somos o todo. Se qualquer pedaço de um holograma é iluminado, a imagem inteira será reconstruída. Foi assim que o físico David Bohm, no livro *Wholeness And the Implicate Order*, que, na sua concepção achou que o mundo real era estruturado em conformidade com os mesmos princípios gerais. O ser por inteiro achou-se englobado em cada uma das partes. Desse modo Bohm batizou o termo holomovimento – que vem a ser um fenômeno dinâmico de onde procedem todas as formas do universo material.

O Mago, o Monge e o Médico

40- INCAS – O Império dos Incas, fundado por uma tribo de língua "quíchua", em seu apogeu chegou a estender-se por toda a região Andina desde o Sul da Colômbia até o Norte da Argentina e do Chile. No mundo Inca, uma rota interessante. Nas alturas da cidade perdida, chega-se às ruínas de "Machu Picchu" por meio de Cuzco, na sua maioria com população de maioria índia. Trilhas mais altas do mundo leva às suas fontes, tumbas reais, templos e uma arquitetura até hoje impressionante – O templo do culto ao Sol, o parque arqueológico mais conservado do mundo (Saczay Huaman), data da época dos Incas. Os muros dessa fortaleza são construídos com blocos de pedras de até três toneladas. Cuzco, tida pela Unesco como capital arqueológica da América do Sul, é patrimônio cultural da humanidade. Essa cidade é o "parador" para a famosa trilha dos Incas, um dos mais belos cenários da humanidade. A trilha leva o caminhante até "Machu Picchu", nome da metrópole perdida, descoberta, segundo a história, por Hiram Bingham, arqueólogo americano no ano de 1911. A cidade em ruínas está a demonstrar a arquitetura tão avançada quanto interessante. Vem a ser um dos atraentes caminhos sagrados, a ser estudado, pelas energias nele contidas.

41- IDEOPLASTIA – Ideo (criar pelo pensamento, idealizar) – Plastia (forma, modelagem, moldar). Trata-se em nosso modesto entender de uma "usina mental", estruturado no campo conhecido como "Campo Eletromagnético" (CEM), que tem o poder de captar e transformar a energia universal e humana denominadas de Campo de Energia Universal (CEU) e Campo de Energia Humana (CEH), manifestando-se no "Campo Morfogenético", já com ação mental, moldada pelo pensamento ou material definidas.

42- INQUISIÇÃO – Mesmo que Inquisitorial – Tribunais permanentes com a missão de extirpar a heresia. Iniciou no século XII, pelo concílio de Verona (1183). Ali, Inocêncio III aplicou-a contra os Albigenses. Gregório IX organiza outro tribunal inquisitorial a cargo dos dominicanos. Sua ação difundiu-se por toda a cristandade. A marca do processo inquisitorial era a repressão da magia, bruxaria e feitiçaria. O curso processual incluía o interrogatório da população, a prisão perpétua e a fogueira, além de sádicas torturas. Na Espanha tomou o nome de "Santo Ofício" e tornou-se poderosíssima arma para dois inquisidores de triste fama que foram Torquemada e Jiménez de Cisneiros e foi suprimida por Napoleão em 1814. Em Portugal instalou-se o segundo maior centro difusor da inquisição. Esses dois países vizinhos eram unidos por muitos laços monárquicos e por muitas trilhas, caminhos e rotas que ligavam esses dois países com o resto do continente, hoje muito conhecidos. O saldo de vítimas deixado pela orgia desvairada de morte e sangue, no qual foram ceifadas vidas de magos, feiticeiras, hereges, ditos satanistas, cientistas, alquimistas e outros milhares de inocentes. Esse fatídico saldo da Inquisição Espanhola "queimou vivas" 34.658 pessoas, entre os anos de 1481 e 1820; incluindo os condenados à prisão e às galés. Documentos da época dão conta de 340.951, vítimas daqueles atos tréveos perpetrados em nome de Deus. Triste e vergonhosa recordação a pesar nas consciências de tantos que se encontram no processo de resgate Kármico.

43- **ISOLAMENTO** – Definição usada pelos humanos desde os remotos tempos, para representar certo tipo de solidão para o exercício da depuração, meditação ou harmonização com as forças sutis do universo. René Fülöp-Miller, em seu livro intitulado *Os Anjos que Abalaram o Mundo*, nos apresenta interessante definição a respeito do isolamento ou solidão: "Não somente a revelação de São João foi escrita na solidão numa gruta de Patmos, Ernesto Beltram afirma que todos os livros de importância universal, foram concebidos nalguma Patmos, no deserto, no cativeiro, num exílio forçado ou imposto voluntariamente".

44- **JOÃO MARIA DE JESUS** ou João Maria de Agostinho – Conhecido apenas como o Monge João Maria nos estados do Paraná, Santa Catarina e Rio Grande de Sul, conforme nos conta o advogado e escritor Augusto Waldrigues no seu livro *História do Monge João Maria*, tido como monge, profeta, eremita, conselheiro, hidroterapeuta, fitoterapeuta e conhecedor das manifestações espiríticas. Peregrinou pelos estados do sul no século passado, por volta de 1800, auxiliando sobremaneira as populações sertanejas de menores condições. Muito embora respeitado pelos ricos fazendeiros e políticos de sua época, doutro lado era pregador e seguidor do Cristianismo. Apesar de ser peregrino, fixou-se por muito tempo na cidade da legendária Lapa no Paraná, em meados de 1851, numa gruta encravada na rocha, tendo nesta, ao lado duma nascente de água cristalina, estabelecido a sua morada. Hoje traspassando as portas do ano 2000 a conhecemos como a famosa Gruta da Lapa, ou Gruta do Monge, na qual em romaria muitos peregrinos vão agradecer as bênçãos auferidas.

45- **KÁRMICA OU KARMA** – O karma, palavra originária da Índia, tida como a grande lei que preside a criação. Ela rege a absoluta harmonia do cosmos, nos seus mais ínfimos detalhes, por isso quando o homem se desvia da lei da harmonia cósmica, torna-se maléfico por seu antagonismo à lei, criando para si o caos, sendo obrigado pela dor ao restabelecimento da harmonia, na mesma ordem de grandeza da perturbação. A reordenação fatalmente se fará, não só no interior do indivíduo, como também na porção de espaço que ele desorganizou. Nesse procedimento estão incluídos todos os seres que tenham sido arrastados pelo caos. Segundo estudiosos, para o devido resgate Kármico quatro ações devem ser empreendidas que são: o conhecimento da desarmonia produzida, a vontade sincera em resgatá-la, o valor da desarmonia e por último o devido ressarcimento.

46- **MANDALA** – São disposições geométricas de vários elementos, entre estes: luz, cor, cristais, metais, flores etc., é uma espécie de holograma dimensional. Outros estudiosos também a definem como: um círculo, com complexos desenhos e pode encerrar-se numa moldura quadrada que é o resumo de uma manifestação especial, imagem de mundo, além de ser a representação e atualização de potências divinas. – A Mandala Tântrica, por exemplo, é pintada ou desenhada como suporte para a meditação, podendo ser riscada no chão para ritos de iniciação. Jung recorre à imagem da mandala para designar a representação simbólica da psique, cuja essência é desconhecida. Ele observou que essas imagens são utilizadas para consolidar o seu interior ou para favorecer a meditação. A Mandala possui dupla eficácia: 1. - Conservar a ordem psíquica se ela já existir. 2. – Restabelecê-la, se desapareceu. Isso se consegue com a sua contemplação, inspira a serenidade e ao sentimento de que a vida reencontra o seu sentido e a sua ordem cósmico-temporal. No Tibete na Índia e nos países orientais as mandalas na maioria das vezes são do tipo bidimensional e nos dão ideia de como as cores e formas são dispostas. Existem estudiosos que classificam os 10 mandamentos como mandalas, representam pirâmides cósmicas de luz por estarem dispostas em diferentes triangulações de luz que podem ser perfeitamente conhecidas e compreendidas como a frequência da palavra, o que em nosso entender é a grande demonstração do poder das palavras, fato interessante para profunda meditação.

47- **MONJAS** – Surgiram inspiradas nos exemplos de Santo Antão e de São Bento. Escolástica, a irmã de São Bento, monja beneditina, segue o seu exemplo e com votos semelhantes "Ora e labora", fundou igualmente muitos conventos, todos com as mesmas regras de trabalho para cada integrante e de conduta imposta por seu irmão, desse modo, também os conventos conseguiram a sua própria autonomia.

48- **MONTE CARMELO** – Há mais de 150 anos a.C. o Monte Carmelo, já era conhecido por abrigar o famoso Mosteiro do Carmelo, tido como a "Escola de Profetas", também conhecido como "Escola dos Essênios".

49- **MONTE CASSINO** – É uma colina localizada na Itália, no Lácio. Conta-nos a história que já no século VI de nossa era, São Bento fundou um mosteiro, considerado o berço do monastério cristão. Ali se encerrava preciosidades da literatura cristã, da filosofia, história e das artes. Este foi bombardeado no ano de 1944, por ocasião da 2ª guerra mundial e posteriormente reconstruído.

50- **MONTE RAINIER** – Localizado em Washington E.U.A. – A história nos conta que, no dia 24/06/1947, o piloto americano Keneth Arnold, ao sobrevoar esse Monte, avistou nove objetos não identificados, ou discos voadores. Nessa data observou-se pela primeira vez tais fenômenos que se repetem até hoje.

51- **MONTE SINAI** – Localizado na península montanhosa e desértica do Egito, entre os golfos de Suez e de Ácaba. A filosofia bíblica nos conta que nesse Monte, Jeová transmitiu o Decálogo (Lei, ou os 10 mandamentos) a Moisés.

52- **NOBEL** – Alfred, industrial da química na Suécia, nascido em Estocolmo no ano de 1833, descobridor da dinamite em 1866. O ato de sua última vontade estabeleceu prêmios como incentivo às obras literárias, científicas e filantrópicas para o mundo, ficando conhecido como "Prêmio Nobel" que anualmente são conferidos desde 1901, quando foram agraciados Henri Dunant (suíço) Nobel da Paz, Emil A. Von Behring (Alemanha) na Medicina, R.F.A. Sully Prudhomme (França) na Literatura.

53- **OBSESSOR** – A ciência espírita, por meio do livro dos médiuns, define o trabalho do obsessor da seguinte maneira: trata-se do domínio que espíritos adquirem, por sintonia, sobre certas pessoas. São espíritos inferiores que procuram dominar, mas aos bons não exercer nenhuma sintonia. Os bons aconselham, combatem a influência dos maus e, se não são escutados preferem se retirar. Os maus, ao contrário, agarram--se aos que conseguem prender. Se dominam alguém, identificam-se por sintonia, com o espírito da vítima e a conduzem, como se faz com uma criança. A obsessão pode ocorrer de três maneiras: "Obsessão simples, fascinação e subjugação". Hoje, a ciência física já aceita o conceito de antimatéria, de holograma, quarks, realidade virtual, ela, precisa se dar conta, da atração de cargas do mesmo sinal, em que semelhante atrai semelhante e dessemelhante repele dessemelhante, esta é uma lei que vige na dimensão espiritual e abriga muitos fenômenos espirituais, mentais e físicos, assim, tudo no universo é energia que está em constante vibração. Como somos usinas geradoras de vibrações, notoriamente nas "vibrações mentais" nos enquadramos perfeitamente ao princípio: "Pensamentos iguais se atraem", logo ao pensarmos de forma negativa, não só atraímos espíritos desta faixa vibratória "densa", como estaremos "escancarando" as portas de nosso campo vibratório (defesas) para a manifestação maligna de nossos desafetos, atuais perseguidores. Por isso, somos herdeiros de nós mesmos, se plantarmos espinhos não colheremos flores. O homem está onde estiver o seu pensamento. Devemos lembrar a orientação divina dada a Moisés, descrita nos preceitos bíblicos (Num. 32.23), que nos ensina: "Vossos pecados vos alcançarão", até mesmo pela ação desses cobradores, que sem querer, estão trabalhando para o cumprimento das leis da ação e reação e do progresso.

54- **OLMECA** – Cultura Olmeca, desenvolveu-se igualmente junto às civilizações Aztecas e Maias nos anos de 1200 a 300 a.C. Uma expressão artística rica e original existente entre o sul do México e a América Central. Eram estátuas que se tornaram famosas como: "O Senhor de Lima, o Acrobata e o Lutador". Expostas no ano de 1999, na National Gallery of Art em Washington EUA.

55- **ORÁCULOS** – Eram as respostas que, na crença da antiguidade, os deuses davam às perguntas que lhes eram dirigidas. Os oráculos eram formados de termos ambíguos. Também representava a vontade de Deus anunciada pelos profetas. Poderia também ser a decisão proferida por pessoas de grande autoridade.

56- **PARACELSO** – Notas Biográficas – Seu nome Philippus Teophrastus, também conhecido como Felipe Teofrasto de Hohenheim, nascido na Suíça, próximo a Zurique, no ano de 1493, filho do também médico conhecido como Dr. Hohenheim. Por oposição a Celso, cientista de seu tempo, resolve chamar-se Paracelso. Frequentou as universidades da Alemanha, França e Itália. Discípulo de Sheit, Levantal e Nicolas de Ypon. Naquela época a magia mística, o ocultismo e a escolástica reinavam nas universidades. Auferiu muitos conhecimentos principalmente com Tritêmio (criptógrafo, cabalista notável, profundo conhecedor das escrituras e descobridor de marcantes fenômenos psíquicos de magnetismo animal) célebre abade do Convento de São Jorge em Wuzburg. Paracelso considerava o homem parte do universo de cujas leis não poderia escapar. Vários foram os trabalhos científicos publicados versando sobre suas teorias e estudos. Os únicos manuscritos diretos que se conservam até hoje, de reconhecida autenticidade são os de "Vosius e Huses", os da "Biblioteca de Viena" e os que "Wegenstein encontrou entre os despojos do Monastério Del Escorial, na Espanha". – Era um dos mais notáveis alquimistas da Idade Média, e dispunha de estreitas relações com os Monges de seu tempo. Entendia, segundo nos comenta sua obra, que:

> [...] o saber não estava armazenado num só lugar, mas disperso por toda a superfície da Terra. Dizia fundando o sagrado e necessário universalismo da verdadeira ciência, pela qual, apesar de todas as vicissitudes passadas, atuais e futuras, o homem acabe sentindo que ele pode verdadeiramente ter sido criado à imagem e semelhança do Criador" (Paracelso). – Faleceu com 48 anos de idade, em 24 de setembro de 1541. Desejou que seu corpo fosse enterrado na Igreja de Santo Estevão, recebendo em seu epitáfio o seguinte elogio: "Aqui jaz Felipe Teofrastro de Hohenheim. Famoso doutor em Medicina, que curou toda a espécie de feridas, a lepra, a gota, a hidropisia e outras enfermidades do corpo com ciência maravilhosa (Paracelso).

57- PEDRA FILOSOFAL – Tornou-se na Idade Média o grande objetivo da caminhada alquímica, a grande obra. Vários foram os códigos desenvolvidos para a sua conquista, e um deles denominou-se "Filius", que significa pedra filosofal incipiente, nascida figurativamente do ovo filosófico como resultado da conjunção da lua e do sol. Alguns estudiosos tentaram definir (materialmente) como uma substância procurada pelos alquimistas, que segundo suas crenças, poderia transformar metais, curar ou remoçar o corpo humano. Era uma preciosidade muito difícil de encontrar. No livro *Mudo de Altus, Mutus Liber* escrito em 1677, reconhecido como a Bíblia dos alquimistas pelos seus enigmas, fascínio e até impenetráveis mistérios (aos não iniciados). Esse livro, até os nossos dias, é muito apreciado na "Arte de Hermes". Pode também ser considerado como o "Opus da Química" e da manipulação dos elementos para se chegar à "pedra filosofal" e é representado por 15 pranchas com misteriosas gravuras impressas.

58- **PENSAMENTO** – Abordado pelo aspecto físico-biológico ao nível da energização elétrica nos conceitua o médico Dr. Lacerda: "É um processo reacional do ser vivo a um estímulo, seja de natureza externa, como se observa nos animais inferiores, ou externos e internos, dos animais superiores e do homem, modificado em parte por outra espécie de energia desconhecida y – de origem espiritual, caracterizando o fenômeno vida... A energia elétrica que percorre o sistema de neurônios é apenas o veículo de associação Inter neuronal. Desse modo, para que haja pensamento manifestado no campo físico, torna-se necessária a energia extradimensional y do espírito associado à corrente dos neurônios. Essa energia mental poderá ser equacionada matematicamente, vide equação de Planck, na física quântica. Ainda, dispomos de um dado interessante que nos foi exposto pelo mesmo autor, no seu livro *Energia e Espírito*, 2ª edição, no qual de forma interessante nos demonstra empiricamente que:

> [...] Por pertencer a universo dimensional próprio, o corpo mental apresenta propriedade e funções específicas, além de ação mais poderosa e penetrante que a do corpo astral. Com efeito, considerando que a energia de um campo radiante, de qualquer comprimento de onda, é igual a Constante de Planck, multiplicada pela frequência da onda - isto e, $W = h.v$ - o corpo mental deve necessariamente ter muito maior energia de propagação que os mais densos, como o astral, eterico ou físico. Esta energia irradiada não é uniforme. Varia enormemente de frequência, segundo a qualidade ou natureza do pensamento: se grosseiro, se veicular interesses inferiores ou se maléfico (revestido de emoções de ódio, agressão ou inveja, por exemplo), terá frequência muito baixa. A energia será de escassa penetração, mas o pensamento terá massa. [...] Ao contrário, se o pensamento for impregnado de bondade, compaixão, amor, solidariedade (tudo, enfim, que tenda à harmonia), a criatura visada haverá de se sentir bem, esperançosa, feliz, com sensação de indefinível leveza. [...] O pensamento, como se vê, pode ser criador ou destrutivo. (LACERDA, 1997, p. 25, destaques nossos).

59- PONTO ZERO – Localizado na famosa Chapada dos Guimarães, centro geodésico da América do Sul, conhecido como o grande "Canyon Brasileiro", entre milenares paredões a 70 quilômetros de Cuiabá, Capital do Estado de Mato Grosso. Com suas florestas, cachoeiras e cavernas, entre elas a de "Aroejari", que significa em Tupi-guarani morada das almas, também chamada de caverna do Francês, cadastrada pela Sociedade Brasileira de Espeleologia por ser a segunda maior caverna de arenito do país com 1.100 metros de comprimento. Também na chapada encontram-se inscrições rupestres, que são marcas de uma civilização pré-colombiana. Porém o maior mistério a atrair leigos e turistas é o fenômeno facilmente experimentado por qualquer viajante que percorra de carro a rodovia estadual. Junto ao local conhecido como "Ponto Zero", que fica próximo ao terminal turístico da Salgadeira, por incrível que pareça, veículos leves e pesados quando desligados os seus motores **são atraídos por uma força magnética que os faz subir um aclive tortuoso e estreito e alcançar, sem ajuda dos motores até 40 quilômetros por hora.** Seria a energia dos metais ali existentes? Ou quem sabe o portal de entrada para um local desconhecido e cheio de energias, ainda não desvendadas pelo homem? – Dizem alguns, tratar-se de poderes mágicos, e que aquele será um dos locais que sediarão, "segundo a crença", o renascimento da civilização depois do apocalipse total.

60- PROFECIA – Predição que de fato ocorrerá. No dizer de Ramatis

> *Os profetas representam o papel sinalizador que adverte quanto à aproximação de perigo para que, a tempo, esse seja evitado, tendo em vista que a capacidade de deliberar os próprios destinos constitui o atributo inalienável do espírito imortal* (MAES, 1989).

– Maias e Astecas tinham o seu profeta de nome "Quetzalcoatl", extraterrestre tido como um deus. A raça dos Judeus, principalmente a tribo de "Issacar" foi chamada de viveiro dos profetas, porém antigos gregos, já em Delfos, profetizavam com as Pitonisas (pela magia reinante até hoje em Atenas). Em Roma os áugures sempre se destacaram por suas predições. Segundo o cientista Dr. José Lacerda de Azevedo, estudioso do fenômeno profecias, conclui que:

> [...] eles nada mais são do que manifestações do horizonte dimensional **do corpo mental. Quando o ser consegue transportar-se para essa dimensão e penetrar**

> integralmente em seus parâmetros, tem possibilidade de esquadrinhar os escaninhos do Tempo e vislumbrar fatos que se situam além do tempo presente. A profecia e toda alicerçada nessas possibilidades. O que falta aos homens e justamente: técnicas apropriadas que propiciem tais possibilidades, e treino suficientemente acurado para procurar ver aquilo que desejar, no momento. Pretendemos delimitar o campo dessas possibilidades, balizando o terreno para que investigadores futuros disponham de condições referenciais mais precisas. para investigações sistemáticas de maior âmbito nessas dimensões, que transcendem o Espaço e o Tempo." (LACERDA, 1997, p. 28, destaques nossos).

61- QUETZALCOATL – O grande profeta dos Maias, Astecas e outras tribos da América do Sul, foi descrito como homem iluminado, de boa aparência, pele e barbas brancas, sempre vestido de branco e foi chamado também de "Huemac" – ensinava aos índios o caminho da virtude, da castidade, do pacifismo, evitando os vícios. Condenou a violência de todas as formas, instituiu a dieta vegetariana, tendo o milho como principal alimento e ensinando a prática do jejum. Os Astecas o chamaram de "Deus da Abundância" e "Estrela Matutina". Supunha-se ser ele da raça Atlante por ser louro. Foi reverenciado como o salvador dos índios do México, Yucatán e Guatemala, e este teria sido o professor espiritual dos antigos habitantes do Brasil.

62- REGISTROS AKÁSICOS OU ACÁSICOS – A filosofia bíblica escrita pelos profetas nas épocas remotas da humanidade, refere-se ao conhecido *Livro da Vida*, que algumas religiões conhecem. Nele são registradas todas as manifestações boas ou más oriundas dos homens. Tais quais os registros acásicos, conhecidos pelos orientais muito antes dos Essênios. Também eram conhecedores destas memórias. O livro tem o condão de registrar todas as informações sobre o desempenho dos seres e dos povos, ou seja, registros individuais e coletivos. São informações armazenadas na mente cósmica. Entendemos que esta tem estreita ligação com a mente individual, para o cumprimento e a eficácia da Lei de Ação e Reação interagindo no que chamamos de tribunal individual, ordenado pela mente quer estejamos na matéria ou em espírito. Também, como cita a cientista Bárbara Ann Brennam no seu livro *Mãos de Luz*, diz:

> Em termos esotéricos, a essa armazenagem da informação dá-se o nome de registros acásicos, que são a

impressão energética fixa, dentro do holograma universal, de tudo o que já aconteceu ou já se conheceu. Nesse tipo de função do cérebro, a informação não se armazena em nossa mente; simplesmente se lhe acrescenta. Nesse tipo de função do cérebro, recordar *significa sintonizar de novo o hologra*ma universal e ler a informação outra vez, e não vasculhar a mente para recuperar a informação" (BRENNAN, 1977, p. 207).

63- RESSONÂNCIA VIBRATÓRIA – Pela física se explica como sendo o fenômeno que ocorre quando um sistema oscilante (mecânico, elétrico, acústico etc.) é excitado por agente externo periódico, com frequência idêntica à frequência fundamental do receptor, ou a uma de suas frequências harmônicas. Nessas circunstâncias há uma transferência fácil de energia da fonte externa para o sistema, com oscilações que podem ter amplitude muito grande. Se não houver amortecimento da onda, a amplitude pode atingir, em princípio, qualquer valor por maior que seja: nos casos práticos, o amortecimento da onda por dissipação de energia a limita. Já a transferência de energia de um campo eletromagnético para o sistema atômico (condutor material), na presença de um campo magnético, pode ocorrer pela absorção da energia do sistema indutor, pelos núcleos ou pelos elétrons orbitais do sistema receptor. É a ressonância magnética.

64- RINPOTCHÉS – Trata-se de título honroso, atribuído aos mestres do pensamento e prática budista, muito respeitado principalmente no Tibet. Significa muito preciso. Segundo Matthieu Ricard o rinpotché é aquele que nos permite descobrir um sentido para a nossa existência, bem como ingressar no caminho espiritual.

65- ROTA DOS MAIAS – Caminhos que levam a ruínas de cidades construídas por extintas civilizações como é o caso da civilização Maia. Essa rota engloba no México, os estados de Chiala, Iucatán, Campeche e Quintana Roo, e outras nações como a Guatemala, Honduras e pequena parte de El Salvador. Essa trilha se estrutura nas estações arqueológicas, como, por exemplo, a grande pirâmide "Nohoc Mul" com altura de 42 metros. De seu topo pode-se avistar a selva e as lagoas de Cobá e Macanxoc. A cidade atingiu o ápice no ano 600 d.C., com aproximadamente 40.000 habitantes e misteriosamente abandonada no ano 900 d.C. – Cobá foi redescoberta pelo arqueólogo austríaco Tobert Maler no ano de 1901. A história moderna da Rota dos Maias começa quando, em 1839, o diplomata e explorador John L. Stephens realiza uma grande viagem pelo Iucatán. A redescoberta das ruínas de Cópan, Palenque, Uxmal e Chichén Itzá sensibilizaram a arqueologia tradicional. Comentou-se nos meios científicos, que enquanto a Europa e a civilização ocidental viveram séculos de obscurantismo na Idade Média, a civilização Maia encontrava-se no pleno apogeu. Tamanho era o seu conhecimento na arquitetura que até hoje seus feitos estão inexplicados.

66- **SANTO ANTÃO** – O Santo que converteu Constantino para o Cristianismo. O eremita do Monte Pispir, tido como feiticeiro e mago pelos homens de seu tempo, principalmente pelos governantes de Alexandria pagã, no século 300 d.C. nascido em Roma, às margens do Nilo. Viveu nas cavernas e foi o inspirador dos movimentos monásticos do Cristianismo como foi relatado por S. Atanásio. Seus exemplos foram seguidos por Bento de Núrsia, nascido no ano de 480 d.C., venerado mais tarde como São Bento.

67- **SÃO BENTO** – Bento de Núrsia foi, de fato, o primeiro fundador de uma ordem religiosa no ocidente, com o dever de alimentar os pobres, vestir os nus e tratar os doentes. Sua regra era "Ora e Labora". No Monte Cassino, foi instalado o seu último mosteiro e ao que nos conta a história o mais importante. Ali, consubstanciou-se de fato a tão importante ordem dos irmãos Beneditinos. Ela tornou-se o grande referencial e ponto de ligação entre a antiguidade e os tempos modernos.

68- **SANTO GRAAL** – Por volta do século V d.C., grassava na Europa inteira, principalmente na Inglaterra, no reino de Camelot (lá, reinava o rei Artur, o iniciado do Mago Merlin) a curiosidade sobre o Santo Graal. Acreditavam que era um objeto Divino, em forma de cálice, no qual Jesus Cristo teria se servido na última Ceia, com seus discípulos. Recipiente onde José de Arimatéia teria recolhido o sangue que escorreu no flanco de Jesus ferido pelo centurião. Achavam que o cálice tinha o poder para proteger os povos, dando-lhes saúde, riquezas e felicidade eternas. Mais tarde, nos séculos XII e XIII, numerosos romances de cavalaria contam da sua procura pelos cavaleiros do rei Artur. As obras mais conhecidas em referência são as de Chrétien de Troyes, de Robert de Boron e de Wolfram von Eschenbach, que inspirou a Wagner seu Parsifal.

69- **SETENÁRIO** – Antigo princípio oriental conhecido na Índia, Egito, e nos centros iniciáticos greco-romanos. Esse princípio era um fundamento esotérico nos cultos mediúnicos. Dessa maneira, Teosofistas, rozacrucianistas, antroposofistas, esoteristas de todas as correntes neoespiritualistas, igualmente o adotaram, considerando-o a verdadeira composição estrutural do ser humano, ou seja, explica a constituição do Homem-Espírito, com sete componentes interpenetrados, vibrando em diferentes dimensões. Nesse princípio, temos as sete camadas áuricas, os sete chakras principais, os sete veículos de manifestação do espírito etc. Igualmente dentro desse princípio, o homem procurou estabelecer outros referenciais para ordenar a sua vida. Exemplifica-se pela medida de tempo com a semana de sete dias.

70- **SHAMBALLAH** – ou Shamballa. Denominada a capital de suposto mundo subterrâneo, ou de um império bastante conhecido por monges hindus, tibetanos, antigos budistas e por muitos iluminados que passaram pela terra. Entre vários estudiosos e pesquisadores citamos Bulwer Lytton, um Rosacruciano que, em seu livro: *The Coming Race*, nos descreve com propriedade a existência de uma civilização superior vivendo no centro da terra. Encontram-se num estado de abundância e felicidade permanentes. Pelo seu estágio de desenvolvimento, estão livres das doenças, da pobreza, da cobiça e, sobretudo das guerras. Habitam no que idealizamos como "Paraíso", entre lindos jardins e perene fartura. Seus conhecimentos sobre as várias áreas, em especial sobre nutrição, estão a milhares de anos à nossa frente. Essas informações nos ensejam, sem sombra de dúvidas, a uma viagem mental a este fantástico mundo subterrâneo de Agharta.

71- **SODOMA** – Antiga cidade da Palestina, localizada próxima ao Mar Morto. Segundo a Bíblia dos Cristãos, foi anunciada pelos anjos a Abraão sua destruição, pela ira divina em função da depravação e licenciosidade de seus habitantes. Eram chamados de sodomitas. Conta-nos a história sagrada que as cidades destruídas se denominavam Sodoma e Gomorra. Loth, sodomita, parente de Abraão, foi avisado para sair da cidade com sua família, com a recomendação de que não olhassem para trás, porém, sua mulher olhou e imediatamente transformou-se numa estátua de sal.

72- **SUMÉRICO** – Provém da Suméria, antiga cidade da Mesopotâmia, pátria do profeta Abraão. Sua capital denominava-se "Ur" e apresentava estrutura urbana complexa, mas funcional, tendo em vista a sua alta densidade. Trata-se de uma civilização extinta, surgida há seis mil anos antes de Cristo, período muito importante na história da humanidade. Estabeleceram-se na região da Mesopotâmia. Atribui-se aos suméricos não apenas a invenção da escrita, mas também a construção dos primeiros "zigurates", que eram gigantescas torres compostas de várias plataformas, assemelhadas à descrita pelos cristãos de "torre de babel". Há outra interessante teoria desenvolvida pelo estudioso Frei Fidelis Mota, sobre a semelhança entre o idioma praticado na Atlântida, na Suméria e posteriormente entre os Tupis-guaranis brasileiros.

73- **TÁBUA DE ESMERALDA** – ou Tábua Esmeralda – Trata-se da reunião de princípios que eram tidos como a Lei Maior do alquimista. Com frequência eram observados registros contendo esses preceitos, geralmente afixados junto aos locais mais visíveis de seus laboratórios de alquimia. A autoria desse código foi atribuída a Hermes Trismegistos. A probabilidade do surgimento da Tábua Esmeralda junto a outros escritos anônimos, os quais foram creditados a Hermes Trismegistos, que significa "Hermes Três Vezes Grande". Segundo estudiosos, a validade dos escritos não está no conteúdo material histórico e sim nos profundos princípios espirituais.

74- **TERRA OCA** – (A Descoberta do Mundo Oculto) – É o título da composição literária do escritor PHD. Dr. Raymond Bernard, que apresenta um relato das espantosas declarações do contra-almirante Richard E. Byrd, sobre a possibilidade de vida noutros mundos no interior da Terra, bem como apresenta a hipótese com análises das expedições polares de Peary, Cook. Outras declarações, hipóteses e teorias foram emitidas ao longo de muitos anos, por vários autores e cientistas. Nesse livro explora referências bíblicas e mitológicas, com comentários sobre o mundo de Agharta com a noção de Shangrilá. Um dos primitivos colonos Alemães no estado de Santa Catarina, no Brasil, editou um livro a respeito do mundo subterrâneo, tendo como base informações indígenas. Dedicou seis anos de investigações e estudo dos túneis misteriosos que se entrelaçam sob Santa Catarina, construídos obviamente por uma raça antiga. Contam da existência de um livro escrito por um arqueólogo alemão, em que se dizia que numa montanha, perto da cidade de Joinville, ouvia-se estranho canto coral de homens e mulheres próximo à entrada de uma caverna.

75- **TIEPOLO** – Giovanni Battista Tiepolo – 1696-1770 – Grande Mestre da pintura do século XVIII. Sua formação era da escola de Veneza, porém desenvolveu trabalhos nas cortes da Alemanha, Espanha e França. Criou famosos conjuntos figurativos baseados nas cenas e personagens da mitologia ou da antiguidade clássica. Suas obras ensejaram a meditação e a mais pura contemplação como convite a uma abstrata fruição estética da pintura. Uma de suas mais famosas obras foi a pintura da aparição dos anjos a Abraão.

A cada estudo, pesquisa ou movimento, podemos descobrir que estamos caminhando na via de volta para casa!

A. Villaca Torres

Apêndice

Revendo Conceitos & Conselhos

1.　　"[...] Há 15 bilhões de anos apresenta-se pelo Big Bang a Energia Maior, agrupando energias menores para a primeira manifestação material de vida. É a mais pura demonstração de amor do Criador pela criação, presenteando a humanidade com o lindo planeta azul. Assim, neste maior exemplo compreenderemos o verdadeiro sentido da vida, por toda a eternidade". - **A. Villaca Torres.**

2.　　"[...] os maiores tesouros do universo, são formados pela divisão distribuída de bens fungíveis e infungíveis, pois quanto mais os dividirmos em doação, mais, por acréscimo receberemos". - **A. Villaca Torres**

3.

> "Que a união de espíritos puros
> Eu não aceite impedimentos, não o amor o
> Que muda quando mudamos encontra,
> Ou se curva a quem quer extingui-lo.
> Oh, não! O Amor é um mar eterno,
> Que inabalável enfrenta as tormentas,
> É a estrela de todo o barco errante,
> De brilho certo, mas valor inestimável.
> O amor não é joguete do tempo, embora
> Ao envelhecer os lábios nos entorte,
> O amor não muda conforme o dia e a hora,
> Mas chega inalterado até o fim dos tempos,
> Se me provarem que isto está errado.
> Então nunca escrevi, nem ninguém jamais amou".

(William Shakespeare).

4.　　"[...] Ah! o amor meus amigos, chegará inalterado até o final dos tempos, é o suave transporte premonitório na mais bela profecia feita por Shakespeare em seus versos, nesta justa missão transmissiva de sua criação. Ele trabalhou magistralmente com a magna magia do pensamento, transferindo-o pela energia criadora do sentimento, como que por sublime encanto, do sutil para o suave pranto, no orvalhar da velha tinta a colorir as fibras do silente amigo... o papel branco". **A. Villaca Torres.**

5.   "O pintor, o poeta, o filósofo e o cientista fazem da construção de seu próprio mundo o ponto principal de sua vida emocional. Só assim podem achar a paz e a segurança que não encontram na estreita correnteza de suas experiências pessoais". - **Albert Einstein - Físico Alemão.**

6.   "[...] O cientista de hoje, em nossa opinião foi o mago, o alquimista, o bruxo, o feiticeiro e o médico de ontem, época em que, igualmente o curador, o feiticeiro, o bruxo, o mago e o alquimista, eram conhecidos e admitidos com naturalidade, como são os médicos da atualidade. A diferença existente consiste em que os ancestrais de nossos terapeutas conheciam, dominavam e aplicavam concomitantemente as ciências materiais e acima de tudo, a ciência espiritual que era o seu maior recurso". - **A. Villaca Torres.**

7.   "[...] O mundo jamais acabará com os homens, ainda que tudo façam para tal. Somos nós os humanos, que acabamos tão somente com nossos pequeninos mundos, para depois descobrirmos noutras vidas, que a criação de Deus, o Mundo Maior, jamais se extingue para os seus bons filhos!" - **A. Villaca Torres.**

8.   "[...] Ao norte da Espanha, jornadeando 800 quilômetros no clima frio e úmido dos Pirineus, há 1.200 metros de altitude, pedestrianistas do mundo inteiro, inclusive brasileiros, perfazem rotas traçadas a 1.200 anos em busca de um milagre, de purificação física, psíquica e espiritual..." **A. Villaca Torres.**

9.   "[...] Nos passos de Anchieta, trajeto percorrido pelo beato no Espírito Santo, se transforma na versão brasileira do caminho de Santiago. Quatrocentos anos atrás, o santo caminhou por aqui, já alquebrado, recurvado por um defeito na coluna e por uma longa vida de apóstolo, mas ainda um andarilho feroz. O padre José de Anchieta chegou ao Espírito Santo em 1587. Aposentado do cargo de provincial dos jesuítas no Brasil, ele que conhecera o litoral brasileiro, do Recife a São Vicente, escolheu Reritiba, atual Anchieta, para passar o resto de seus dias [...]" - **Dirley Fernandes.**

10.   "Estude sempre. A renovação de idéias favorece a sábia renovação das células orgânicas". - **André Luiz.**

11.   "[...] Já podemos sentir esta potente espiral vibratória de cor amarela, detectada pelo pensamento a interagir dentro de nós, alterando os níveis energéticos para melhor. - Modos, meios, maneiras e métodos estão aflorando a cada segundo no coração dos mortais, avisando-os da urgente necessidade de se melhorarem, do 'estar preparados', do 'estar prontos'. – Ouçam a nova música... pois o novo tempo já começou [...]" - **A. Villaca Torres.**

12.   "O que existe em cima, existe em baixo; o que existe nos céus, existe na Terra; tal o macrocosmo assim é o microcosmo" - **Frase gravada em um portal secreto no antigo Egito.**

13.   "[...] A teoria da criação, somente poderá ser conhecida e dominada, quando o homem compreender a existência de seu Criador". **A. Villaca Torres.**

14.   "Quando uma pessoa descobre a verdade sobre algo, vê que tudo foi demonstrado e explicado, laboriosamente é demonstrado pela Natureza tão abertamente e claramente que nada poderia ser mais singelo ou óbvio". - **Galileu Galilei - Astrônomo, físico e escritor Italiano.**

15.   "[...] Ora, lege, lege, lege, relege et invienies - Reza, lê, lê, lê, relê, prática e descobrirás" - **Lema Alquímico.**

16.   "[...] As tradições místicas acham-se presentes em todas as religiões, e elementos místicos podem ser encontrados em diversas escolas da filosofia ocidental. Os paralelos com a física moderna aparecem não apenas nos Vedas do Hinduísmo, no I Ching ou nos sutras budistas como, igualmente, nos fragmentos de Heráclito, no sufismo de Ibn Arabi ou nos ensinamentos do feiticeiro yaqui Dom Juan". - **Fritjof Capra.**

17.   "[...] existiam nos retiros mais profundos das montanhas do Himalaia, mosteiros budistas, nos quais se iniciavam indivíduos no sacerdócio por meio de praticas variadas de ascetismo, muitos destes, podiam produzir os mais extraordinários milagres, aplacar tempestades, caminhar sobre as águas, curar enfermos, falar línguas diferentes,

viajar em corpo astral a qualquer distância e dar provas de seu poder oculto". - **A. Van Der Naillen - Nos Templos do Himalaya.**

18.   "A força e o poder estão contidos na não violência" - **Gandhi.**

19.   "[...] Debaixo do silêncio da neve existem forças ou composições energéticas incontroláveis, que se manifestam sem aviso. Tal como o mar, as cavernas e os vulcões, a montanha pode ser inconstante e imprevisível". - **Crença popular da região de Kathmandu.**

20.   "[...] para ser feliz é necessário aprender a renunciar descobrindo que a felicidade emana de dentro para fora". - **Leocádio José Correia.**

21.   "[...] A medicina de hoje fragmentou-se, dividindo-se nas mais diversas e complexas especializações para os cuidados com o físico humano. Igualmente a medicina da mente bifurcou-se em psiquiatria e psicologia. Contudo, a medicina do espírito continua intacta há muitos milênios e dia virá do retorno à necessária convergência, onde a ciência, a filosofia e a religião serão uma só arte do bem comum, universal e eterno". - **A. Villaca Torres.**

22.   "[...] O homem permanece vicioso, senão porque quer permanecer vicioso, mas aquele que quer se corrigir, sempre pode. De outra forma a lei do progresso não existiria para ninguém". - **Hahnemann.**

23.   "[...] O amor puro não fere, não julga, não arrisca seu equilíbrio com defesas pessoais, não estimula a vaidade, é incompatível com o egoísmo e o orgulho. É justo, manso, paciente, fraternal. É perdão, trabalho, alegria, é Deus. O amor é coragem, sacrifício, é renúncia... O homem que trabalha sabe usufruir da recompensa de seu esforço. É indispensável que o ser humano tenha o sentimento de estar produzindo para a humanidade, para poder descansar merecidamente. A vida do homem se mede pela força de sua ocupação, seus objetivos, sua caridade". - **Leocádio José Correia**

24.   "[...] Na hora da caridade, não reflitas apenas naquilo que os irmãos necessitados devem fazer!... Considera igualmente aquilo que lhes não foi possível ainda!... Coteja as tuas oportunidades com as deles. Quantos atravessaram a infância sem a refeição de horário certo e quantos se desenvolveram carregando moléstias ocultas! Quantos suspiram em vão a riqueza do alfabeto, desde cedo escravizados a tarefas de sacrifício e quantos outros cresceram em antros de sombra,

sob hipnoses da viciação e do crime!...Quantos desejaram ser bons e foram arrastados à delinquência no instante justo em que o anseio da retidão lhes aflorava na consciência e quantos foram escolhidos de chofre nos processos obsessivos que os impeliram a resvaladouros fatais". - **Emmanuel**

25. "[...] O universo é uma unidade que compreende tudo o que existe. Esta unidade pode ser considerada sob três aspectos: estático, dinâmico e mecânico". - **Pietro Ubaldi - A Grande Síntese.**

26. "[...] O medo pode manter-nos acordados a noite toda, mas a fé sempre é um bom travesseiro". - **Philip Gulley.**

27. "[...] A magia é a ciência exata e absoluta da natureza e suas leis". **Eliphas Levi.**

28. "[...] A magia não se ocupa apenas de espíritos desencarnados, como muitos acreditam. Seu objeto é a vida em suas variadas formas e em todas as dimensões, espíritos de todos os seres, incluindo também os espíritos da natureza (impropriamente chamados de 'elementais': gnomos, silfos, salamandras, ondinas, sereias, fadas e muitos outros)". - **José Lacerda de Azevedo.**

29. "[...] As cavernas têm representado para o homem de todos os tempos um misto de mistério e medo, respeito e fascínio, sepulcro e santuário, segurança e curiosidade, portais e rotas, entradas e saídas, passado e futuro... até hoje desconhecidas e inexploradas pelo homem moderno, pois nelas se encerram preciosas energias contidas nas surpreendentes e exuberantes informações que encontramos a cada centímetro quando a adentramos". **A. Villaca Torres.**

30. "[...] Sabeis que vossos pecados vos alcançarão". - **Num. 32:23 - orientação divina dada a Moisés.**

31. "[...] A Fé pode favorecer a cura. Novas provas reforçam uma velha crença". - **Malcolm McConnel.**

32. "[...] Quantos de nós, passam a vida inteira em brancas nuvens sem sequer querer compreender que o espírito existe, é eterno e outras vidas além desta que estamos e vivemos na matéria, igualmente existem e estão profundamente interligadas por ações e reações que

se estenderão para a eternidade. Daí a explicação para muitos males que nos atingem e não sabemos os seus nascedouros. Conhece-te a ti mesmo, nos alertou Sócrates. De nada nos adianta começarmos a conhecer as questões espirituais nos últimos dias de nossas vidas na Terra [...]" - **A. Villaca Torres.**

33.	"[...] A maioria dos físicos de nossos dias não parece compreender as implicações filosóficas, culturais e espirituais de suas teorias". **Fritjof Capra.**

34.	"[...] Orações repetitivas desaceleram os batimentos cardíacos e baixam a pressão, sem necessidade de medicamento ou cirurgia". **Malcolm McConnel.**

35.	"[...] Alcançar a tranquilidade emocional através de meios espirituais poderia ser a mais completa experiência de cura". - **Malcolm McConnel.**

36.	"[...] ó monges, o passado, o futuro, o espaço físico e os indivíduos não passam de nomes, formas de pensamento, palavras de uso comum, realidades meramente superficiais". - **Gautama, Çáquia-Múni - nomes atribuídos ao sábio Buda.**

37.	"[...] No claustro em sacrifício edificante, quantos abnegados monges, em seus monastérios, estão a ocupar-se através dos tempos, do invisível trabalho manipulatório de poderosas forças energéticas emanadas de suas orações e de seus benéficos pensamentos fraternos. Em soma, combinam-se por afinidade a outras emanações missionárias, igualmente positivas, oriundas de outros irmãos que vibram nesta mesma frequência no planeta e juntos espargem energias coloridas e harmoniosas, altamente necessárias para a manutenção do importante equilíbrio entre as forças do bem e do mal". - **A. Villaca Torres.**

38.	"[...] Deus é um geômetra". - Platão, que levava corretamente em conta que a geometria era vista como a revelação de Deus.

39.	"[...] As leis físicas que regem os fenômenos espirituais, são as mesmas que vigem na materialidade". - **Dr. José Lacerda de Azevedo.**

40.	"[...] Em contraste com o místico, o físico inicia sua pesquisa penetrando na natureza essencial das coisas pelo estudo do mundo material. À medida em que penetra em reinos cada vez mais profundos da matéria, torna-se cônscio da unidade essencial de todas as coisas e eventos. Mais que isso, aprendeu igualmente que ele e a sua consciência também são partes integrantes dessa unidade". - **Fritjof Capra**

41.   "[...] a verdadeira história é a do progresso do homem na espiritualidade. A função da humanidade é auxiliar o homem espiritual a libertar-se, a realizar-se, a auxiliar o homem, como dizem os hindus numa fórmula admirável, a ser aquilo que é". - **Louis Pauwels e Jacques Bergier.**

42.   "[...] Quero, meus filhos, que voltem todos para seus postos de trabalho renovados em Cristo... Analisem os pensamentos, antes que eles se transformem em palavras porque o que sai da boca pode macular o coração, se faltar vigilância. A palavra é força poderosa nos lábios disciplinados do evangelho... A boa ação que devem praticar todos os dias é o ato divino do trabalho, de qualquer espécie, digno de ser considerado uma prece... Não esperem sem esforço o maná do céu; busquem-no atendendo o 'buscai e achareis' de Jesus. Não esperem que as portas se abram por milagre: batam, atendendo o 'batei e abrir-se-vos-á', do Mestre... Computem a humildade com a sabedoria, o amor com a razão, que vencerão todos os obstáculos e alcançarão todos os ideais que a fraternidade bafejar, e o Amor esplender-se-á como guia". **Francisco de Assis.**

43.   "[...] O controle, o domínio e a utilização racional de nossa usina mental, será um dos grandes desafios para o homem do terceiro milênio". **A. Villaca Torres.**

44.-   "[...] O novo mago, como os sensitivos, líderes, inventores, religiosos, monges, políticos, jornalistas, comunicadores e iluminados dos mais diversos segmentos das atividades humanas, têm em nossos dias e terá uma função social muito importante. Ocupa posição estratégica com muitas responsabilidades na estrutura organizacional do globo, principalmente nas questões relativas ao progresso e à evolução da humanidade. É o grande responsável pela evolução do planeta, e deve saber 'na ponta da língua' a máxima Crística 'Àquele a quem muito for dado, muito será exigido'". - **A. Villaca Torres.**

45.   "[...] O Amor deve ser o Alfa e o Ômega da ação humana, pois só Ele dá consistência eterna". - **Dr. José Lacerda de Azevedo.**

46. "[...] O sonho é uma realidade de natureza virtual, não inserido nos parâmetros espaciais e temporais". - **A. Villaca Torres.**

47. "... A fantasia era o meio organizado que o mundo Divino se utilizava para falar com a mente humana". - **Sabedoria oriental.**

48. "[...] Através da energia quintessenciada do pensamento, o homem será contemplado com o ressurgir de seu poder divino, para a realização do que conhecemos por milagre". **A. Villaca Torres.**

51. "[...] O escritor é um solitário solidário"! - **Lígia Fagundes Teles** - Entrevista à Fundação TV Educativa em 31/01/2000.

52. "[...] A saudade não mata, ajuda a gente a viver". - **Sentimento que permeia o veio artístico dos poetas.**

53. "[...] O escritor é o tabelião, testemunha e o para-raios dos fatos, pois recebe a carga da chispa violenta e a transmuta fragmentada em sínteses pacíficas e orientativas". - **A. Villaca Torres.**

54. "[...] Onde está o teu tesouro, aí estará o teu coração". - **Jesus de Nazaré.**

55. "[...] Desprendimento, não é jogar fora os bens terrenos, deles dispondo sem consciência do que está fazendo, pois quem assim procede **confunde desleixo com desprendimento...** Depende ainda do que estamos fazendo e do que pretendemos fazer. **Pode perfeitamente existir o rico desprendido e o pobre usurário,** porque a ganância nasce de dentro da criatura para as coisas de fora... **Dar é ciência, pois quem não sabe dar, fica sempre devendo [...]"** - Francisco de Assis (destaques do autor).

56. "[...] Quem "é", sempre "terá", contudo, quem "tem" e não aplicar sua fortuna em benefício do ser, jamais "será". Sem dúvidas receberá depois a fatura emitida pelo condomínio da dor". - **A. Villaca Torres.**

57. "[...] as configurações expressas nas telas ensejariam uma leitura hermética, com grandes significados para quem nelas estacionasse o seu olhar, pois ao contemplá-las já estaria a percorrer os interessantes e convidativos caminhos da meditação". - **Jacques Van Lennep.**

58.   "As palavras abertas do Antigo e do Novo Testamento predizem que a 'Batalha Final' começará em Israel, com um ataque à Cidade Santa, Jerusalém, e finalmente engolfará todo o mundo... No código da Bíblia, somente uma capital do mundo combina com a 'Guerra Mundial ou o Holocausto Atômico – Jerusalém'". **Michael Drosnin - In - O Código da Bíblia.**

59.

A Bondade

"Não permitas nunca
que alguém se achegue a ti
e vá embora sem sentir-se
melhor e mais feliz.

Sê a expressão da bondade de
Deus
bondade expressa em teu rosto
e nos teus olhos,
bondade nos teus sorrisos
e na tua saudação.

Às crianças, aos pobres
e a todos aqueles que sofrem
na carne e na alma,
oferece sempre um sorriso de
Alegria.

Dá a eles não só o teu auxílio
mas também o teu coração".

Madre Teresa de Calcutá.

60.   "O Presidente da Alemanha Johannes Rau, pede perdão em Israel, pelo assassinato de milhões de Judeus, dizendo que a Europa não vai mais permitir o genocídio e o racismo [...]" - **O mundo, hoje, aprende pela dor, a busca da fraternidade. - A. Villaca Torres.**

61.   "... O nome de Dom Bosco e a palavra sonho são correlatos". - **François Le Moyne.**

62.   "[...] Existiu por acaso uma obra genial que não tenha sido um sonho que alguém tentou realizar? E existiu algum homem que se tenha entregado a um trabalho grande e por ele se tenha deixado absorver; existiu um homem que viveu a própria ideia e não tenha tido seu sono povoado de sonhos com ela?" - **Alberto Caviglia.**

63.   "[...] Não somente a revelação de São João foi escrita na solidão, numa gruta de Patmos, Ernesto Beltram afirma que: Todos os livros de importância universal foram concebidos em alguma Patmos, no deserto, no cativeiro, num exílio forçado ou imposto voluntariamente". - **René Fülöp-Miller – in: Anjos Que Abalaram o Mundo.**

64.-   "[...] O homem pulsando no todo e o todo pulsando no homem [...]" - **A. Villaca Torres.**

65.-   "[...] Em todos os momentos de sua vida, preocupe-se em não aumentar a dor de seu próximo." - **Leocádio José Correia.**

Índice Remissivo

A

Agharta 28, 55, 195, 199, 202, 220-221

Agostinho Menicucci 75

Albert Einstein 14, 19, 224

Alexandria 48, 110, 132-133, 196, 219

Alverne 49

André Luiz 87, 90-91, 177, 225

Anticristos 36, 81

Apolônio de Tiana 45

Apometria 35-37, 44, 131, 159, 197, 207

Arnaud Desjardins 106

Arthur C. Clark 79

Astralidade 37, 44, 197

Astromancistas 42, 45

Atanor 15, 69, 123, 198

Atlântida 29, 39, 41, 46, 137, 154, 161, 199, 221

Aymeric Picaud 72

B

Bárbara Ann Brennam 130, 163, 217

Big Bang 14-15, 18, 64, 164, 200, 223

Bruxos 22, 33, 39, 41, 44, 52-54, 56-58, 60, 72, 75, 83, 111, 204

Buda - idem Gautama, Çáquia-Múni 29, 98, 106, 116, 200-201, 228

Buddhi 32, 200, 203

Bug do Milênio 18, 201

Buscador 66, 112-115, 118-119, 121, 147-148, 187

C

Canyon 76, 216

Capela-Sistina 47

Çáquias 29, 200-201

Carl Gustav Jung 177

Carl Sagan 79

Cavernas 28, 38, 49-51, 65-66, 68-69, 76, 98, 109, 163, 195, 197, 199, 202, 216, 219, 226-227

Chico Xavier 75, 177

chips 37, 163

Ciganos 52, 55-56, 58

Cinco Sentidos 163

Cistercienses 100, 202

Clarividência 166, 202

Códice Calixtino 72

Computadores 18, 79, 136, 140, 161, 201

Coronavírus 16, 181

Cosimo Médici 121

Crianças 56, 62, 74, 92, 117-118, 129, 231

Crisol 15, 17, 55, 90, 95, 203

D

Desemprego 63, 77, 129

Divaldo Pereira Franco 37

Dom Bosco 75, 231

E

Ecobalanço 141

Edgard Armond 16

Edward 88, 100, 108, 135

Escada de Jacó de Pietro Ubaldi 21

Espírita 36-37, 44, 57-58, 75, 83, 153, 159, 162, 197, 207, 212
Espiritualista 128, 177
Essênios 49, 105, 109, 132-133, 212, 217
Ex-Foetido-Purus 67
Exilados da Capela 16, 207

F
Feiticeiros 22, 33, 39, 41, 44, 52-54, 56-58, 60, 72, 83, 111, 204
Filon 110, 133
Florais 88, 135-136
Flos-Coeli 48, 88
Frei Fidelis Mota 75, 221
Fritjof Capra 88, 90, 177, 225, 228-229

G
Galeno 143
Galileu Galilei 153, 208, 225
Graal 45, 219

H
Hahnemann 135, 226
Helena Blavatsky 89, 138, 166
Hilozoístas 136
Himalaias 50, 98
Humberto de Campos 40, 75, 112

I
Irmã Dulce 116, 148
Irmãos Grimm 61
Isaac Edward Leibowitz 100, 108
Isaac Newton 89
ISO 141-142

J

Jacob Sulat 92

Jacques Van Lennep 133, 230

Jean E. Charon 89

Joana D'Arc 41

Johannes Rau 81, 231

Julius Evola 46

L

La Mama 141

Lema Alquímico 47, 82, 84, 91, 187, 225

Lígia Fagundes Teles 23, 230

Lilith 55

Louis Pauwels 107, 229

M

Madre Teresa de Calcutá 117-118, 231

Mady Hornig-Roham 143

Manuscritos do Mar Morto 109, 197

Marcia Frazão 54

Médico e Alquimista 133

Médium 37, 45, 57

Merlin 45, 219

Michael Drosnin 16, 79, 231

Michelangelo 47

Montanhas e montes 49

Mutus Liber 88, 91, 214

N

Neutrinos 64

Nobel 114, 119, 208, 212

O

opus-contra-naturam 67

P

Padmasambhava 106

Papa João Paulo II 82

Paracelso 48, 91-92, 133-134, 167, 213-214

Pedra Filosofal 48, 112, 198, 214-215

Pensamento linear 164

Perispírito 110

Pero Vaz de Caminha 75

Platão 16, 103, 228

Polissistemas 90, 111, 173, 181

Prana 167

Primeva 18, 21, 66

Profecias 39, 42-43, 45, 75, 112, 137, 152, 216

Profeta 29, 42, 210, 216-217, 220

Putrefactio 67

Q

Quarks 64, 213

Quarta Dimensão 151, 165-166

Quarta Força, Psicologia 37, 122, 131, 167, 169-171, 173-185, 226

Quetzalcoatl 42, 216-217

R

Rei Artur 45, 219

Rom e Calom 56

S

Samyé 106

Setenário 91, 165, 219

Shakespeare 25, 27, 223
Shamballah - o mesmo que Shamballa 32, 195, 220
Shee-Thee-Tra 41
Sócrates 38, 103, 145, 153, 228
Stevem Locke 143

T
Tábua de Esmeralda 97, 221
Tao 88, 90, 134
Távola Redonda 45
Tchèra 56
Terceira Dimensão 164
Teresa de Ávila 108
Terra de Ismael 40, 75
Textos Herméticos 46, 87
Tiepolo 39, 221
Toxidade Ambiental 67

V
Vera Stanley Alder 166

W
William Crookes 166
Winston Churchill 148

X
Xangri-lá - o mesmo que Shangrilá 32, 221

Lema Alquímico: Ora, lege, lege, lege relege et invienies":
Reza, lê, lê, lê, relê, praticas e descobrirás.